十四五
冶金工业出版社

普通高等教育“十四五”规划教材

课程与教学论

田春艳　于海英　主编

北　京
冶金工业出版社
2023

内容提要

本书共分8章，以教师专业素质培养为核心，按照“掌握基础理论—具备基本技能—形成创新能力”的教师专业化成长路径，将课程论与教学论进行融合，其中基础理论部分主要包括课程与教学的含义、课程与教学研究的演进历史、课程管理与课程开发等内容；基本技能部分主要包括课程与教学目标、课程文件与教学内容、课程组织与教学实施、课程与教学评价等内容；创新能力部分包括课程与教学改革研究等内容。

本书可供高等师范院校教学及相关师范类专业本科生、硕士研究生使用。

图书在版编目(CIP)数据

课程与教学论/田春艳，于海英主编.—北京：冶金工业出版社，2023.3

普通高等教育“十四五”规划教材

ISBN 978-7-5024-9405-6

Ⅰ.①课… Ⅱ.①田… ②于… Ⅲ.①课程—教学理论—高等学校—教材 Ⅳ.①G423

中国国家版本馆CIP数据核字(2023)第027157号

课程与教学论

出版发行	冶金工业出版社	**电　　话**	(010)64027926
地　　址	北京市东城区嵩祝院北巷39号	**邮　　编**	100009
网　　址	www.mip1953.com	**电子信箱**	service@mip1953.com

责任编辑　曾　媛　美术编辑　吕欣童　版式设计　郑小利

责任校对　葛新霞　责任印制　窦　唯

三河市双峰印刷装订有限公司印刷

2023年3月第1版，2023年3月第1次印刷

787mm×1092mm　1/16；11.75印张；285千字；180页

定价 55.00 元

投稿电话　(010)64027932　投稿信箱　tougao@cnmip.com.cn

营销中心电话　(010)64044283

冶金工业出版社天猫旗舰店　yjgycbs.tmall.com

(本书如有印装质量问题，本社营销中心负责退换)

前　言

课程与教学是学校教育工作的重要组成部分，“课程与教学论”是教师教育课程体系中重要课程之一。课程论与教学论是两个既相对独立又相互影响的研究领域，有着十分紧密的内在联系，是教师专业化成长的必学知识、必修内容。“课程与教学论”是师范类院校本科生和教育硕士的必修课程，其丰富的理论内涵和实践指导价值对于教师职前教育有着十分重要的意义。

本书从基础教育教师职前教育课程目标出发，以教师专业素质培养为核心，将课程论与教学论内容进行融合，按照“掌握基础理论—具备基本技能—形成创新能力”的教师专业化成长路径，根据逐步推进、层层深化的逻辑线索构建本书的整体框架。基础理论部分主要包括绪论、课程与教学研究的演进历史、课程管理与课程开发三个部分；基本技能部分主要包括课程与教学目标、课程文件与教学内容、课程组织与教学实施、课程与教学评价四个部分；创新能力部分包括课程与教学改革研究。全书共分8章，涵盖课程与教学理论的核心部分，是牡丹江师范学院教学改革项目《师范专业认证背景下小学教育专业课程评价体系设计与实践》（21—XJ21009）的研究成果之一。

结合课程与教学论的学科特点，在借鉴国内外优秀教材的建设经验、充分考虑读者需求的基础上，本书在结构设计和内容组织上具有如下特色：

（1）思想性。本书内容的选择充分遵循“立德树人”的课程思政理念，注重加强对学生的世界观、人生观和价值观等思想教育内容的融入，以德立学、以德施教。

（2）基础性。本书全面介绍了有关课程与教学的基本概念和基础理论，使读者可以系统地把握学科的知识脉络，为进一步学习和研究打下坚实基础。

（3）系统性。本书注重谋篇布局，精心设计体例。每一章都包含章节概述、知识导图、学习目标、主体内容、教学案例、课后测验等内容，全面系统地展现课程知识结构。

（4）发展性。本书内容积极吸收本领域研究中新的理论和实践成果，注重学科体系本身的纵向深度和横向联系，体现基础教育改革新进展，引导读者了解和研究课程与教学领域的热点问题，培养研究意识和研究能力。

本书各章执笔者如下：第一、三、八章由田春艳编写，第二章由姚雯雯编写，第四章由刘志学编写，第五章由张雨编写，第六章由张雨、甄莹编写，第七章由甄莹编写。全书由田春艳、于海英负责统稿。

本书参考引用了诸位学术同仁的研究成果，在此向原作者们表示衷心的感谢！

由于水平所限，不足之处在所难免，恳请专家学者和广大读者批评指正。

编 者

2022 年 10 月

目　　录

第一章　绪论 …… 1

第一节　课程与教学的概念分析 …… 2

一、课程的含义 …… 2

二、教学的含义 …… 4

三、课程与教学的关系 …… 6

第二节　课程与教学论的学科分析 …… 7

一、课程与教学论的研究对象 …… 8

二、课程与教学论的任务 …… 8

三、课程与教学论的学习意义 …… 9

四、课程与教学论的学习方法 …… 9

第三节　课程与教学的理论基础 …… 11

一、课程与教学的哲学理论基础 …… 11

二、课程与教学的社会学理论基础 …… 14

三、课程与教学的心理学理论基础 …… 17

第二章　课程与教学的历史演进 …… 21

第一节　古代课程与教学发展历史 …… 22

一、中国古代课程与教学 …… 22

二、西方古代课程与教学 …… 24

第二节　近代课程与教学发展历史 …… 26

一、中国近代课程与教学 …… 26

二、西方近代课程与教学 …… 30

第三节　现代课程与教学发展历史 …… 34

一、中国现代课程与教学 …… 34

二、西方现代课程与教学 …… 37

第三章　课程管理与课程开发 …… 45

第一节　课程管理 …… 46

一、课程管理的含义 …… 46

二、课程管理的意义 …… 47

三、课程管理模式 …… 48

第二节　课程开发 …… 49

一、课程开发概述 …… 49
二、课程开发的层次 …… 51
三、课程开发的模式 …… 55

第四章 课程与教学目标 …… 65

第一节 课程与教学目标概述 …… 66
一、课程与教学目标的定义 …… 66
二、课程与教学目标的功能 …… 67
三、课程与教学目标的分类 …… 68
第二节 课程与教学目标基本取向 …… 71
一、普遍性目标取向 …… 72
二、行为目标取向 …… 72
三、展开性目标取向 …… 73
四、表现性目标取向 …… 74
第三节 课程与教学目标的设计与表达 …… 75
一、课程与教学目标来源 …… 75
二、课程与教学目标设计的依据 …… 79
三、课程与教学目标的表达 …… 80

第五章 课程文件与教学内容 …… 87

第一节 课程文件 …… 88
一、课程计划 …… 88
二、课程标准 …… 96
第二节 教学内容 …… 105
一、教学内容的含义 …… 105
二、教学内容的选择 …… 106
三、教学内容的组织 …… 108

第六章 课程组织与教学实施 …… 113

第一节 课程组织 …… 114
一、课程组织的含义 …… 114
二、课程组织的基本取向 …… 116
第二节 课程类型 …… 119
一、学科课程与经验课程 …… 119
二、分科课程与综合课程 …… 121
三、必修课程与选修课程 …… 122
四、显性课程与隐性课程 …… 123
五、直线式课程与螺旋式课程 …… 124
第三节 教学实施 …… 125

一、教学过程的本质 …… 125
二、教学组织形式 …… 126
三、教学模式 …… 128
四、教学方法 …… 131
五、教学手段 …… 133

第七章　课程与教学评价 …… 136

第一节　课程与教学评价概述 …… 137
一、课程与教学评价的定义 …… 137
二、课程与教学评价的研究历史 …… 138
三、课程与教学评价的原则 …… 139
第二节　教师课堂教学评价 …… 144
一、教师课堂教学评价的定义 …… 144
二、教师课堂教学评价的实施 …… 147
第三节　学生学业评价 …… 153
一、学生学业评价定义 …… 154
二、学生学业评价取向 …… 156
三、学生学业评价的实践策略 …… 157

第八章　课程与教学的改革 …… 161

第一节　课程与教学改革概述 …… 162
一、课程与教学改革含义 …… 162
二、课程与教学改革的影响因素 …… 163
三、课程与教学改革的特点 …… 165
第二节　我国基础教育课程改革 …… 166
一、我国基础教育课程改革历史 …… 166
二、我国基础教育课程改革核心理念 …… 168
三、我国基础教育课程改革的目标及内容 …… 169
第三节　我国基础教育教学改革 …… 173
一、我国基础教育教学改革的指导思想和方针 …… 173
二、我国基础教育教学改革的核心内容——素质教育 …… 174
三、我国当前的教学改革方向 …… 177

第一章　绪　　论

章节概述

课程与教学是本课程的两个核心概念，本章系统整理了前人的研究结果，对课程与教学的含义进行了分析，明确课程与教学的定义、特点及两者之间的关系。全面分析了课程与教学论的研究对象、任务，讨论了学习意义和学习方法，为本课程的学习指明了方向，并提供了技术指导。作为一门学科，课程与教学论是建立在已有相关学科的理论和实践研究成果之上的，本章较为详细地梳理了哲学、社会学、心理学对课程与教学论的影响作用，帮助读者建立起较为系统的学科框架。

知识导图

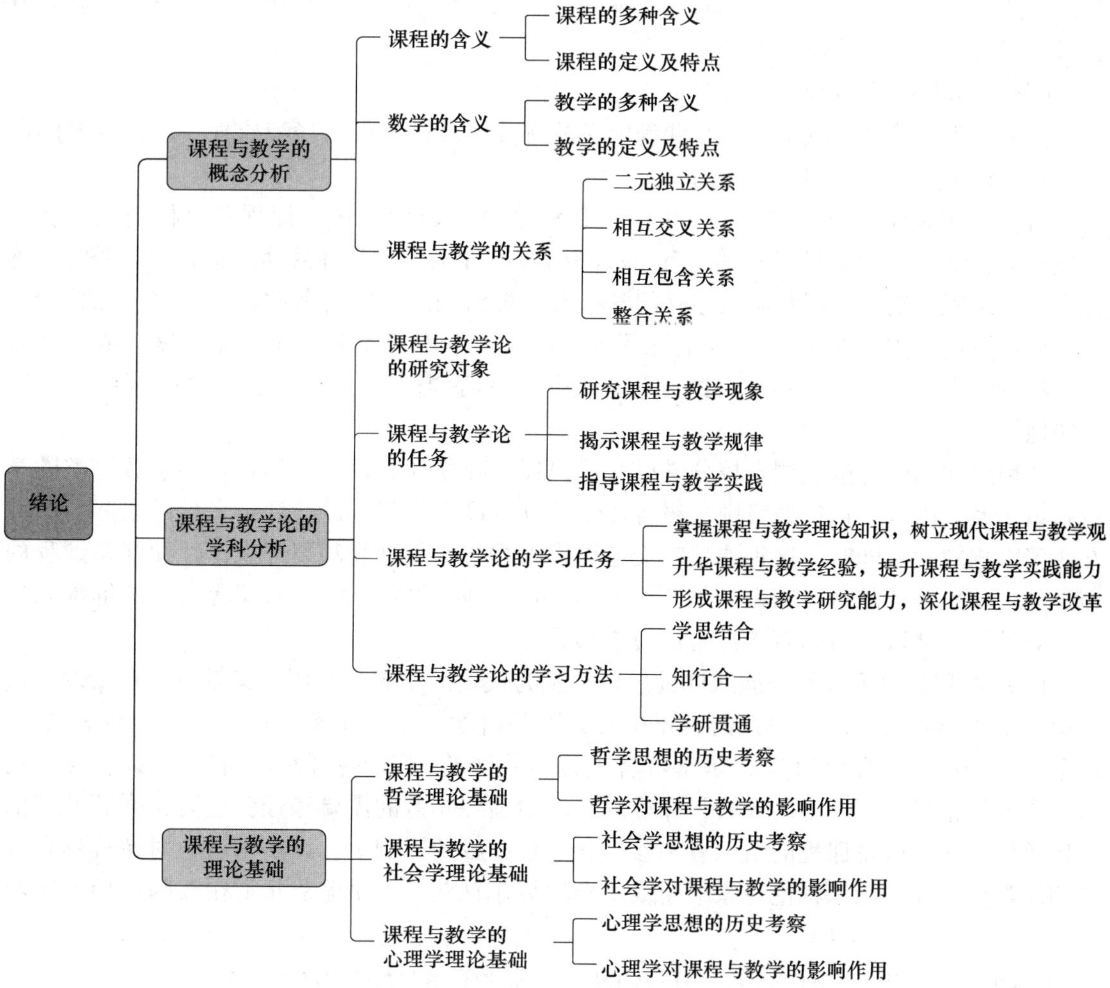

学习目标

1. 掌握课程的定义、教学的定义。
2. 明确课程与教学的关系。
3. 明确课程与教学论的研究对象和学习任务。
4. 理解课程与教学的理论基础。

第一节　课程与教学的概念分析

课程与教学论是教育科学领域中的重要研究内容，经过多年的理论研究与实践探索，已经成为教育科学的重要分支学科。掌握课程与教学的基本概念、明确课程与教学之间的关系是进行课程与教学论学习的第一步。

一、课程的含义

课程作为教育领域中的重要概念，其含义较为复杂。要深入研究课程理论，指导课程实践，必须对课程这一概念的含义有基本认识。从古至今，从东方到西方，不同的研究者从不同的角度为课程界定了不同的含义。

（一）课程的多种含义

关于课程的著作数量很多，对课程定义的解读也众说纷纭，仔细梳理一下，众多的课程定义大致可归为如下四个方面内容：

（1）**课程是学科及内容**。在《中国大百科全书·教育》中，课程是这样定义的：课程是指所有学科（教学科目）的总和，或学生在教师指导下各种活动的总和，这通常被称为广义的课程；狭义的课程则是指一门学科或一类活动。美国著名教育哲学家、课程论专家费尼克斯这样描述课程："一切的课程内容应当从学术（学问）中引申出来。或者换言之，唯有学术（学问）中所包含的知识才是课程的适当内容。"强调课程内容的学术性、系统性。

此种对课程的理解强调学校分学科开设课程，独立开展教学，学习者要掌握完整的学科知识体系及内容，这符合我国各级各类学校分科设置课程和进行评价考核的实际，因此在我国影响较大。同时，这种课程定义把课程内容与课程过程割裂开来，片面强调课程内容是源自文化遗产的学科知识，是外在于学习者的静态事物，强调对课程内容的继承和接受，对学习者获取丰富的直接经验重视不够。

（2）**课程是学习者的经验或体验**。以杜威为代表的学者从实用主义教育观点出发，认为课程是"学校科目相互联系的真正中心，不是科学，不是文学，不是历史，不是地理，而是儿童本身的社会活动"①，是学习者进行自我经验改造的手段和途径。因此，课程是学生在教师指导下所获得的经验，课程的组织须围绕儿童的需要和经验进行，强调儿童的主体地位，儿童即是课程的组织者和参与者。在杜威的影响下，许多学者也对课程的含义持相同观点，如美国课程论专家卡斯威尔和坎贝尔认为，"课程是儿童在教师指导下所获

---

① 杜威．学校与社会·明日之学校［M］．赵祥麟，等译．北京：人民教育出版社，2005.

得的一切经验”，课程论专家福谢依认为，“课程是学习者在学校指导下的一切经验”，这些理论都强调学生在学校和社会情境中自发获得经验或体验的重要性。

这种课程定义的突出特点是把学生的直接经验置于课程的中心位置，关注学习者主体地位，消解了课程研究中内容与过程、目标与手段的二元对立思维。同时，持这种课程定义的学者表现出忽略系统知识在儿童发展中的意义的倾向。

（3）**课程是教学计划。**以上理论在研究中集中讨论课程应该是系统的前人经验还是个性化的学习者体验，这样的研究思路受到一些研究学者的质疑，认为以上观点只关注了课程的静态内容而忽略了技术路线，课程应该包括知识内容、进程安排及相关的教学方法和实施步骤。如美国课程论专家塔巴（Taba）认为课程是“学习的计划”[①]，课程论专家比彻姆认为“课程是有学校教育计划的范围和安排的书面文件，包括确定教学内容、明确目标、说明课程设计及评价方案。”该课程观把课程定义为教学计划，加强了课程与教学之间的联系，从静态和动态两个方面对课程进行了描述。

这种课程定义把课程视为教学过程之前或教育情境之外的设计与规划，把课程目标、计划与课程过程、手段割裂开来，强调实现课程目标规划的重要性，也存在忽略了学习者现实经验的缺陷。

（4）**课程是学习结果和教学目标。**随着研究不断推进，博比特、加涅等课程与教学理论的研究者认为课程要与教学相区分，课程不应该是教学活动的计划，而是预期要实现的教学目标，所有教学活动是为达到这些目标而服务的。如美国课程专家约翰逊认为“在个人与环境进行相互作用之前是没有形成经验的，而这种相互作用是教学而不是课程。课程是教学的指南，规定教学的结果，而不是教学的手段。因此，课程是由一系列有组织的、有意识的学习结果构成的。”

这种课程定义从课程与教学关系的角度研究课程的含义，强调课程的方向性与结果性，忽略教学过程性和相对独立性。

除以上观点之外，在课程理论研究过程中，人们对于课程的含义还给出了更为丰富的解释，比如课程是再生产社会文化的手段和工具；课程是教学内容和进程的总和，其中包括教学大纲和教材[②]；课程是由目标、手段、规划、评价等组成的复杂综合体等[③]。

不同研究者对课程内涵的不同解读，既意味着课程意识的不断深化，也预示着课程变革实践的发展方向，是人们对课程研究的不断发展和延伸。综上所述，课程的含义可以从不同角度和不同的层面来理解，从而形成对课程概念的不同认识。

（二）课程的定义及特点

通过对已有课程含义的分析，可以看出课程是一个在教育领域运用广泛且含义复杂的概念，教育研究者和实践者从不同的角度和层次给出了对课程的不同理解，丰富了课程的内涵，也为课程与教学实践的开展拓展了思路。

在前人理论的指引下，结合我国基础教育实际，本书认为，课程是为促进学生发展，

---

① Taba H. Curriculum Development ［M］. New York：Harcourt，Brace & World，1962：214.

② 王策三．教学论稿［M］．北京：人民教育出版社，1985：168.

③ 吴文侃．比较教育学［M］．北京：人民教育出版社，1996：198-200.

教育情境下一切有意义的教育经验及对这些经验的预设和组织安排。该定义体现课程的特点如下：

（1）**课程的目的是促进学生发展。**课程是一项有目的的活动，无论这些目的是明确的、具体的，还是笼统的、模糊的，不管是预设的，还是生成的，其最终目的都是以某种方式促进学生的发展与成长。

（2）**课程是教育情境下涉及的概念，包括学校与校外多因素的整合。**随着信息技术的快速发展，智慧社会的到来，使人们的生活、工作、学习方式产生了颠覆性的变化，学校、家庭、社区的界限越来越模糊，越来越趋向于融合一体化。在这种背景下，课程的范畴也不能只固守学校课程领域，而应谋求学校课程与校外课程的共创、互补、整合。改变把学科内容、教学目标或教学计划等同于课程的狭隘课程观，而是把课程视为教师、学生、教材、环境四个因素间持续交互作用的动态的、生长性的、完整的文化系统。这个文化系统既包括学校环境，还包括富有教育意义的校外社会环境和自然环境，蕴含着学校课程和校外课程的整合。

（3）**课程在内容上强调学科内容与学习者经验的整合。**有意义的经验，是能够促进学习者身心全面发展的经验，它不仅包括前人积累的系统的知识体系和流程化的技能等间接经验，也包括学习者亲身体验的情感、经历等直接经验。所有这些经验的共同特征都可以促进学生发展。片面强调前人经验和间接经验的积累，会降低学生学习的兴趣，使课程成为负担；片面强调学生在学习过程中的体验和直接经验获得，会降低学习的效率，影响学习的质量。课程应该把学生的发展置于核心地位，在学生现实经验的基础上整合学科知识，使学科知识成为学生发展的资源，将直接经验和间接经验进行融合。

（4）**课程在组织上强调显性课程和隐性课程的整合。**早在20世纪初，杜威及其学生克伯屈就深刻阐述了伴随显性课程而生的隐性教育（主要是价值、态度）对人的发展的重要意义。近代的课程理论则从社会、个体、环境、心理等多维度对隐性课程进行了深入研究，研究结果表明，隐性课程是影响人的发展的不可忽视的重要形式。显性课程的存在方式和作用是外显的，它以课程计划、课程标准和教材的形式出现，是一种明确的、有计划的组织与表达，受到人们的关注。而潜在课程是以物质环境或精神氛围的形式存在，通过学生的无意识心理活动发挥作用，强调学生主体性、创造性和过程性。创设宽松、自由、真实、富有创造性的教育环境和教学情境，可以使隐性课程与显性课程发挥和谐统一的积极作用，共同构成完整的课程。

二、教学的含义

教学是教育领域另一重要概念，它伴随着人类的教育实践活动产生。从最早的《商书·兑命》中“斆学半”（斆，同教）描述教与学的两种行为，到《礼记·学记》中“古之王者，建国君民，教学为先”用“教学”表达教育的行为，再到宋朝欧阳修为胡瑗先生作墓表时写道“先生之徒最盛，其在湖州学，弟子来去常数百人，各以其经传相传授，其教学之法最备。”这里“教学”的含义与现代含义接近，教学的含义不断演变革新。

（一）教学的多种含义

从中西方“教学”的词源考察结果中发现，教学的含义极为丰富，从约定俗成的前科学概念到科学理论的抽象归纳，不同层次、不同领域对“教学”本质的解读形成了多种教学的定义，可概括为以下几类：

（1）**教学是教授。**教授即教师的教，受我国传统教育形式和赫尔巴特教学理论的影响，在教育实践中一度极为重视教师“教”的活动，教师“教”的活动被泛化为教学目标的确定、教学内容的选择、教学方法的运用、教学评价的开展等一系列活动，“教授”直接决定教学的内容和效果，教师是教学活动的核心和主体。如“教学是传授知识或技能的活动”。

（2）**教学是“教学生学”。**随着教育研究的深入和教育实践的丰富，人们发现以“教”为中心的教学存在极大弊端，即忽视了教学的主要目的是促进学生的学习，学生的主体地位逐渐得到重视。于是，有研究者使用“教学生学”作为对教学的解释，说明教学的最终目的是教会学生学习并达成目标，正如陶行知先生所说：“先生的责任不在教，而在教学，而在教学生学。”① 此时教师的主体地位逐渐弱化，开始发挥工具和手段的作用。如“教学即学生在教师有目的、有计划的指导下，积极、主动地掌握系统的文化科学基础知识和基本技能，发展能力，增强体质，并形成一定的思想品德”。

（3）**教学是“教师的教和学生的学”。**此种定义是将教学活动分为并列两个主体，即教师和学生。教师作为教学主体，主要开展内容组织、方法引领、答疑解惑等“教”的活动；学生作为教学主体，主要是在教师的指导帮助下完成获得知识、形成某种能力和态度的任务。该定义强调师生两个角色并重且相互影响。如“教学是教师与学生以课堂为主渠道的交往过程，是教师的教与学生的学的统一活动”。

诚如美国教育学者史密斯所言：“教学这个词自古以来就同学习结下不解之缘。”杜威也曾形象地比喻：“教之于学犹如卖之于买，教学意味着教与学的双方通过相互作用产生某种结果。”所以，人们对于教学含义的研究一直没有脱离“教”和“学”两种行为。

（二）教学的定义及特点

在教学实践与研究的长期历史发展进程中，在不同的时期、面对不同的情境、依据不同的方法理论，不同的学者对教学的界定差异较大。本书认为教学是学校教育的主要形式，是在明确的教育目的指引下，教师与学生所开展的一切有效的交流活动。该定义体现教学的特点如下：

（1）**教学是在学校中开展的教育形式。**教学是学校的中心工作，也是学校教育的主要形式。学校是培养人才的专门场所，要卓有成效地实现育人目标、培养合格人才，教学是重要的实现途径。在坚持以教学为主，合理安排其他教育活动，建立良好的教学秩序，可以全面提高学校的教育质量。

（2）**教学具有明确的目的性。**教学作为学校教育的主要形式，相对于社会教育和家庭教育而言具有明确的目的性、组织性和计划性。其目的在于促进学生身心全面发展，包括掌握一定的知识技能，形成一定的能力态度，人格获得一定的发展，并在德、智、体、美等诸方面都有所表现。这也是衡量教学是否成功的重要标准。

（3）**教学具有双主体。**教师、学生是教学活动的永恒主体，分别承担不同的教与学的任务，当社会对教育提出不同要求时，教师和学生的角色、地位会产生相应的变化，但两

---

① 杨斌．教育照亮未来［M］．上海：华东师范大学出版社，2013：147.

者始终同生共存。教学活动的目的性、组织性和计划性决定了学校教育中没有不教的学，也没有不学的教。

（4）**教学是以师生交流为有效活动形式。**教学是一种特殊的传播形式，教师和学生通过教学内容构成了双向的传播关系，他们通过教育活动中的语言（包括口头语言、书面语言）、动作（神态、眼神、肢体动作等）、多种媒体手段共享教学信息。虽然师生参与传播的程度是不同的，但他们的交流必定是有效的，这样，教学的目标才能够达成。

在理解以上教学的含义和特点时，要形成对教学的本质的认识：

（1）**教学是教与学的统一。**首先，教不同于学。在课堂教学情境中，教主要是教师的行为，学主要是学生的行为。教师与学生之间存在差异，教与学的行为本质和外在行为也存在差异。教主要是一种将知识由内而外表达的外化过程，学主要是一种将知识由外而内吸收的内化过程。正因为教师与学生之间、教与学之间存在差异，教师与学生之间的交往才有价值。

其次，教与学互相依赖。教与学之间互为基础、互为方向。在课堂教学情境中，教师的教就意味着学生的学，学生的学也内含着教师的教，这是同一个过程。正因如此，有人认为"教学即成功"，就是说如果"教"的行为未达成有效的"学"，那么这种"教"就不是真正意义上的教。

再次，教学过程是师生间的交往过程。在教学过程中，教师和学生是平等的交互主体。一方面，教师"闻道在先"，担负着教学过程的组织者、引导者、咨询者、促进者的职责，是教学中的自然主体。另一方面，学生有独立的人格、独特的认知和精神世界，可以自愿地、创造性地参与教学过程，对教学过程有选择的权利。因此，教师与学生之间不是单向的主体与客体之间的关系，不是塑造与被塑造的关系，而是复杂的多向的交往关系。

（2）**教学是科学和艺术的统一。**教学是科学，因为教学建立在一定的科学基础之上。要完成促进人的身心的充分发展这个任务，教学必须充分认识并遵循人的身心发展规律。以人的身心发展规律为研究对象的生理学、心理学等学科，构成了教学的科学基础。

教学是艺术，因为教学是教师与学生之间自由的交往过程，其间充满了教师与学生之间、学生与学生之间认知的、情感的和价值观念的碰撞与融合，当教师与学生的主体性、创造性充分发挥出来的时候，教学在某种意义上就成为一种艺术鉴赏和艺术创造的过程。

所以，教学不仅建立在科学的基础上，还建立在哲学和艺术的基础上。这两种观点分别深刻揭示了教学性质的一个方面，从而在对教学现象的认识方面取得了重要进展。教学既是科学，又是艺术，是两者的统一。

三、课程与教学的关系

在教育研究中，课程与教学的关系较为复杂，已有的研究成果将两者关系整理出四种不同的观点：

（1）**二元独立关系。**该观点认为，课程和教学是两个相对独立的要素，有着自己独立的研究领域和研究方法，教学论侧重研究教育过程中的规律、方法和流程问题，课程论注重研究教育过程的目标、内容和评价问题。教学是课堂活动中师生的交互作用，较大地受教育实践者的影响，课程是专家学者依据一定的标准开展的教育规划和内容设计，两者存在于教育的不同阶段，两者各自变化而互不影响。美国学者比彻姆在对教育学科内容及其体系做了研究之后，提出“课程理论是教育学的下位理论。”认为教学论和课程论并行为教育学科领域的下位概念，课程与教学之间，课程论与教学论之间是彼此独立、互不依赖的。

（2）**相互交叉关系**。该观点认为，作为教育领域中的两个重要研究领域，课程与教学之间有着重叠的研究内容，是相互交叉作用的。一种交叉关系是课程论与教学论的研究内容包含着共同的成分，如课程目标、课程内容、课程实施、课程评价等课程研究的基本内容，会转变成具体的教学目标、教学内容、教学方法和手段、教学测量与评价等内容出现在教学论的研究范围内。站在宏观的教育系统的角度来看，课程与教学、课程论与教学论在教育研究中的内容是相互交叉的。研究内容的交叉促进了教育实践中的相互联系，课程规划与决策会影响到具体的教学策略与方法，不同的教学效果推动课程方案的修改完善。课程与教学之间不断地循环作用和相互影响构成了实施上的交叉关系。

（3）**相互包含关系**。该观点包括课程论与教学论的两种归属关系：一种观点认为教学是课程的一部分，课程论是教学论的上位系统，课程的概念包含了课程和教学现象，对教学的研究是课程论的重要内容，提倡“大课程论”。如美国课程论专家泰勒在《课程与教学的基本原理》一书中强调课程编制的重要作用，而忽视了教师对课程的实施，使教学成为课程的从属活动。另一种观点认为课程是教学的子系统，教学论是课程论的高一级学科，课程问题可以置于教学理论和话语之中。从教学论研究角度出发，认为课程主要指教学目标和教学内容的组织编制，其与教学目的、原则、方法等均为教学论研究的范畴。课程论是研究教学内容的理论，所以课程论是教学论的一部分，提倡“大教学论”。

（4）**整合关系**。课程与教学、课程论与教学论相互独立的主张，在有力地促进课程与教学研究发展的同时，也在课程与教学研究实践中助长和加剧了课程研究与教学研究相互割裂的倾向。于是学者们在冷静分析“大课程论”与“大教学论”的观点基础之上，孕育出课程与教学整合的新趋向。认为课程论和教学论应该被看作相互依赖又互为补充的，它们都是对于课程和教学实践的成熟的理解。① 因此，课程可以作为教学事件，教学可以作为课程开发过程，两者整合于教育概念之下。

在实际的教育工作中，课程与教学一直是紧密联系、不可分割的，虽然两者有各自独立的内涵和定义，但在应用和研究中却是相互联系、相互交叉的，统一于教育实践。课程与教学论就是将“课程论”和“教学论”进行一定的整合，在保留两者所具有的学科意义边界的基础上，在教育学的范畴内把两者的研究内容及关系进行综合表述，以从更高层面、更全维度分析和解决教育教学问题。

第二节　课程与教学论的学科分析

在教育学科体系中，课程论与教学论是非常重要的两个分支领域，两者既相互独立又相互联系，本节对教育领域里的基本课程问题和教学问题进行研究。

---

① 邓宗怡，匡芳涛．泰勒原理和凯洛夫教学论的比较——论课程论和教学论之间的关系［J］．西南大学学报（社会科学版），2009，35（6）：5.

一、课程与教学论的研究对象

在课程与教学论中，主要的研究对象可以划分为三类问题：是什么的问题、为什么的问题和怎么样的问题，这三类问题分别是事实问题、价值问题和技术（策略）问题。

第一，课程与教学是什么？关注的是课程与教学领域的事实性问题，认识课程与教学的客观规律，从而建立课程与教学论学科建设的理论基础，包括课程与教学的含义、本质特征、构成要素、知识结构体系等。该部分研究聚焦客观现象，以实践的方式或科学的手段探求课程与教学之间、课程要素和教学要素之间的内在联系或属性，帮助人们超越个人经验的局限性，全面、整体、理性和具体地认识课程与教学问题，使人们对课程与教学规律的认识达到科学的层次。

第二，课程与教学为什么？关注的是课程与教学领域的价值性问题，是课程与教学论学科建设的方向指引，主要涉及课程与教学的目的设定、内容选择、改革取向、研究与实践的伦理规范等。确立并坚持正确、合理和先进的价值观作为处理各种课程与教学问题的价值基础，事关课程与教学根本方向的确立，需要体现时代精神和教育本性的新价值观，为人们处理价值问题提供理论平台。

第三，课程与教学怎么做？关注的是课程与教学领域的技术性问题，是课程与教学论学科的实践方法，主要涉及课程与教学的实现形式、活动程序和操作方法，如课程开发、教学设计、课程资源建设、教学方法的运用、课程与教学评价等。提高教育水平和质量，是教育界人士不懈追求的目标和方向。课程与教学论探讨课程与教学的规律，确立课程与教学的价值观，为优化课程与教学实践提供了理论指导。除此之外，课程与教学论也关注课程与教学改革，探索课程与教学实践中问题解决的技术与策略，提高课程与教学的整体质量。

事实问题、价值问题、技术问题在学校教育工作中普遍存在，共同构成了课程与教学论基本的问题领域，是课程与教学论研究的核心内容。

二、课程与教学论的任务

课程与教学论是教育学分支学科，其发展宗旨和任务具有以下几个方面。

（一）研究课程与教学现象

现象是事物表现出来的，能被人感觉到的一切情况。课程与教学现象是课程开发与教学活动中所表现出来的外部形态和联系。人类作为一种独特的社会性动物，经常在生活和发展中展现出复杂的社会行为，课程与教学现象便隐含其中。课程与教学论作为一门科学，关注课程与教学的一切现象，通过观察、概况、提炼、总结等方法，对其中包含的问题进行研究，探究其产生的原因、影响的因素、产生的结果，探寻背后隐藏的教育规律，确立指导问题的方案。

（二）揭示课程与教学规律

规律是指不以人的意志为转移的客观存在的规则，是事物运动过程中固有的本质的、必然的、稳定的联系。课程与教学的规律是课程与教学活动中内在的联系和趋势，存在于具体的课程与教学现象中，反映在课程与教学各因素相互作用的关系中。认识课程与教学的基本规律是课程与教学论的基本任务之一，这里既包括科学性规律，也包括价值性规律，既包括理论性规律，也包括实践性规律。

（三）指导课程与教学实践

课程与教学实践主要指学校的课程与教学活动，包括课程与教学管理实践，指基于教育行政部门或者学校对课程与教学的计划、实施、评估和总结的组织行为；课程与教学的研究实践，指对课程与教学问题进行解释，寻找规律并对行动给出建议，包括课程与教学的本质、课程与教学的核心要素及相互关系、课程与教学的“过程”和“产出”的标准与要求等；课程与教学运行的实践，包括课程与教学目标的设置、课程内容的选择、教学活动的设计、教学资源的开发、课程与教学的评价等。以上所有实践内容是以科学性和教育性为前提的，这就需要课程与教学理论的指导。

三、课程与教学论的学习意义

了解课程与教学的研究对象、学科任务使我们能够从整体上把握课程与教学论学科的定位，明确课程与教学论的研究方向，也促进我们深入思考学习课程与教学论的现实意义。

（一）掌握课程与教学理论知识，树立现代课程与教学观

课程与教学论作为一门独立学科，掌握课程与教学论的基本概念、命题和原理，明晰课程与教学论学科的发展脉络，能够对课程与教学现象进行科学的阐述，对课程与教学问题进行客观的分析，对课程与教学规律进行深刻总结，形成系统的理论知识体系。全面而深入地掌握这些知识，可以帮助学习者形成对于课程与教学的本质、作用、意义与方法的根本观点和看法，成为从事课程与教学工作的根本指导思想，形成分析课程与教学问题的理论视角和学科立场，以此把握课程与教学的正确方向，有效地从事课程与教学工作。

（二）升华课程与教学经验，提升课程与教学实践能力

课程与教学活动是伴随人类的社会活动而产生、发展的，积累了丰富的研究与实践经验，这些直接经验和间接经验不断地被选择、优化，与社会发展的实际需要相结合，形成新的经验体系作为人类文化不断被传承和创造。所有经验作为对以往行为及结果的有效概括，可以有效地对后继行为进行指引。学习课程与教学论可以帮助教育工作者更高质量、更高效率地开展课程与教学实践活动，以更科学的标准和更有效的途径完成课程与教学的工作和任务。

（三）形成课程与教学研究能力，深化课程与教学改革

课程与教学是动态发展、不断变革的领域，课程与教学的改革必然依赖科学的研究与论证。对现实中的课程与教学现象进行深入研究，揭示新矛盾、探究新关系、找寻新办法，用科学理性的方法研究课程与教学的新问题，突破固化思维和旧有行为习惯的限囿，勇于实践和富于创新，形成课程与教学的研究能力，切实推进课程与教学改革的稳步向前，引领社会发展，与社会需要相适应。以课程与教学改革解决教育问题、促进教育发展。

四、课程与教学论的学习方法

由学习课程与教学论的意义，可知课程与教学论是一门理论与应用并重的学科。因此，在课程与教学论的学习过程中，不仅要掌握其深厚的理论基础，还要积极参与教学实践，坚持理论与实践相结合的原则，提升教育实践和研究能力。

（一）学思结合

学习和思考的关系问题，是学习课程与教学论需要解决的重要方法问题。孔子在2500多年前就精辟地指出“学而不思则罔，思而不学则殆”，学思结合是求学之道。在本课程学习过程中，“学”是指积极吸收课程与教学理论体系中已有的成果，积累专业知识，“思”是指结合自身实践经验对课程与教学问题及已有理论的深入探索和积极反思。学习和思考是学习过程的两个环节，互相衔接、互相带动，学习是知识的扩展，思考是知识的深化，共同交织成立体的知识结构。那么应如何做到学思结合？

首先，要通过“学”广泛涉猎专业知识，通过课堂、教材建立基本知识结构，课外广泛阅读专业经典书籍和科研文献，研读名著，掌握更多的学科理论思想和研究方法，要见多才能识广，才能为思考打下知识基础。

其次，通过“思”进行知识的梳理与整合，充分发挥思维的作用，对已获得的专业信息开展多方面的分析、对比、归纳、概括、抽象、质疑和猜想等思维活动，从而在有效思考和理解的基础上对知识进行精细化整理和二次创造。

最后，学思结合，在广泛学习的同时对各种信息材料进行深度思维加工，形成自己对课程与教学知识的独特理解。

（二）知行合一

课程与教学论是一门集理论性和应用性于一体的学科体系。课程与教学论的理论性主要体现在三个方面：一是课程与教学论自身的学科知识结构，包括课程与教学的基本概念、命题和原理。基本概念是学科形成与发展的基本单位，通过概念之间的相互连接可形成意义更为丰富的命题和原理，概念、命题和原理构成了课程与教学论理论体系的基本结构。二是课程与教学的发展历史及相关成果。课程与教学学科的历史，包括在历史进程中涌现的伟大的代表人物及丰富的理论和实践成果，体现了该学科的厚重理论积淀和文化底蕴。三是课程与教学论的理论基础。在课程与教学论学科的形成和发展过程中，课程与教学论学科深受其他学科的影响，同时也对其他学科的发展发挥着积极作用。哲学、社会学、心理学、人类学、传播学、生态学等都是课程与教学论学科的重要理论基础，构成了学习课程与教学论的重要理论内容。

课程与教学实践是课程与教学论学科形成的重要基础，是课程与教学论学科发展的动力源泉。一般而言，课程与教学实践主要是指学校中的课程与教学活动，包括课程开发与管理、教学设计与实施、课程资源建设以及教学评价等工作。学习本门课程过程中要积极关注并参加课程与教学实践，在实践中形成课程与教学的一般专业技能，如课程设计能力、课堂教学能力、教学组织与管理能力、教学研究与评价能力等，能够进行课程与教学活动的具体操作，解决课程与教学的实际问题。

明代哲学家王阳明在《传习录》中写道“知者行之始，行者知之成，圣学只一个功夫，知行不可分作两事。”知行合一成为治学之道。知行合一要求在课程与教学论的学习过程中，一方面借助理论知识指导课程与教学实践活动，保证解决实际教育问题方式方法的科学性和有效性，避免盲目性和随意性；另一方面积极投入课程与教学实践，在实践中对课程与教学理论进行运用和检验，并不断总结经验教训，抽象归纳出新的理论成果。知行互促，形成课程与教学的全面能力。

（三）学研贯通

课程与教学研究是教育研究的核心内容，主要是以课程和教学现象为对象的研究活动。一是理论性研究，旨在对复杂的课程与教学问题的性质和相互关系从学理上进行分析、综合、抽象和概括，以发现其内在规律，主要回答“为什么”的本质和价值问题；二是应用性研究，聚焦具体的、特定的、变化的课程与教学实践问题，主要回答“怎么办”的技术和方法问题。两种研究相结合，促进课程与教学的发展。

在课程与教学论的学习过程中，要关注学校教育改革动向，关注课程与教学热点问题，尝试运用专业的视角去看待、用一般原理去分析、用科学的研究方法去解决遇到的教育领域具体问题，培养自己的科学研究能力。在学习课程与教学论的过程中，通过师生研讨、同伴合作，将关注到的教育问题作为案例进行研究，不断深化对学科知识的理解，学以致用。

第三节　课程与教学的理论基础

任何学科的发展都需要借助相关学科的理论成果作为研究和实践的理论基础，哲学、社会学、心理学被认为是课程与教学的思想理论基础。“这些基础学科能使课程理论和实践工作者更仔细地分析所提议的或所实施的课程计划，并更好地为之辩护……它们为在课程领域中的思考和行动提供了必不可少的观念。”① 因此，在对课程与教学论进行系统学习之前，也要对这些基础理论进行简单的梳理和掌握。

一、课程与教学的哲学理论基础

哲学与教育的关系极为紧密，影响也最为深远和深刻。课程与教学的许多重要原理最早是从哲学中推导演绎出来的，课程与教学思想也是哲学观点在教育领域的延伸和体现，这种影响最早可以追溯到中国的春秋战国时期和西方的古希腊时期。长期的历史发展进程中，哲学家的认识论和世界观对课程与教学的发展产生了极大的影响作用。

（一）哲学思想的历史考察

1. 中国的哲学思想

哲学在中国文化中所占据的地位，历来可以与宗教在其他文化中的地位相比。② 每一个受过教育的中国人都特别关注哲学领域。

公元前 5 世纪到公元前 3 世纪末，中国涌现出非常多的思想流派，被称为“诸子百家”，造就了中国哲学思想的巅峰。孔子（公元前 551～公元前 479 年），中国儒家创建人。儒家强调社会要有良好的秩序，明确“君君，臣臣，父父，子子”，社会关系中每一个名分都有其责任和义务，强调仁、义作为一个人德行的根本，并以忠恕之道推行。孔子非常重视教育的作用，认为教育的目的是培养德才兼备的君子，秉持有教无类的教育思想，以“六艺”（诗、书、礼、乐、易、春秋）为教学内容，采取了启发诱导，因材施教，学、思、行相结合的教学方法，并且以身作则，树立了教师的典范。孟轲（公元前 372～公元

① 施良方．课程理论：课程的基础、原理与问题［M］．北京：教育科学出版社 1996：59.
② 冯友兰．中国哲学简史［M］．北京：北京大学出版社，1982：3.

前289年）被视为孔子嫡传，是“孟氏之儒”的代表，他在政治上主张“保民而王”，推行“仁政”主张，和孔子思想共同影响了之后两千多年中国社会。孟子认为仁义礼智这些良知和良能是人所固有的，这种“性善论”成为其教育思想的基础。他认为教育的作用就是扩充“善性”的过程，使其“明人伦”，教育主张个人内在能力的发展，强调“深造自得”“盈科而进”“专心致志”等原则。荀况（公元前313~公元前238年）对于人性观点与孟子相反，他认为“人之性，恶；其善者，伪也。”并在“性伪之分”中说明人的先天本性都是求利求乐的，一切善的、好的都是后天通过人为努力获得的。因此，荀子在教育中有明确的目标，如德才兼备、言行并重、精于道而非精于物。荀子以儒家经典为教学内容，并且明确各经不同的教育作用，并认为儒家诸经已经囊括了天地间的一切道理。

西汉时期董仲舒（公元前179~公元前104年）将阴阳家的思想与儒家的政治、社会哲学结合起来形成了新的儒学观点。他认为宇宙由十种成分组成：天、地、阴、阳（阴阳学说观点）、木、火、土、金、水（五行学说观点）、人，其中天、地、人是万物之本，三者合而为一。对于人的成长，董仲舒强调教化的作用，教化可以使人性的善得以延续，是一种德育，核心内容是以“三纲五常”为核心的儒家伦理道德。但董仲舒不提倡自然知识的学习。之后宋朝的朱熹（1130~1200年）继承了新儒家程颐关于“理”的学说，将程朱理学的哲学系统推到顶峰。明朝的王阳明（1472~1529年）创立心学，强调精神世界的强大。这些思想家都运用自己的哲学思想对教育的目的和作用、道德教育本质等提出了明确的观点和实施方法。

2. 西方的哲学思想

西方把哲学看作是某种介乎神学和宗教之间的东西，其产生也可追溯到公元前6世纪的古希腊时期。在古希腊，苏格拉底、柏拉图、亚里士多德等鲜卑哲人的认识论在相当长的历史时期影响着人们对教育的看法。苏格拉底（Socrates，公元前469~公元前399年）以“人”为核心，提出“美德即知识”的论断，明确教育的目的是通过认识自己来获得知识，最终成为有智慧、有道德的人。“智者派”提出了设立“三艺”（文法、修辞学、辩证法）作为课程内容，以提高受教育者的知识水平和道德素养；柏拉图（Plato，公元前427~公元前347年）作为客观唯心主义代表，认为世界可以分为“现实世界”和“理念世界”，知识也相应地分为“知性知识”和“理性知识”。他将客观唯心主义的思想应用于教育实践，主张在“三艺”的基础上学习天文学、算数、几何、音乐理论等教学内容，成为“七艺”的雏形，对整个欧洲后来的学校课程设置产生了深远的影响。亚里士多德（Aristotle，公元前384~公元前322年）反对将现实世界与理念世界割裂，认为世上的事物都是形式和质料的统一体，都具有普遍的和特殊的属性。人们通过感觉获得个别知识，通过理性获得一般知识，教育主要发展人的理性认识。亚里士多德是第一位论证体育、德育、智育关系的西方思想家，他主张通过“百科全书式”的训练使学生的体、德、智得到和谐发展。

文艺复兴运动时期，英国唯物主义经验论哲学的创始人培根（F. Bacon，1561~1626年）主张把理性认识和感性认识结合起来，这是人类获得知识的唯一途径。人们一旦掌握了科学的知识，就能够发现从未被发现过的，从未想过的东西。培根用“知识就是力量”的知识观点燃了近代科学教育的火把，为学校课程科学化奠定了基础。受培根认识论和知识观的影响，捷克教育家夸美纽斯（Jan Amos Komensk，1592~1670年）提出了“泛智论”，主张把一切知识教给一切人，实施百科全书式的教育，这种包罗万象的知识体系是教育史上第一个现代意义的课程理论体系。

18世纪，人文主义肯定人性和人的价值、崇尚自由，卢梭（J. J. Rousseau，1712～1778年）的自然主义思想在教育领域得以运用。卢梭认为，儿童天性善良，教育的目的就是按照其本性使其自然发展，主张让儿童到大自然中去活动和学习，而不是过早地把成人的教条灌输给儿童。

19世纪，科学技术迅猛发展，英国哲学家斯宾塞（Herbert Spencer，1820～1902年）提出了“什么知识最有价值”的著名命题，认为教育应该为人的完满生活做准备，要重视科学知识的实用价值。斯宾塞主张开设以数学、物理、化学、植物等为主的自然科学课程，改变了自古希腊以来一直延续的重文轻理的课程取向。

20世纪初，实用主义哲学在美国成为主流思潮，注重实践功利性，强调以实际效果解决一切哲学认识问题的准则。美国教育家杜威（Dewey，1859～1952年）认为经验是人与环境相互作用的结果，是行为和结果之间接连不断的联系和结合，任何知识都包含有行动的因素，没有行动就没有知识。这种经验论和知识观在教育上的反映即注重活动课程，强调儿童的主体地位，提倡“做中学”，把学生的实际经验与课程联系起来。

20世纪后，各种哲学思潮层出不穷，实证主义、结构主义、后现代主义等都在不同程度上影响人们的思维方式，影响着人们的课程与教学观。

（二）哲学对课程与教学的影响作用

1. 本体论的影响

本体论研究的是存在的本质、物质与意识的关系，不同的本体论认识导致人们对课程和教学具有不同的理解和主张。

唯心主义在本体论上强调先天理性和自由意志，主张理性的、内省式的思维，并通过心智训练来培养这方面的思维能力。在教育领域，认为课程是人类理性的体现，强调文雅教育而排斥实用教育的技术性课程；认为教学是唤醒人脑中既有的真理的过程，忽视经验与科学的重要性。

永恒主义哲学认为人的本性是永恒不变的，人类具有思考和理解普遍真理的能力，因此教育的根本目的就是通过理智能力的训练，使人类获得绝对真理、具备美德，成为真正具有智慧和理性的人。为了达到以上目的，学校的课程内容应是永恒的经典学科，教材以古典名著为主；教学应以教师为主导，教师是知识的权威，主要通过语言文字开展教学活动。

实用主义哲学认为知识是动态的而不是静止的，更不是永恒不变的，经验是个人与环境相互作用的产物，心智的发展有赖于经验。因此在课程上，实用主义强调课程内容要以学生需要为基础，与学生兴趣相联系；教学要通过解决问题的方式开展，而不是灌输教材内容；教师的职责不是权威的指挥者，而是为学生提供建议和帮助，培养学生解决现实问题的能力。

存在主义哲学认为只有人才能意识到自己的存在，教育应该以个人的自我完善为目标。学校课程主要是启迪天性、完善人格，使个体认识到自己的存在，并形成健全的个性及独特的生活方式。

2. 认识论的影响

认识论是指对知识和知识获得所持有的观点和信念，对课程与教学起着直接的指导作用。

关于认识的来源和知识的获得，认识论上主要划分为经验论和唯理论。经验论起源于亚里士多德，后经培根等学者发展形成。该理论认为一切知识来源于感觉，知识只有通过人与外部世界相互作用才能获得，是经验性的，因此课程应该是经验化和体验性的，教学活动应该注重知识和技能的传递。唯理论源于柏拉图的哲学观点，认为知识是早就存在于人的内心世界的观念，知识的性质是永恒的。因此课程要强调学生的理性活动和知识的理论化、抽象性，教学要关注对学生已有理念的引导和挖掘。

关于认识的形式和知识的分类，唯心主义认为知识是主观的，来源于理性作用，人类获取知识也是一个主动的过程，因此教育需要重视人文学科、理论学科和传统学科，开设历史、哲学、艺术、文学等课程；唯实主义认为知识是发现事物本质以适应环境的经验，是客观、永恒、普遍的真理，知识的获得受环境和自身经验的制约，学校应开设自然科学和读、写、算等课程；实用主义哲学认为知识既非与生俱来的内在观念，也非外在事物的客观结果，而是人与环境相互作用的产物，因此课程内容必须来源于日常生活经验，学生要从“做中学”。

3. 价值论的影响

教育在本质上是一种通过培养人而进行的价值创造的活动，哲学的价值论对课程和教学的影响主要体现在对教学对象和课程内容的价值判断上。

对教学对象的价值判断主要体现在对人的本性的认识上，对人的本性认识不同，教育的价值就不同。如基督教神学认为人性本恶，要通过惩戒、限制、训练才能使之领悟“真理”，因此课程的内容以“神学”为主，教学方法主要是高强度训练和惩罚；自然主义和人文主义认为人性本善，教学中要尊重学生，调动学生学习的主动性，教学内容要选择具有实用价值和审美价值的内容；经验主义和行为主义认为人性无善恶之分，教育主要是促进学生后天的发展，课程内容强调知识的真理价值。

对课程内容的价值判断主要涉及知识的价值，即什么知识是最有用的，这成为选择课程内容、确定课程范围的重要基础。1859 年，英国思想家斯宾塞在著名的《什么知识最有价值》一文中最早运用哲学价值论探讨课程内容问题，从而形成了科学课程论；英国教育学者赫斯特关注知识与心智和谐发展，认为一切有助于心智发展的基础性知识最有价值，形成了以博雅教育为目标的课程理论；美国教育家杜威认为与儿童生活经验相联系的知识最有价值，形成了活动课程论、经验课程论。

二、课程与教学的社会学理论基础

教育作为一种社会活动必然受所在社会的政治、经济、文化等因素制约和影响，同时也因其保存、传递或重建社会文化的职能而对社会发展产生一定影响。美国教育家布鲁纳曾说：“不顾教育过程的政治、经济和社会环境来论述教育学理论的心理学家和教育学家是自甘浅薄，势必在社会上和教室里受到蔑视。”① 所以，课程与教学的研究与实践离不开社会背景，相关的理论构建也必然要以社会学理论为基础。

① 布鲁纳著．布鲁纳教育论著选［M］．邵瑞珍，张渭城，等译．北京：人民教育出版社，1989：367.

（一）社会学思想的历史考察

从社会大背景的角度考察课程与教学的发展历史相当久远，中国古代的“六艺”，西方古代的“七艺”都是基于人们对社会生活的认识而开设的课程及实施的教学活动。

柏拉图的《理想国》是西方历史上最早的一本教育论著，书中论述了理想国的社会阶级构成，并分析了不同社会等级所需要的不同课程。根据社会属性和社会职责的不同，理想国由三种不同等级的人构成：哲学家、军人、手工业者和农民。这三种人的天性各不相同，在社会上各司其职：哲学家以理性为主，属金质灵魂，负责管理国家；军人以意志为主，属银质灵魂，负责保卫国家；手工业者和农民以感情为主，属铜和铁质灵魂，服从统治。社会等级不同，教育程度和课程设置也相应不同。在理想国里，儿童七岁以前以做游戏和听故事为主；七岁进学校接受训练直到十八岁左右，主要课程是体育和音乐。农民和手工业者的教育结束；哲学家和军人继续进行两年的军体训练，从二十岁到三十岁学习算术、几何、天文学和音乐理论。修完这些学科后，大多数人就此完成了学业，极少数优秀的人还需要继续学习五年，主要攻读辩证法。辩证法是所有课程的“合顶石”，凌驾在其他所有学科之上，唯有修习过辩证法的人才能参与指导国家的政治、军事工作。再经过多方面考核，个别人大约在五十岁通过一切考验并洞见“善”之本，就会成为理想国的最高统治者——哲学王。柏拉图是第一个依据社会观进行课程设置的人。柏拉图从社会等级的观点出发提出的教育学科（算数、几何、天文、音乐），加上以前智者派提出的“三艺”（文法、修辞、辩证法），构成了“七艺”，在欧洲学校课程中一直沿用到文艺复兴运动之前。

到了文艺复兴时代，宗教势力衰减，新兴的资产阶级和贵族阶层开始建立自己的世界观，涌现出人文主义新思潮，开始追求古希腊和古罗马文化，古典拉丁语、希腊语与文法、修辞、辩证法一起成为人文主义课程的核心内容。

17世纪英国资产阶级革命家洛克（J. Locke，1632~1704年）提出了“社会契约论”，认为社会制度是由大多数人的意志相结合而形成的“契约”的产物，而“绅士”是契约的履行者，并将培养绅士作为教育目标。青年绅士需要具备强壮的体魄，高雅的风度以及德行、礼仪、智慧和学问，洛克在《教育漫话》中阐述了如何培养绅士，为绅士教育设计了一个包括德育、智育、体育三方面内容的广博的课程体系。卢梭在《社会契约论》中发展了洛克有关社会契约的思想，提出了“自然主义”的教育思想，主张教育要避免不良社会风气的影响，在自然状态里，人人顺任天性的发展。卢梭按年龄将教育分为四个时期，分别实施养护教育、感官训练、自然知识教育、道德教育和宗教教育。

19世纪斯宾塞把“进化论”用于解释人类社会，提出“社会有机论”，他在《社会学原理》中指出，社会现象就是生命现象，因而必须符合生命的规律。若要理解社会，就必须先理解生命的规律。他认为社会是一个特殊的有机体。他的教育观与这种社会观是一致的。在斯宾塞看来，教育的功能就是要使学生为完美生活作好准备。以为完美生活作好准备的程度为衡量尺度，斯宾塞将教育分为五个部分，相应的二十几门课程。

20世纪后，社会经济和人们生活发生了极大变化，对教育也提出了新的要求，教育的社会功能也在不断加强。在更丰富的社会学理论影响下，课程与教学的改革持续推进，呈现现代化、多元化、综合化的特点。

（二）社会学对课程与教学的影响作用

20 世纪的社会学发展迅速，各种学派层出不穷，与教育领域的联系也愈加紧密，其中的功能理论、冲突理论、解释理论都从不同的视角影响了学校课程与教学的发展。

1. 功能理论的影响

功能理论认为个人对周围世界的认识会影响到他的态度、价值观及行为表现，只有社会成员之间有共同的认识、共同的态度和价值观时，才能减少社会冲突，才有利于社会发展。因此，该理论强调社会各部分应在协同合作的基础上，有秩序地为实现社会需要而发挥作用，在稳定中求发展。学校教育的主要目的是帮助学生实现社会化，理解并接受自己在社会中的既有地位，使个人的行动与社会的发展相一致。功能理论的代表人物有涂尔干和帕森斯。

法国社会学家涂尔干（Émile Durkheim，1858～1917 年）认为社会学应该以社会事实为研究对象，需要用客观、实证的方法进行研究。因为社会是唯一可靠的现实，“人实际上是因为生活在社会中才成为人的”。为此，涂尔干提出了社会团结和集体意识两个基本概念，并认为这是一个社会良好运作的关键。涂尔干指出教育的目的在于“使年轻一代系统地社会化”“使出生时不适应社会生活的‘个体我’成为崭新的‘社会我’”，教会学生遵守纪律和制度，鼓励学生接受社会原则，克服某些个人主义的东西。相应地，学校课程必须有助于学生适应他们必定要生活在其中的社会环境。

美国学者帕森斯（Talcott Parsons，1902～1979 年）发展了涂尔干的理论，认为社会中关键的功能是“角色”，每个人扮演的各种角色集合在一起便形成了各种社会机构。学校、班级、家庭共同组成社会体系，享有共同的文化价值标准。学校作为一种社会机构，主要传授社会基本的价值与技能，帮助学生适应社会机构中的不同位置，扮演不同的角色。

2. 冲突理论的影响

冲突理论针对功能主义社会整合的观点，更为关注社会变迁引发的社会冲突、权力差异和社会变革。他们认为每一种社会的每一个方面都在变化，社会变化是普遍存在的，社会每时每刻都会出现分歧和冲突，社会冲突是不可避免的、普遍存在的现象。将冲突理论引入教育领域的代表人物是美国的柯林斯、鲍尔斯与金蒂斯。

美国学者兰德尔·柯林斯（Randall Collins）认为社会结构是行动者的互动模式，是在行动者不断地创造和再创造中产生并得以持续的，社会冲突是社会生活的中心过程。柯林斯认为，学校课程设置与支配阶层的权力之间有着紧密的联系，学校的主要活动是传递特殊的身份文化，让学生习得如何使用某种身份的语言、行为、鉴赏能力与价值体系等符号来发挥本阶层的作用，包括科学技术知识本身也可以是一种特殊的身份文化。

鲍尔斯（S. Bowles）和金蒂斯（H. Gintis）运用冲突理论对美国教育进行了深入剖析，认为教育的结构反映了社会的生产关系，教育的不平等扎根于社会政治和经济制度之中。指出在美国的教育中，特权阶级以各种潜移默化的方式把维护资本主义制度的劳动观念、权威观念、社会规范与价值观念等渗透到学校课程当中，在学生头脑中根植统治阶级的意识形态。这些隐性课程的实质就是维护支配阶层的权力观、价值观与行为规范，学校教育充当着阶级再生产的使命。

3. 解释理论的影响

功能理论和冲突理论被认为是宏观社会学，解释理论属于微观社会学，从知识、符号、方法等微观层面对学校的课程与教学问题进行分析与梳理。

英国学者杨（M. Young）认为，所有的“知识”都不是价值中立的，知识的构建总是为某种社会目标服务、体现不同社会阶层意识的。课程内容的选择、确定和组织的过程，实际上是教育知识分层的过程。“不同的学生接受不同层次的教育知识，学校教育过程成了教育知识的分配过程。”教育过程中存在的不平等的教育知识分配，是学生之间在学业成绩上出现分化的主要原因。

美国教育学者阿普尔（Michael W. Apple）认为，统治阶级总是力图传播自己的文化，学校知识是官方知识，其中隐含着“文化霸权”，是支配阶层意识形态的渗透。学校受统治阶级支配，在一定程度上决定了教育选择哪些知识，“学校不仅加工学生，还加工知识”，课程则是实现文化霸权的工具。

美国学者吉鲁（H. Giroux）认为，学校不只是教学的场所，更是重要的文化与政治场所，是各种权力集团博弈与斗争的领地。学校的隐性课程迫使学生熟知中上阶层的价值体系与行为准则，区隔不同的社会角色。“学术性知识高贵”的假设也成了学校根据学生是否能够很好地完成课程所提供的偏狭的学习来评判其聪明与否的依据。所以，在学校结构本质上是压迫性、高度控制的情况下，奢谈民主、公正和平等，没有任何意义。

英国的伯恩斯坦（Basil Bernstein）从课程的语言编码形式入手，假设存在两种基本的语言编码：一种是精密编码，主要存在于上、中层阶级的语言之中；另一种是局限编码，主要存在于下层阶级的语言中。在他看来，学校课程采取的是精密语言编码，是典型的中上阶层语言习惯，对劳工阶层的学生来说，在学校教育中处于极其不利的地位，并以此来解释学校中不同阶层学生学业成绩差异的原因。

三、课程与教学的心理学理论基础

心理学是研究心理现象及其规律的科学，与哲学和社会学相比，心理学对课程与教学的影响更为直接和具体，心理学的理论观点和规律常被作为开展学校教育活动的重要依据。

（一）心理学思想的历史考察

虽然人们从独立学科的角度对心理学进行研究的历史比较短，但从生活中对心理活动和心理现象进行关注并经验总结的历史却由来已久。

中国古代许多教育思想都是建立在一定的学习心理特点之上的，如孔子说“知之者不如好知者，好知者不如乐知者”，强调了内部认知动机对于学习的重要作用；《孟子》中揠苗助长的故事，《学记》中的“不凌节而施”都表达了教育要遵循儿童成长的规律，符合学生身心发展特点；明朝王阳明在《训蒙大意示教读刘伯颂等》一文中明确指出，不顾儿童身心特点，把儿童当作成人一样以督促、责备、惩罚等方式进行教育，是传统儿童教育的致命弱点。儿童教育必须顺应儿童身心发展特点，鼓励自然成长。

古希腊的柏拉图和亚里士多德都根据学生的年龄特点进行了教育阶段的划分，每个阶段设置有不同的课程和教学目标，将课程与教学理论建立在人类自身发展的规律之上；18世纪的裴斯泰洛齐（J. H. Pestalozzi，1746～1827 年）明确提出教学中要充分注意不同年龄阶段儿童的心理特点，并从心理学的角度论证和阐述教育问题；赫尔巴特是教育史上最早把教育建立在心理学基础之上的人，首次运用“意识阈”“下意识”“统觉”等心理学词汇描述学习过程。赫尔巴特还强调教学要与儿童兴趣相结合，教材的选择和安排要考虑学生的知识背景等。

(二) 心理学对课程与教学的影响作用

19 世纪后期，心理学从哲学中分化出来，成为一门独立的学科。在发展的过程中，人们对心理学的研究对象与理论体系进行了数十年的争鸣，形成了各种不同的理论流派，其中，行为主义心理学、认知主义心理学、人本主义心理学对课程与教学的影响较大。

1. 行为主义心理学及其影响

行为主义心理学是学习心理学中较早发展起来的流派，该流派认为一切学习都是通过外界条件作用，在“刺激”和“反应”之间建立直接联结的过程。强化在刺激-反应联结的建立中起着重要作用。在刺激-反应联结中，个体学到的是习惯，而习惯是反复练习与强化的结果。习惯一旦形成，只要原来的或类似的刺激情境出现，习得的习惯反应就会自动出现。

美国心理学家桑代克在大量动物实验的基础上提出了联结主义学习理论，系统地阐述了学习过程，并提出“准备律、练习律、效果律”一系列学习定律，成为西方最早的、最系统的学习理论。

继桑代克之后，美国著名的行为主义心理学家斯金纳用白鼠作为实验对象，进一步发展了刺激-反应学说，提出了著名的操作条件反射。斯金纳在操作条件反射理论中提出了“强化”的概念，按照强化实施以后学习者的行为反应，将强化分为正强化和负强化两种方式，继而又研究不同的强化程序对学生所起到强化作用的不同。

行为主义强调学习的结果是学习者外在行为的改变，有效的学习过程应该是小步骤呈现学习信息，及时给予学生反馈，由学生按照自己的速度进行学习，这些原则成为程序教学的基本特征，也为个性化学习系统的建立和计算机辅助教学的开展奠定了良好的理论基础。

2. 认知主义心理学及其影响

20 世纪中期，认知主义在格式塔理论和皮亚杰认知发展理论的影响下建立起来。认知主义心理学认为，学习不是在外部环境的支配下被动地形成刺激-反应联结，而是一种内部发展的过程，是学习者主动地在头脑内部构造认知结构的过程。而对于认知结构构建的条件，不同研究者给出不同的观点，形成了认知主义的几个代表性思潮。

信息加工理论从行为水平上将人脑与计算机进行类比，把人脑看作类似于计算机的信息加工系统，认为人的认知过程就是对信息的加工过程，力图建立心理活动的计算机模型，包括人如何注意、选择和接收信息，如何对信息进行编码、内在化和组织，以及如何利用这些信息做出决策和指导自己的行为等。美国著名心理学家加涅在此基础上提出了“学习和记忆的信息加工模型”，将学习过程划分为八个阶段：动机阶段、了解阶段、获得阶段、保持阶段、回忆阶段、概括阶段、作业阶段、反馈阶段，认为教学就是为学生提供开展以上学习活动的合适的外部条件，这为教学系统设计提供了科学的参考依据。

认知发现理论认为知识的学习就是在学生的头脑中形成一定的知识结构，这种知识结构是由学科知识中的基本概念、基本思想或原理组成的。知识结构是人通过特定的编码方式完成的：一种是按照某种逻辑原理执行的正式编码；另一种是概括方式的非正式编码。美国心理学家布鲁纳认为，在教学过程中，学生不是被动的、消极的知识的接受者，而是主动的、积极的知识的探究者。教师的作用是创设一种学生能够独立探究的情境，而不是提供现成的知识。在这个过程中，学习的主要目的不是要记住教师和教科书上所讲的内容，而是要参与建立该学科知识体系的过程。所以，布鲁纳重视学科基本结构的掌握，并主张学生要进行发现学习。

认知同化理论由美国学者奥苏贝尔提出，影响学习的最重要因素是学生已有的认知结构，他强调学生的学习应该是有意义地接受学习，这种学习是通过新知识与学生认知结构中的有关观念相互作用而进行的，其结果是新旧知识意义的同化。有意义学习的两大条件：一是学习者表现出意义学习的态度倾向；二是所要学习的材料本身要符合逻辑规律，在学习者的认知视野内。

认知主义心理学强调在学习过程中个体的内驱力和已有知识基础的重要作用，教育经验应该围绕学习者的认知结构来确立，教学材料需要部分已知，部分未知，通过同化和顺应双重过程来促进学生发展。

3. 人本主义心理学及其影响

人本主义是20世纪50年代末至60年代初在美国出现的一种重要的教育思潮，主要的代表人物是马斯洛、罗杰斯。人本主义心理学家反对把对白鼠、鸽子、猫和猴子的研究结果应用于人类学习，认为人性本质是善的，只要后天环境适当，人就会自然地成长。人所表现的任何行为不是由外在刺激引起或决定的，而是发自内在、出于当事人自己的情感与意愿所作出的自主性与综合性的选择。人的学习是个人潜能的充分发展，是人格的发展。人本主义心理学主张采用个案研究方法，虽然没有形成系统的理论，但是以人为本的理念对课程与教学影响较大。

马斯洛（A. Maslow，1908~1970年）是美国著名社会心理学家，提出了融合精神分析心理学和行为主义心理学的人本主义心理学和马斯洛需求层次理论。马斯洛认为人都潜藏着五种不同层次的需要，即生理需要、安全需要、爱与归属的需要、尊重的需要、自我实现的需要，这些需要在不同的时期表现出来的迫切程度是不同的，人的最迫切的需要才是激励人行动的主要原因和动力。一般来说，某一层次的需要相对满足了，就会向高一层次发展，追求更高一层次的需要就成为驱使行为的动力。

罗杰斯（C. R. Rogers，1902~1987年）是美国当代著名心理学家，他认为每个人都具有一种固有的、先天的维护自我、提高自我、自我实现的动机，这是人最基本的，也是唯一的“内驱力”。人具有非常优异的先天潜能，教育无须也不应该用指导性的方式向学生灌输什么，这样做会压抑潜能的自然实现，适得其反。教育只要为学生潜能的发展提供一个宽松、和睦的心理环境，使之能在“内驱力”的本能驱动下自动而充分地形成。人无时无刻不处在动态的变化之中，教育不可能按照一组预定的程序，利用外部的要求向学生施教，不能“指导”学生如何想，如何做，而要顺应学生的内心需求和体验变化。罗杰斯把心理学上的非指导性技术应用于课堂环境之中，形成了一种与传统的教师指导相反的教学形式——非指导性教学，强调学习不是靠教师的指导来教，而是教师作为合作者积极促进学生发展。

人本主义认为，课程既不是要教会学生学会知识和技能，也不是教会学生怎样认知，而是为学生提供一种有利于学习的情境，关注什么内容对学生最有意义。在教学过程中，应以“学生为中心”，让学生成为学习的真正主体，这是其“自我实现”的教育目的的必然产物。

教学案例

在《实践：课程的语言》中，施瓦布开门见山地宣称：“课程领域已步入穷途末路，按照现行的方法和原则已不能维持其研究，它需要新原则，以便对其问题的特点和多样性形成一种新的观点。它需要新的方法，以便适应课程领域中出现的一整套新问题。”对于课程领域为什么步入穷途末路，施瓦布也进行了深入的分析：“由于对理论的错误依赖，而且这种依赖是根深蒂固、不假思索的，使课程领域到了令人不满的地步。一方面，它借用（从教育领域之外）了关于伦理知识、政治和社会结构、学习、心智以及人格等方面的理论，并只是在理论上运用这些借用的理论，即把这些理论作为当然的原则，企图从中‘演绎’出‘适合于’学校和课堂的目标及程序。另一方面，它试图建构教育理论，尤其是课程和教学理论。”① 不过其建构在很大程度上都是没有成效的。

课后测验

1. 如何理解课程和教学的含义？
2. 结合基础教育课程与教学改革的实际，你认为学习“课程与教学论”的意义何在？
3. 如何理解“课程与教学论”的学科性质？

---

① 钟启泉，高文，赵中建．多维视角下的教育理论与思潮［M］．北京：高等教育出版社，2004：111.

第二章　课程与教学的历史演进

章节概述

本章主要遵循历史与逻辑统一的原则，按照历史发展进程，分别介绍中国与世界主要文明课程与教学的历史演进过程。中国古代课程与教学历史以儒学发展为主线，在近代西学东渐思潮影响下与西方文明产生碰撞，对传统课程与教学思想进行改革与重构。西方课程与教学古典时期重视人文学科，到中世纪强调基督教道德教育，在自然科学兴起后，逐步形成现代课程与教学理论体系。

知识导图

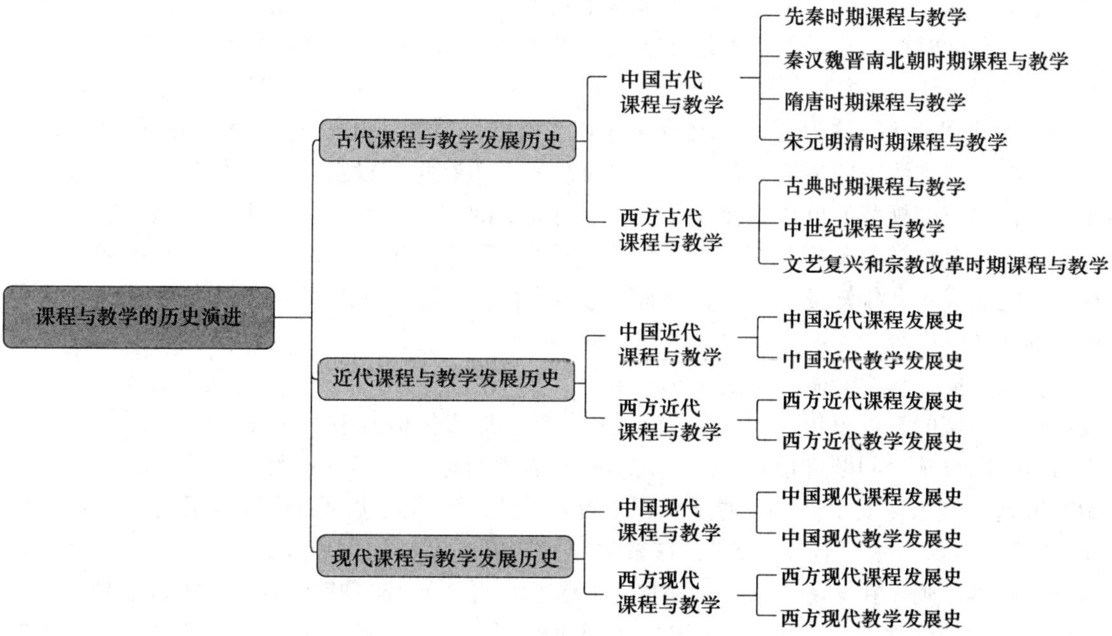

学习目标

1. 了解中国和西方古代课程与教学的演变过程与实践特点。
2. 认识中国和西方近代课程与教学的基本特点与变革路径。
3. 理解中国和西方现代课程与教学的实践形态与理论依据。

历史以各种方式，在不同程度上对课程与教学理论存在形态发生作用。在当前课程与教学研究过程中，应当以历史意识为指导，深入考察课程与教学起源、发展过程及现实影响。深厚的历史感有助于理解课程与教学的发展历程，把握其中的逻辑线索，进而预测未来发展趋势。本章内容基于历史线索和时代需求，从课程与教学思想出发，把握课程与教学实践，对课程与教学的历史事实进行梳理，以期使课程与教学研究更好地为教育实践服务。

第一节　古代课程与教学发展历史

一、中国古代课程与教学

中国文明是世界上最古老的、未曾中断的文明，课程与教学的思想和实践很早就出现在文献记载中。《周礼·春官宗伯》："大司乐掌成均之法，以治建国之学政，而合国之子弟焉。"《礼记·明堂位》："米廪，有虞氏之庠也。"成均和庠是原始社会末期开展教育活动的机构。受不同历史时期社会政治、经济及教育制度的影响，课程和教学领域也表现出明显的差异。

（一）先秦时期的课程与教学

夏、商、西周时期学校教育产生，开始分科设置课程，逐步形成以"六艺"为主体的课程体系。礼、乐、射、御、书、数包含了政治伦理道德教育、军事教育、文化艺术教育等课程。春秋时期，孔子以培养德才兼备的君子为教育目的，继承西周贵族"六艺"教育传统，编写《诗》《书》《礼》《乐》《易》《春秋》，统称为"六经"，学习、实践"仁道"作为课程内容，注重道德、政治伦理和生活感悟教育。孔子的课程思路是"形而下"的，是以日常生活中的事情为基础，通过反思每个人在世俗社会中的言行举止，实现一种理想的合乎道德规范的世俗生活。① 战国后期成书的《学记》提出课程设置思想："比年入学，中年考校。一年视离经辨志；三年视敬业乐群；五年视博习亲师；七年视论学取友，谓之小成。九年知类通达，强立而不反，谓之大成。"从教学统一的角度系统论述课程安排和教学内容。

春秋时期，官学衰微，士阶层迅速成长，私学兴起。孔子长达四十余年的儒学教育实践积累了丰富的教学思想，《论语》记载孔子教学形式包括向弟子谈及自身的经历与感悟，或与学生围绕某个问题进行对话式探讨。孔子教育目标为培养具备美德和礼仪的"君子"，能够做到"修己以安百姓""博施于民而能济众"，培养人才的路线可概括为"学而优则仕"。教育对象主张"有教无类"，在教学原则与方法上，注重启发式教学、学思行结合、因材施教等原则。在学习态度上，主张学贵有恒、乐学好学、虚心学习、实事求是。战国时期，教学理论逐渐系统化。《学记》中就记载了豫、时、孙、摩、长善救失、藏息相辅等教学原则，讲解法、问答法、练习法等教学方法。

（二）秦汉魏晋南北朝时期的课程与教学

公元221年，秦统一六国，建立君主专制的高度中央集权国家，继续奉行法家思想，执行法治政治路线。秦对具有怀古思想的儒家学说采取禁止传授的政策，儒学教育遭到毁灭性的打击。西汉建立后，儒学教育得以复兴，至汉武帝采纳董仲舒"推明孔氏，罢黜百家"文教政策，儒学取得定于一尊的地位。以太学为例，课程内容以儒家经典为主。两汉太学设置博士的经学有14家，均属于今文经学，经学成为汉代官方正式课程。西汉经学

---

① 杜维明．道·学·政——论儒家知识分子［M］．上海：上海人民出版社，2000：32-33.

以“阴阳五行”思想为特征，至东汉逐渐谶纬化。东汉创立的鸿都门学是世界最早的文学艺术专门学校，打破儒学独尊的教育传统，开设诗赋、书画等课程。

汉代学校系统逐步完善，不同类型学校教学形式展现出不同特点。汉武帝元朔五年(公元前124年)，“为博士官置弟子五十人”，以后有所扩充，东汉时最多达到30000人。太学最初学生名额较少，每位博士只有10名左右学生，主要采取个别教学或小组教学。随着学生数量增多，出现“大都授”的集体上课形式，次第相传的教学形式也开始出现。两汉时期私人讲学风气兴盛，董仲舒、王充、郑玄等人都是著名经学大师。私学主要采用的教学方法是以次相传授，老师只对高业弟子直接传授，再由高业弟子传授初学弟子。

魏晋南北朝时期各政权统治区域内，官学教育系统内课程仍以儒家学说为主，但私学授业内容不限于五经，百家之言、文史之学皆在教授之列。魏晋时期玄学兴起，在形式上推崇老庄思想，并以此来诠释儒家经典。玄学家将《老子》《庄子》《周易》作为经典，批评现实社会和世俗教育，崇尚自然主义教育。魏晋南北朝时期政权更迭，战乱频繁，从士族地主利益出发，抛弃玄学教育，改革传统儒学教育，培养对国家有实际效用的专门人才是教育的目的。因此，德育、艺教、生产知识都成为课程内容。颜之推所撰《颜氏家训》二十篇提出要设置五经、百家、杂艺、军事等课程。南北朝时期所译佛经中已经有“课程”一词的准确表述。①

总体而言，秦汉魏晋南北朝时期以经学为主的课程内容与先秦古典孔孟儒学教育有一定的差异，古典儒学中“成仁之道”的社会理想，被枯燥无味的考证和文字解释所替代。魏晋玄学家融合佛、道思想，在攻击“纲常名教”的同时，以“真性无为”为理想人格，提倡自然主义教育，突破两汉以来儒学独尊的课程和教学内容。

(三) 隋唐时期课程与教学

隋唐时期，科举取士与儒学教育结合，使学校课程中儒学典籍成为必修内容。孔颖达《五经正义》对《诗经·小雅》“奕奕寝庙，君子作之。秩秩大猷，圣人莫之。”注疏为：“以教护课程，必君子监之，乃得依法制也。大道，治国礼法，圣人谋之，若周公之制礼乐也。”此后，课程一词在唐代史籍中频现，成为课程术语来源。唐代中央官学六学二馆的课程设置，据《新唐书·选举志上》记载，为专业课、公共课和选修课。专业课大经《礼记》《左传》，中经《毛诗》《周礼》《仪礼》，小经《周易》《尚书》《公羊》《谷梁》。公共必修课《孝经》《论语》。选修课为《国语》《说文》《字林》《三苍》《尔雅》。专业类学校课程包括：律学，学习唐律令为专业；书学，以学习《石经》《说文》《字林》为专业；算学，学习算经为专业。此外，还有医学、天文学、乐舞学、工艺学等，课程内容更加丰富。

隋唐学校类型多样，教学组织形式、教学方法呈现多样化特征。唐代教学形式以集体授课为主，教学方式主要采用读讲法、问答法、实践法、观察法等。唐初经学家徐文远授课“所讲释，务立新义，先儒议论，务定其是非，然后诘驳诸家，又出己意，博而且辩，听者忘倦。”② 徐文远于唐初担任国子祭酒，其授课方法是通过收集整理前代学者的观点，通过比较分析做出判断，最后提出自己的观点，可见唐代官学课堂教学方法丰富多样。在

① 姜国钧．“课程”与“教学”词源校考——兼与章小谦先生讨论［J］．华东师范大学学报（教育科学版），2006（12）：68-71．

② 刘昫．《旧唐书》卷189《徐文远传》［M］．北京：中华书局，1975：4943．

考核评价方面，唐代官学制定严格的考试制度，包括旬试、月试、季试、岁试、毕业试等，督促学生努力完成学业，以此保证人才培养质量。

（四）宋元明清时期的课程与教学

宋元明清时期，以儒家思想为主体，融合佛道思想形成理学思想体系，成为封建社会后期的政治统治思想，古典儒学教育进入到复兴时期。北宋前期太学课程与唐代类似，主要学习儒家经书，宋神宗熙宁八年（1075年），王安石所撰《三经新义》成为太学生必须学习的内容。在课程思想领域，二程、朱熹等理学家主张重构以儒学经典为核心的课程体系。程颐、程颢认为应专注于学习《论语》《孟子》等最能代表“圣人之意”的儒学经典，通过读书穷理、格物致知，实现涵养道德品性的教育目标。朱熹继承二程思想，扩展了读书格物范围，主张依次攻读四书、六经、史书。① 朱熹所注儒家经典形成《四书章句集注》，成为元明清三代课程和科举考试的统一标准。

宋代实行“文治”政策，三次兴学，广设学校，在教学原则和方法方面积累了大量经验。太学效仿胡瑗苏湖教学法，实行分斋教学，最终形成三舍法教学。胡瑗所创的利用教学挂图对学生进行直观形象教学，也为中央和地方官学所效仿。在教学中注重研讨讲习，充分发挥学生学习的主观能动性。朱熹所做《白鹿洞揭示》引用《中庸》“博学之，审问之，慎思之，明辨之，笃行之。”作为教学原则，并将读书经验总结为“朱子读书法”。明代王守仁提出“致良知”，体悟内心达到“天理”的学习方法。

明末清初之际，实学思潮达到全盛，其基本特征是“崇实黜虚”，抛弃理学末流空谈心性，提倡课程要符合经世致用，重视自然科学，注重实践、考察、验证的科学精神。② 一些以“经世致用”之学为主的书院，如颜元主持的漳南书院，反对学习理学和帖括，设立“文事”“武备”“经史”“艺能”四斋，学习礼、乐、书、数、天文、地理、战法等内容。阮元所创诂经精舍和学海堂在教学上采用因材施教，教学与研究紧密结合，师生自行编撰教材，推动学校教学和研究活动。

我国古代课程与教学发展史以儒学教育为主线，展现出社会本位价值取向。课程内容以儒家经典为核心，重视道德涵养和政治文化教育，不重自然科学教育。中国古代教育家在儒家思想框架内，课程与教学理论很难进行质的创新与突破。

二、西方古代课程与教学

从古希腊到文艺复兴时期，西方陆续诞生过众多影响深远的伟大教育思想家，围绕课程和教学问题进行深刻思考和讨论。在不同历史时期，受哲学、宗教等因素影响，学校课程设置与教学方式体现出明显的特点。

（一）古典时期的课程与教学

古希腊是西方文明的起点，也是西方教育的源头。从荷马时代教育开始萌芽，到古风时期教育逐步向制度化方向发展，再到古典时代希腊城邦教育的辉煌，最终随着亚历山大帝国扩张向更广泛的地区传播。古希腊教育家认为追求知识是一种最有意义的生活，追求知识不是带有现实主义的功利企图，而是为了完善品格，成为完美的人。古希腊城邦的两

① 余英时．朱熹哲学体系中的道德与知识［M］．北京：社会科学文献出版社，2003：263．

② 陈鼓应，辛冠洁，葛荣晋．明清实学思潮史［M］．济南：齐鲁书社，1989：1-6．

大典范中，雅典教育注重学生身心和谐发展，课程内容涉及德智体美等方面，课程设置多样丰富。斯巴达教育重视军事训练，培养公民尚武精神，军事体育训练是其主要课程内容，辅助以音乐教育，文化教育得不到重视。在课程思想领域，智者学派作为职业教师，在长期教学实践中逐步规范课程内容，形成“三艺”，即文法、修辞学、辩证法。在泰勒斯时代，认识自然现象，重视数学、物理学、天文学等科学知识会被认为是最有智慧的人。苏格拉底提出“认识你自己”，从培养德才兼备的治国者教育出发，在以“对话”为主体的课程中，引导学生思考“智慧、节制、正义、勇敢”概念含义，进而真正认识完美人性。柏拉图在《理想国》中提出，哲学家的培养需要在学习算术、几何、天文、音乐，使学习者心灵纯洁并更加接近真理之后，开始辩证法的学习。“当一个人企图靠辩证法通过推理而不管感官的直觉，以求达到每一事物的本质，并且一直坚持到靠思想本身理解到善者的本质时，他就达到了可理知事物的顶峰了”。① 柏拉图的课程计划涵盖了德智体美教育内容，目的是培养出真正符合正义标准，能够践行完美人性的人。亚里士多德强调课程的目标是培养人的思想与行为方式。在吕克昂的课程设置中，为了发展理性灵魂，开设包括哲学、物理、文法、诗歌、伦理学等在内的广泛课程。

苏格拉底教学法，或称“助产术”，是古希腊最具代表性的教学方法。由讥讽、助产术、归纳和定义四步骤组成。经过不断的追问和辩论，受教育者通过自己的思考意识到自己的谬误，进而从具体现象中找到事物的共性和本质，并上升到一般概念。尽管这种谈话法是在没有成熟教材和教学制度下的产物，但能够使学生认识不断深化，产生主动学习的动力，至今仍是教学中的重要方法。

古罗马人重视法律教育，公元前450年“十二铜表”颁布之后，就成为罗马公民必读的教科书。宗教、体育及农业知识也是主要课程内容。罗马人征服希腊后，引入了希腊各类学校和“七艺”课程内容。在初等教育领域，课程包括法律、读书、写字、算数。中等教育课程设有拉丁语、希腊语、《荷马史诗》和其他希腊作家作品、西塞罗和其他罗马作家作品、地理、历史、数学、自然科学等。高等教育以修辞学校为主，课程内容包括修辞学、辩证法、法律、数学、天文学、几何学、伦理学、音乐等。

古罗马政治家、教育家西塞罗主张从培养具有雄辩才能的政治家出发，认为课程应包括各种重要知识和全部自由艺术，要对修辞科目进行专门训练和特殊的演说素养，要有优美的举止和文雅的风度。昆体良系统总结罗马帝国时期教学成就，主张实行集体教学的组织形式，在集体教学中，教师要观察学生，了解他们的能力和个性特征，做到因材施教。教学应该激发学生的兴趣和意愿，严格管理，善于提问。在教学方法上，提出模仿、理论、练习三个递进阶段，并对问答法、讲授法、练习法做了系统的论述。

（二）中世纪课程与教学

西罗马帝国灭亡标志着古典时代的终结，众多蛮族王国的建立标志着欧洲中世纪的到来，基督教成为整个中世纪文明的基础。就教育领域而言，“僧侣们获得了知识教育的垄断地位，因而教育本身也渗透了神学的性质。”② 中世纪经院教育思想家的代表人物有奥都斯丁、安瑟伦和托马斯·冯·阿奎那。通过构造善与恶、理性与信仰、现实与彼岸两分

---

① 柏拉图．理想国［M］．郭斌和，译．北京：商务印书馆，1986：298.

② 克里斯托弗·道森．宗教与西方文化的兴起［M］．成都：四川人民出版社，1989：38.

的思维方式，经院哲学家否定人的价值。《忏悔录》《神学大全》《反异教大全》等著作是其中代表。基督教各类学校课程以基督教教义学习为主，同时学习“七艺”。以修道院学校为例，作为教育中心和学术中心，修道院课程主要是读、写、算、宗教音乐、宗教礼仪和“七艺”，知识学习是为神学服务的。教学方法采用教义问答、抄写，背诵《圣经》，纪律严格，盛行体罚。

中世纪大学是一种与教会教育完全不同的、世俗的和专业化的高等教育机构。随着文化的复兴，西欧社会出现了追求学问的风气，知识的世俗价值得到普遍认可，中世纪大学应运而生。中世纪大学包括文科、法科、医科和神科，不同大学各有侧重。文科主要学习内容是文法、修辞、逻辑、算数、几何、天文、音乐、自然哲学、道德哲学和形而上学。法学课程内容为《查士丁尼法典》以及与教会有关的各种法律。医科课程内容为希波克拉底和盖伦，以及阿拉伯、犹太医师的作品。神学课程为《圣经》和《名言集四编》。中世纪大学常用教学方法是演讲和辩论，由阅读、评注和介绍作业等部分组成，辅以各类讨论。

（三）文艺复兴和宗教改革时期课程与教学

文艺复兴是欧洲新兴资产阶级在思想意识领域发动的反封建、反神学的人文主义新文化运动。人文主义教育家主张世俗教育，重视智力培养，发展健全的体魄，向往人的全面发展。文艺复兴时期，课程设置从“全人”理念出发，对希腊、罗马古典作品的学习逐渐取代了以往神学的支配地位。如在维多里诺、格里诺等意大利教育家的教育实践中，开设广泛的人文主义课程，从拼读字母和说话练习开始，到读写算基本训练，再到拉丁文、希腊文、修辞学等传统经典文化，学习数学、天文、历史等知识。在课程内容方面，中世纪以“七艺”为主体的知识学科出现了分化，文法分化为文法、文学和历史，几何分化为几何和地理学。强调对学生进行体育训练。宗教改革时期，西北欧各国人文主义者更加关注宗教和道德，课程也更重视人文学科和宗教科目学习。

文艺复兴时期，针对中世纪经验主义教育压制儿童天性，惯用体罚，死记硬背的教学方法，人文主义教育家强调要尊重和热爱儿童，重视儿童个性发展，开始关注儿童个别差异在教学中的意义，观察、实验、游戏、测绘等新的教学方法被引入到教学中。

西方古代课程在古典时期主要围绕培养完美的人来设置，重视人文学科内容。中世纪强调基督教道德养成教育。文艺复兴时期在回归古典人文主义课程内容的表象下，拓展新的课程内容。总体而言，课程理论停留在对经验的描述，缺乏系统的理论体系。教学思想还未从哲学中分化出来，教育家对教育实践的总结还未能升到教育哲学高度，缺少理论层面概括抽象与升华。

第二节　近代课程与教学发展历史

一、中国近代课程与教学

自1840年鸦片战争开始到1949年新中国成立是我国近代教育改革探索阶段。在课程和教学领域，在“西学东渐”“中体西用”社会思潮影响下，围绕要不要增设西学课程，以及西学课程的内容和地位问题，在中国近代各政治派别之间经历了反复的斗争与思考。

强势的西方文化对中国传统教育提出了巨大的挑战，在中西文化教育深度碰撞中，中国传统课程与教学思想开始转型。

（一）中国近代课程发展史

1. 1840~1911 年“中体西用”思想影响课程发展

鸦片战争之后，传统教育以理学为本、以道德为本的课程思想难以应对“千年未有之变局”，清政府内部有识之士主张吸取西学中先进之处。以林则徐、龚自珍、魏源为代表的知识阶层开始提出改革旧教育的主张。

凭借不平等条约的保护，西方传教士开始来华传教、办医院、办学校。教会学校数量由 19 世纪 60 年代初不足 200 所，发展到 1876 年大约 800 所。[①] 教会学校课程设置包括宗教、外语、西学、儒学经典等。以美国传教士 1881 年在上海创办的中西书院为例，其《中西书院课程规条》：“舍西法而专重中法不可，舍中法而专重西法亦不可。”西学课程第一、第二年重英文，第三、第四年重数学，第五、第六年重数、理、化、英文，第七、第八年重视实用课程，如航海测量、万国公法、天文测量等。中学课程大致内容包括讲经文、诗赋、书法等。中西学课程各占半天。[②] 教会学校在华发展是在西方列强推行殖民侵略政策下的产物，但通过西学课程传播科学文化知识，是当时中国知识分子吸取先进文化的重要途径。

洋务运动是在西方资本主义入侵的历史条件下，清政府为了自强求富，抵御外患，维护自身统治的产物，与之呼应，在教育领域出现了洋务教育。与旧式封建教育不同，洋务教育在内容上增加了西艺和西文课程。洋务派认识到“中国不贫于财，而贫于人才”“当时急务，首曰储人才”。[③] 基于此开设一批外国语学校、军事学校、技术实业学校。如京师同文馆课程，据《清会典》记载，仅以格致之学为例，就包括力学、水学、声学、气学、火学、光学、电学、动植物学等。洋务学堂在课程上除了原有的四书五经等儒家经典之外，增加了外国语和西方先进的自然科学知识，概括起来，就是以“中学为体，西学为用”为指导方针进行课程设置。注意学以致用，明显区别于传统学校的经史义理和八股文章课程。

早期维新派自 19 世纪 70 年代以后逐渐形成一个思想群体，来源成分复杂，对西方政治、经济、文化以及中国社会的危机和洋务运动的局限有较深刻的认识。容闳、郑观应、冯桂芬等人都提倡兴建以西学课程为主要内容的新式学校。西学范畴不仅局限于“西技”，要求学习“西政之意”。以徐寿和傅兰雅发起，王韬担任山长的上海格致书院为例，其课程安排包括：“学有两端，听其所向”。两端即西国语言文字和算学、化学、矿学、机器等格致实学。格致书院试题中包括科技知识、中外时局、富强策略和人才教育等方面。[④] 在王韬主持期间，格致书院成为宣传维新变法的阵地。

在晚清教育变革的潮流中，最引人注目的是资产阶级维新派的教育主张。其代表人物康有为、梁启超、严复等人在课程方面均有深入论述。康有为万木草堂的课程是以“史

---

① 顾长声．传教士与近代中国［M］．上海：上海人民出版社，1981：228.
② 吕达．中国近代课程史论［M］北京：人民教育出版社，1994：26.
③ 舒新城．近代中国教育史料［M］．北京：中国人民大学出版社，2011：44.
④《申报》光绪五年（1879 年）九月十二日，见《南开史学》1984 年第 2 期 11 页。

学、西学为用”，把史学、地理数学、格致学包括在考据学之中。梁启超强调学校课程应以政学为主，主张政本艺末。时务学堂“中学”课程包括《四书》《左传》《战国策》等，西学课程包括外语、算学、格致、天文、舆地、操演等课程，还有当时的报纸时政。在课程理论方面最有建树的当属严复，提出教育“一曰鼓民力，二曰开民智，三曰新民德”，其中最值得我们研究的，是他以开民智为目的的科学教育思想，及以此为基础的课程理论。严复认为“为学之道”应分为三个递进的步骤：“玄学”“玄著学”“著学”。“玄学”内容包括逻辑学和数学；“玄著学”包括物理和化学，认识客观世界；“著学”包括天学、地学、动植之学、人学等，最终达到“群学”，如政治、历史、法律等学科。严复科学教育思想源于斯宾塞实科教育思想，特别重视自然科学在学校课程中的地位。戊戌变法后，清政府颁布《钦定学堂章程》《奏定学堂章程》，包括修身、读经讲经、自然科学课程，仍然是遵循“中体西用”的思想路径。

2. 1912~1949 年“新课程”体系发展

1912 年“中华民国”成立，教育部颁行《普通教育暂行课程标准》，规定初等小学、高等小学、中学校、初级师范学堂的课程，成为《壬子癸丑学制》课程设置的蓝本。《壬子癸丑学制》（1912~1913 年学制）对课程做了详细规定。初等小学校开设修身、国文、算数、手工、图画、唱歌、体操共七门课，高等小学在此基础上增加本国历史、地理、理科，女子加缝纫课，男子加农业科，有条件可加开英语。中学校开设修身、国文、外国语、历史、地理、数学、博物、物理、化学、法治经济、图画、手工、乐歌、体操。新文化运动和五四运动以后，受进步思潮和美国教育思想的影响，1922 年“新学制”（壬戌学制）颁行，并刊布了《中小学课程标准纲要》。标准规定小学课程为公民课、卫生课、公用艺术、形象艺术、社会科、自然园艺科、国语、体育。初级中学课程设社会、言文、算学、自然、艺术、体育六科。高级中学分普通科和职业科两种，普通科分文学、社科和数理三类，有公共必修科目、分科专修科目、纯选修科目三种。新学制初步形成了我国近代学校课程模式，有内在的先进性和合理性，比较彻底地摆脱了封建传统教育的束缚，表现了教育重心下移、适应社会和个人需要等时代特点。

1922 年在“新学制”对课程改革推动下，学者开始关注研究中小学，尤其是中等教育课程的改革。1922 年 5 月，《教育杂志》刊出第 14 卷号外《学制课程研究号》在教育界和社会产生了较大影响。商务印书馆主张根据学生个性特征来编辑教材，专门聘请蔡元培、张元济、高梦旦等秉持现代教育理念的教育家来组织教材编写，成为当时教科书编写的最高水平。此后大批学者课程理论专著出版，如程湘帆著《小学课程概论》、王克仁著《课程编制的原则和方法》、徐雉著《中国学校课程沿革史》、熊子容《课程编制原理》等书问世，促进了我国近代课程论研究的发展。20 世纪 20、40 年代，探讨课程编制依然是课程理论的核心主题，尤其关注小学教材的编制研究。如孙钰的《小学教材研究》、朱翊新的《小学教材研究》等。这一时期，课程编制开始作为一门课程进入北京大学、燕京大学、复旦大学等综合大学教育系的课程表。这为推进课程理论的学科化提供了制度保障。

（二）中国近代教学发展史

中国近代教学实践和教育理论出现了与古代本质不同的变化，教学目的、教学原则、教学方法、教学组织形式、教学评价等循着“西学东渐”朝不同方向发展。

1. 教学目的

中国古代传统教学目的是围绕“学而优则仕”，为国家培养统治人才。1840 年后，教会学校逐步在中国形成规模，教学目的主要是培养为宗教组织服务的传教士，培养熟悉外国语和西方文化的中国人，企图使基督教文化战胜中国固有文化。洋务教育的教学目标则是造就各项洋务事业需要的专门人才，大多数洋务学堂都带有官办性质，隶属于洋务机构，培养本部门需要的特殊人才。要求学生掌握传统儒家经典即“中学”，又要学习西方自然科学技术知识，掌握富国强兵技能。戊戌变法前后，维新派主要代表人物主张教育目的是培养现代公民和技术人才，如梁启超强调“亡而存之，废而举之，愚而智之，弱而强之，调理万端，皆本归于学校。”①明确将“兴民权”和“开民智”联系起来，作为教育的目的。严复是中国近代从德、智、体构建教育目标模式的先导性人物。他从对资本主义价值观念的认识出发，受社会进化论思想影响，对“三育论”教育目的模式进行论证。在对斯宾塞的《教育论》进行深入研究的基础上，严复认为：“明人伦者，言教人之术也。劝学篇者，勉人治群学之书也。其教人也，以浚智慧，练体力、厉德行三者为之纲。”② 由此推出教学目的是要培养具有德智体全面发展的“真国民”。

辛亥革命以后，资产阶级革命派对教学目的进行进一步深入阐述。蔡元培在《对于教育方针之意见》一文中从养成共和国民健全人格教育目标出发，提出了“五育并举”思想，成为制定民国元年教育方针的理论基础。新文化运动以来，受欧美实用主义教育思想影响，国内教育领域出现多种教育思潮。教学目的开始向讲求实际功用、注重个体发展方向迈进。1921 年中国共产党成立后提出新民主主义教育纲领，工农教育教学围绕提高工农群众政治觉悟和文化水平目标开展，强调以社会改造为教育目的。近代教学目的开始兼具突出社会需求和兼顾个体发展的双重价值。

2. 教学方法和教学组织形式

清政府统治时期，无论是教会学校、洋务学堂，还是早期维新派兴办的新式书院，在教学方法上都有一定的发展。洋务学堂按照知识接受规律循序渐进安排教育内容，重视知识理解，安排带有实践性的课程，与传统学校完全不同。教学组织形式普遍制订有分年级课程计划，确定学制年限，采用班级授课制。如张焕纶主持的正蒙书院（梅溪学堂）在教学组织形式和方法上采用“举德智体三育而兼之，与东西洋教授之法意多暗合者。分学生为数班，即今之多级教授制，每班置一班长，每斋置一斋长，斋长上有学长。”③ 维新派主办的学堂主要采用新的教学方法。严复认为要用好的教学方法与自然科学课程相配合，重视实践的作用。“其教子弟也，尤必使自竭其耳目，自至其心思，贵自得而贱因人，喜善疑而慎信古”，强调通过自主思考，不因袭前人观点的教学方法。这一时期讲授法在操作程序上借鉴了德国的五段教学法，形式阶段教学法切合学科教学特征，利于教师操作，在理科教学，如动物、植物、化学等学科中广泛采用。

20 世纪 20 年代，国内的教育改革与当时世界各国教育发展总趋势大致保持同步状态。

① 璩鑫硅，童富勇．中国近代教育史资料汇编·教育思想［M］．上海：上海教育出版社，1997：188-189.

② 璩鑫硅，童富勇．中国近代教育史资料汇编·教育思想［M］．上海：上海教育出版社，1997：274-290.

③ 朱树人．创始梅溪学堂张经甫师纪念碑，中国近代学制史料［M］．第一辑下册．上海：华东师范大学出版社，1989：571.

受实用主义教学思想影响，“以学生为中心”的教学思想广泛影响中国教育领域，设计教学法、道尔顿制、文纳特卡制等相继传入中国，教授法逐渐向“教学法”转变。中国共产党领导的革命根据地引入苏联教学管理方法。近代学校教育中主要课程仍然是以学习自然科学为主，因此教学方法强调实验、观察等具体方法，改变中国传统以教为主的教学方法。

3. 教学评价

1905年科举制废除之前，以八股文为主要形式的评价标准在晚清教学评价中占据核心地位。在西学东渐思潮影响下，教学评价开始朝向多元方向发展。随着近代教育测量理论与方法的引进，洋务学堂和带有维新性质的学校，开始运用教育测验的方法对学生成绩进行考评。

4. 教学思想

20世纪初至1949年，我国主要形成四种教学思想体系。一是中国传统教学思想，主要特点为教学内容以传统伦理道德思想为主，教学方式以个别分散、记忆诵读为特点；二是以夸美纽斯和赫尔巴特为代表的西方传统教学思想，特点是运用班级授课制，教学内容重视系统书本知识的教学，强调教师主导作用；三是以杜威为代表的现代教学思想，特点为强调学生中心地位、活动课程、教育与生活相联系；四是新民主主义教学思想，特点是开始以马克思主义思想方法分析教学问题。全国绝大部分学校教学都使用传统教育思想，现代教学主要在教育理论界和城市实验学校应用，新民主主义教学思想在共产党领导的革命根据地应用比较广泛。

纵观中国近代课程与教学发展过程，逐步由传统的“中学”向“中学为体，西学为用”方向发展。新文化运动开展之后，欧美新教育和进步教育理论与实践对中国产生深远影响，推动中国课程和教学朝着理论化方向迈进。

二、西方近代课程与教学

（一）西方近代课程发展史

随着启蒙运动兴起，现代民族国家的形成以及公立学校教育体系的建立，西方教育家认为，古典教育思想以培养完美的人为中心的课程不能满足现实需求。工业革命开始后，对自然科学的重视达到前所未有的高度，西方近代学校课程也随之发生重要变革。

1. “实在论”教育学说影响下的课程体系

实在论教育学说是近代科学兴起过程中出现的教育思潮，主要盛行于17~18世纪，反映了近代自然科学革命给教育界带来的冲击和影响。随着自然科学探究领域的扩展，更先进的知识被充实到教育之中。科学革命将人们探究的兴趣从天国带回到自然世界，人们逐渐认识到自然世界的运行具有普遍的客观规律，可以运用科学方法和手段来认识和把握自然世界的运行规律。正是在这种背景下，关注真实事物、现实生活、科学规律的实在论教育学说备受学者推崇，主要有人文实在论、社会实在论、感觉实在论三种形式。

人文实在论将古典语言、古典著作及《圣经》学习放在课程内容核心地位，同时要求把自然科学知识纳入儿童教育中。代表人物为英国诗人约翰·弥尔顿、法国作家拉伯雷。弥尔顿关注英国新兴资产阶级贵族子弟教育，设想构建兼具中学与大学双重性质的“学园”，课程依据实用原则设置包括人文学科、自然学科、社会学科、神学、军事训练五部分。人文学科包含语言、文法、戏剧作品、诗歌、逻辑学、修辞学；社会学包含历史、政治、法律、经济学、伦理学；自然学科包括算数、几何、天文、地理、博物、数学、筑城术、航海术、农业、生物学、医学；神学包括宗教常识、《圣经》等；军事训练要求学生熟悉武器和军事技能。人文实在论者一方面尊崇古典课程内容，一方面百科全书式的课程内容又几乎包含了当时的全部知识，对自然科学知识的提倡较传统教育有重要进步。

社会实在论是针对科学革命之后出现的崇尚务实社会风气的反映，代表人物为英国哲学家洛克。在《教育漫话》中，洛克提出一个以实用科目为基础的广泛课程内容体系，包括阅读、书写、绘画、外语、作文、神学、算数、几何、地理、天文、历史、伦理学、法律、音乐、舞蹈等科目，形成包括体育、德育、智育在内的绅士教育体系，反映了英国新兴工商业阶层的实际需求。洛克的社会实在论课程体系成为英国文实中学的理论支柱。

感觉实在论与哲学认识论的进步联系紧密，体现了学校教育内容的积极拓展，以维夫斯、拉特克和夸美纽斯为代表。夸美纽斯以“泛智论”为基础，要求“把一切事物教给一切人类”，在母语学校、国语学校、拉丁语学校、大学分别设置不同的课程。以国语学校为例，课程内容着重本国语言的读写、算数、诗歌、政治、经济知识和机械艺能等知识。他所编写的《语言学入门》《语言学初听》《世界图解》成为当时儿童教育的经典教材。

实在论教育学说指导的课程体系将自然科学和数学引进学校课程，动摇了古典人文课程的结构框架，要求青少年掌握百科全书式的知识。从此，西方课程理论和实践开始沿着科学化方向发展。

2. “教育科学化运动”影响下的课程体系

教育科学化思想产生于16世纪，直至19世纪中后期，随着自然科学的进一步发展和进化论的提出，强调科学知识、重视自然科学教育成为时代精神。在斯宾塞、赫胥黎等人的阐述、宣传和提倡下，科学教育思想逐渐为欧美各国政府所重视，科学正式进入学校课程。斯宾塞在1859年发表《什么知识最有价值》，1861年出版《教育论》中系统阐述了科学教育思想。斯宾塞提出“教育预备说”，认为：“准备过完满生活，是教育应该履行的功能，这种功能的履行程度，也是评定教育课程的唯一理性的判断方式。”① 他将人类生活分为五种活动，即与自我生存直接有关的活动、与自我生存间接有关的活动、养育子女的活动、维持正当的社会及政治关系的活动、填补休闲生活旨在满足情感和爱好的活动。按照人类生活需要形成以科学知识为核心的课程体系。第一部分课程是生理学和解剖学，旨在直接保全自己或维护个人生命和健康。第二部分课程是语言、文学、算术、逻辑学、物理学、化学、社会科学等。这与生产活动有直接关系，可使人获得谋生手段，提高生产效率，从而间接保全自己的知识。第三部分课程是心理学和教育学，帮助更好地教养子女、履行父母职责所需要的知识。第四部分课程是历史学，用以培养社会公民合理调节自己的行为，履行社会义务。第五部分课程包括文化艺术教育，这是为了让人们更好地度过闲暇时光。斯宾塞设计的课程体系对英国传统教育重视古典语言的课程体系有一定的影

① Spencer H. Essays on Education [M]. London: J. M. Dent & Sons, 1949: 7.

响。19 世纪末，科学课程在英国学校教育领域占有重要地位，并且在世界范围内被很多国家和地区接受。

总体来看，近代西方课程已经超越“古典人文主义”课程内容，开始注重个人生活需求和社会发展需要。课程科目逐渐走向多元化，课程结构增设适合民族国家发展和产业革命需求的各类科学课程，职业技术训练、劳动技能训练开始进入课程中。

（二）西方近代教学发展史

伴随着工业革命的发生和自然科学的发展，近代教学理论逐渐从哲学中分离出来，形成独立的体系。教学作为一个独立研究领域，在 17 世纪基本确立。

1. 教学论的确立：拉特克与夸美纽斯的教学理论

德国教育家拉特克（W. Ratke，1571～1635 年）在西方教育史上首倡教学论，在 1612 年向法兰克诸侯呈交学校改革的奏书中，自称为“教学论者”，称自己的教学技术为“教学论”。拉特克认为教育活动需要遵循自然规律和儿童智力发展自然顺序，好的教学方法必须建立在对儿童心理了解的基础上，重视儿童的个体经验。其教学论观点如下：一是以教学方法技术问题为教学研究的中心，重点研究“如何教”的问题；二是教学方法和技术依赖于儿童心理，同时又与学科知识的性质密切关联；三是确立“自然教学法”，由易到难要求用本国语言作为教学工具，先学习事物整体，再学习事物细节，从经验入手，采用归纳方法推出事物的一般原理；四是语言和科学教学作为教学论的重要课题，要求教师不仅要精通语言与科学，还要懂得怎样教才能使学生最容易掌握。拉特克关于教学方法技术要尊重学科知识性质的观点，对整个近代教学论的发展产生了重要影响。

夸美纽斯（J. A. Comenius，1592～1670 年），捷克著名教育家，《大教学论》的问世标志着理论化、系统化的教学论确立。夸美纽斯首先提出了教育目的论。“人是造物中最崇高、最完善、最美好的。”由此引申出教育目的：培养“懂得科学、纯于德行、习于虔信”的人。

夸美纽斯认为教学要适应自然、培养兴趣、强调活动。从泛智教育理念出发，夸美纽斯强调教育适应自然。一方面适应自然界普遍法则，只有通过借鉴自然界运行秩序，才能使得教育和教学工作步入科学化的轨道。另一方面要适应人的自然本性及其发展规律，要适应人的认识发展规律。因此，教学要根据儿童天性、能力进行，遵循循序渐进原则。教学的进行要尊重儿童的学习兴趣，鼓励儿童自发学习，应当使教学成为一件轻松愉快的事情，谴责用强制和惩罚的方法强迫儿童学习。教学要从实际出发，强调实践活动的重要性。夸美纽斯在《大教学论》中系统地论述了直观性原则、循序渐进性原则、巩固性原则和系统性原则。基于对教学规律的正确认识确立起一系列教学论原理，对近代教学理论和实践发展产生了深刻影响。

2. 教学论的发展：卢梭与裴斯泰洛齐的教学理论

卢梭（J. J. Rouseau，1712～1778 年），18 世纪法国启蒙思想家、教育家。在《爱弥儿》一书中，卢梭通过描述主人公爱弥儿从出生至成人的教育经历，表达了他的自然教育思想。卢梭主张自然教育，使儿童从社会的束缚中解放出来，回归人的自然状态，使儿童自由成长。自然教育的目的是培养“自然人”，需要正确看待儿童，给儿童以充分的自由，因此提出“消极教育”策略。卢梭的自然教育论、儿童中心论在教学观上具体表现为倡导尊重儿童发现天性的教学论。发现是人类的基本心理动力，天然的需要是好奇心的“第一本源”，人不断探究、发现与其息息相关的事物。发现教学的基本因素是兴趣与方法，良好教学的基本原则在于培养爱好学问的兴趣，授之以研究学问的方法。卢梭的教学论不是知识本位的，而是兴趣能力取向的。活动教学与实物教学是发现教学的基本形式，指向培养自主理性的人格。卢梭的教学论提出了现代教学研究的基本课题。

裴斯泰洛齐（J. H. Pestalozzi，1746~1827 年），瑞士民主主义教育思想家、教育改革家。在继承卢梭自然教育论的基础上，提出教育目的是全面和谐发展人的一切天赋力量和才能。作为教育心理学化运动的代表人物，裴斯泰洛齐指出：“我长期寻找一个所有教学手段的共同心理根源。因为我深信，只有这样，才可能发现通过自然法则本身决定人类发展的形式。很显然，这种形式是建立在人的心理的一般组织之上的……教学的原则，必须从人类心智发展的永恒不变的原始形式得来。”① 教育心理学的主要观点包括：一是教育应遵循自然法则，了解人的本性的发展进程，只有通过教学艺术引导，自然的人才能成为天赋能力充分发展个性完善和谐的人；二是教育内容的选择和编排要符合儿童的学习规律。教育过程要从一些简单为儿童所熟悉的要素开始，逐步过渡到更复杂的要素，促使儿童天赋能力的和谐发展，这就是“要素教学法”。此后，心理学普遍应用于教育、教学领域，开启了 19 世纪遍及欧美的教育心理学化运动，推动了教育科学化进程。

3. 教学论的科学化：赫尔巴特的教学论

赫尔巴特（J. F. Herbart，1776~1841 年），德国著名哲学家、心理学家、教育学家。他认为：“教育作为一种科学，是以实践哲学和心理学为基础的。前者指明目的，后者指明途径、手段以及对教育成就的阻碍。”② 赫尔巴特教学思想主要集中在以下三个方面：

一是教学过程应以“统觉”原理为基础。观念是赫尔巴特心理学中最基本的术语，其含义是指事物呈现于感官、在意识中留下的印象。观念的形成及其运动决定着人的意识的全部内容，在新观念进入意识之前，必须先在意识的观念统一体中占据位置。学生在原有观念基础上把一些分散的感觉刺激纳入意识领域，吸收、融合、同化新观念，并构成观念体系，即“统觉团”，这一过程就是统觉。因此，赫尔巴特要求教师掌握统觉的原理和规律，在教学过程中创设多种机会激发旧观念的再现，使新观念能够被统觉团及时接纳和同化。

二是教学形式阶段论思想。赫尔巴特以统觉理论为基础，将多方面兴趣和培养学生注意结合，提出著名的教学形式阶段理论。在教学过程中，必须有两种基本的心理活动——“专心”和“审思”。专心，即钻研新观念，明确理解新观念；审思，即把意识中各种新旧观念联系统一起来。由此形成教学的四个“形式阶段”，包括明了、联想、系统、方法。明了阶段，教师用叙述方法，简练清晰地讲解教材，一般采用直观法、谈话法或讲述法。联想阶段，要求学生集中注意力深入思考，把要学的新知识、新观念同原有的知识和观念联系起来。系统阶段，是审思活动，学生在审思过程中形成秩序和系统，在新旧观念的联系中得出各种各样的结论。教师教学采用综合法，帮助学生寻找确切的定义和结论。方法阶段，要求学生把定义和结论运用于实际阶段，要求学生自己去分析问题和解决问题。教学方法上要求学生独立完成练习和作业。

---

① 张焕庭．西方资产阶级教育论著选［M］．北京：人民教育出版社，1979：179-180

② 张焕庭．西方资产阶级教育论著选［M］．北京：人民教育出版社，1979：298.

三是教育性教学原则。赫尔巴特认为教学的终极目的是形成人的德行——“善的意志”，这种“善的意志”是自由、完美、友好、正义、公平五种道德理念的统一。教育中如果没有教学，就是一种失去了手段的目的。教学的教育性规律将教学与道德统一起来，对后世影响深远。

第三节　现代课程与教学发展历史

一、中国现代课程与教学

（一）中国现代课程发展史

1. 社会主义过渡时期的课程：1949~1956 年

新中国成立以后，主要受苏联教育学的影响，教育基本原理、教学论、德育论、学校管理组成教育学“四大板块”。民国时期相对独立的课程研究被划入了教学论，内容主要是介绍政府颁布的课程文件，如“教科书”“教学大纲”。[①] 建国初期中小学教科书编制成为重要工作，尤为重视数学和自然科学课程改革。课程内容注重科学性和思想性的有机结合。这一时期初步形成了较为全面统一的中小学课程体系，主要借鉴苏联模式，在一定程度上脱离中国实际。课程结构单一，只设必修课，不设选修课。

2. 社会主义探索时期的课程：1957~1966 年

20 世纪 50 年代以后，我国开始探索适合中国国情的社会主义教育发展道路。在经济领域首先掀起的“大跃进”运动波及教育领域，1958 年，中共中央、国务院发布《关于教育工作的指示》，提出“党的教育工作方针，是教育为无产阶级政治服务，教育与生产劳动相结合”，要求在一切学校中，必须把生产劳动列为正式课程，积极进行技术革命和文化革命。主张用社会“大课堂”代替学校“小课堂”，用实践知识代替系统的理论学习。缩短学制、精简课程、增加劳动导致中小学教学质量严重下降。面对“教育大革命”给教育事业带来的危害，1963 年，通过颁发《全日制中、小学暂行工作条例（草案）》《全日制中小学新教学计划（草案）》等文件，重新确立了各学科性质、任务和基本教学内容，强调以“语文、数学”为小学核心课程，“语、数、外”为中学核心课程，对恢复教学秩序发挥了一定作用。

3. 改革开放新时期的课程：1978~2000 年

“文革”使教育事业和课程体系遭到极大破坏。1978 年 1 月，教育部颁发《全日制十年中小学教学计划试行（草案）》《全日制时年制学校中小学各科教学大纲（试行草案）》，开始课程领域内的拨乱反正，使课程发展趋于正常化。20 世纪 80 年代初期，课程论开始向独立的教育学分支学科发展。1983 年，人民教育出版社成立专门的课程研究室，组织创办《课程·教材·教法》杂志，课程研究有了自己的杂志。在创刊号《论研究学校课程的重要性》一文中，论述研究学校课程的意义，编制学校课程要符合客观规律，按照教育方针编制课程等。[②] 1983 年课程教材研究所成立，集中编译欧美、苏联有关课程理论的研

---

① 张廷凯．我国课程论研究的历史回顾：1922-1997（上）[J]．课程·教材·教法，1988（1）：8-13.
② 戴伯韬．论研究学校课程的重要性 [J]．课程·教材·教法，1981（1）：5.

究。20世纪80年代中期开始，教育学界对课程研究关注逐步上升，李秉德、王策三、董远骞等学者开始关注课程问题。1989年，陈侠《课程论》和钟启泉《现代课程论》两部课程论代表著作出版，标志着课程论开始成为独立分支学科。1991年，廖哲勋提出适合中国国情的"课程学"建构计划，掀起"课程论"学科的研究热情。1997年3月，中国教育学会批准成立全国课程专业委员会，课程论作为独立分支学科从此获得正式认可。

1999年，国务院批准教育部制定的《面向21世纪教育振兴行动计划》，该计划指出：改革课程体系和评价制度，2000年初步形成现代基础教育课程框架和课程标准，改革教育内容和教学方法，推行新的评价制度，开展教师培训，启动新课程的实验，争取经过10年左右的实验，在全国推行21世纪基础教育课程教材体系。自此，我国开始面向21世纪的新一轮基础教育课程改革。2001年，《基础教育课程改革纲要（试行）》印发，标志着新一轮基础教育课程改革的全面启动。"新课改"以建立新的以人的发展为核心的学校课程体系为目标，完善国家、地方、学校三级课程管理体制，确立了"以人为本"的新课程理念，及促进课程不断完善的发展性评价体系，初步形成具有中国特色的基础教育课程体系。

4. 新时期课程理论的主题建构与拓展：2000年至今

进入21世纪，我国课程学者注重从本土课程变革出发，从根本上变革课程，促进课程现代化，中小学课程变革成为课程学界的热门主题。通过对课程观和课程概念的重建，突破传统的以教材为主的课程，解放、扩充教师与学生的课程创造力，超越传统以教学大纲、教材为中心，以完成指定教学及升学任务的课程文化，转为追求素质教育的学校文化。以钟启泉为代表的学者，围绕重建课程观而开展的课程研究获得学界的广泛支持。张华、崔允漷等学者开始从校本课程、整合课程资源、发展性评价等角度探索素质教育的课程体系。吴康宁、吴永军尝试从分析教科书中的"意识形态""价值取向"，并从国家权力和社会控制等社会学角度解释成因。① 吕达等从考察中国近代课程发展史入手，探索课程变革原因和政治经济因素对课程发展的影响。郝德永从后现代主义出发，期望重构现代课程的文化品质。② 当前，中国课程学界的研究主题呈现出多元的理论路径，为课程理论研究开辟了更广阔的方向。

（二）中国现代教学发展史

1. 社会主义过渡时期的教学（1949~1956年）

新中国成立后，在教学理论和实践方面主要学习苏联的经验，凯洛夫《教育学》对我国教学理论界影响较大，强调以教师为中心、课堂为中心、教材为中心，传授系统知识，课堂教学结构必须包括组织教学、检查作业、复习旧知、新课讲授、巩固知识和布置作业环节，成为当时中小学普遍采用的教学模式。这时期对苏联教学论采取全盘吸收，对西方教学理论则采取绝对的否定和批判态度，基本上没有基于我国教育教学实际进行改造和发展。

2. 社会主义探索时期的教学（1957~1966年）

1958年《关于教育工作的指示》提出"教育必须为无产阶级政治服务，教育必须同

① 吴永军．课程社会学［M］．南京：南京师范大学出版社，1999：146-148.
② 郝德永．课程与文化——后现代视角的检视［M］．北京：教育科学出版社，2002：349-406.

生产劳动相结合”的教育方针，批评了教育教学工作中忽视政治、脱离生产劳动以及理论脱离实际的倾向。在全国开始出现以教育与生产劳动相结合为中心内容的教育革命浪潮。在教学实践方面，强调实行群众路线，密切联系政治斗争，要求学生走出课堂，参加劳动，向工农学习。在教学理论方面，开始批判苏联教育学片面强调智育和书本知识及教师权威。在特殊的政治环境下，教学理论和实践中出现过分强调劳动、轻视上课、教材以生产为纲等做法，教学秩序混乱，教学质量严重下降。针对这些问题，虽进行了适当的调整，但在“左”的思想影响下，未能从根本解决问题。

3. “文革”时期的教学（1966~1976 年）

“文化大革命”期间，对苏联教育学进行彻底批判，我国近代以来积累的教学理论和经验也被否定，最后发展为在教学实践上取消了教学，教学理论以“经验汇编”“政策解说”“革命导师语录”代替教学理论研究。强调学工、学农、学军，完全否定课堂、书本和教师的作用，教学秩序混乱不堪，教学改革实验举步维艰。这一时期最为突出的教改实验成果是 1969 年开始于上海的利用算盘帮助学生认数和计算，把口算、珠算、笔算结合起来，在全国得到推广，成为这一时期较为突出的教学改革。

4. 改革开放新时期的教学论发展（1978 年至今）

“文革”结束后，教育界开始拨乱反正，引进大量国外教育教学理论，如苏霍姆林斯基、赞可夫、巴班斯基、杜威、布鲁纳、布卢姆、罗杰斯等国外教育学家、心理学家的教育教学理论，对我国教学研究主题的确立、教学论视野的拓展，教学论学科的建设等起到积极的推动作用。20 世纪 80 年代初期，提出“教育科学生命在于教育实验”的命题，涌现出大批教学实验。如上海育才中学的十六字经验“紧扣教材、边讲边练、新旧联系、因材施教”，卢仲衡的“自学-辅导教学法”，邱学华的“尝试教学法”，黎世法的“异步教学法”等，对我国中小学的教学改革实验发挥了先导作用。

20 世纪 80 年代以来，我国出版多种教学论专著，其中影响较大的有王策三《教学论稿》、李秉德《教学论》、陈佑清《教学论新编》等。教学论研究涉及的主题众多，包括知识教学与智力开发、非智力因素培养、教学过程本质、师生关系、素质教育等。进入 21 世纪以来，教学论研究在教学方式转变、校本课程开发、综合实践活动课程开发、多元智能与教学等问题上有新的拓展。新一轮课程改革也为教学论提供了发展方向。研究者更加关注学生在课堂教学中的地位和价值，关注人的生活意义和生命价值，成为这一时期教学改革的核心价值取向。

我国现行教学论在学科体系的建构和具体问题研究方面取得一定进展，但其中也存在一些问题。教学内容方面存在以书本知识为本位的倾向，在知识教学范围内讨论发展问题，学生在道德素质、动手操作能力和身体素质方面仍未能真正实现身心全面发展的目标。教学过程方面有重教轻学的倾向，教学原则和教学方法主要是以教师为主体。在涉及学生问题时，我国教学论主要采用直接借用心理学的学习概念和知识，由此导致课堂活动中学生学习自主性低、能动性体现不足。教学论话语体系方面，主要以宏大叙事和抽象叙事为主，与具体教学情境结合不够紧密，教学论研究停留在相对表面的层面，缺少现实针对性和实践操作性。在我国教学论的发展中需要正视和解决这些问题，努力在理论层面推进教学论发展。

二、西方现代课程与教学

（一）西方现代课程理论发展史

1. 科学化课程开发的早期发展

西方经济社会变迁趋势对传统教育提出了挑战，旧式西方科学知识体系脱离工业社会实际需要。20 世纪初期，美国教育学者开始试图创建专业的课程理论。作为现代课程理论的开拓者，美国教育学者博比特（F. Bobbitt）1918 年出版《课程》一书，这是课程成为独立研究领域的标志。坦纳夫妇由此指出："课程有悠久的过去，但只有短暂的历史。"① 1918 年，博比特在芝加哥大学开设了"课程"，并出版了《课程》一书。从 20 世纪 20 年代开始，很多大学成立"课程与教学"系，课程理论界权威学术团体"课程开发与督导协会"成立，从此，课程理论就成了学者的专业学术活动。

博比特是科学课程开发理论的奠基者、开创者，在对美国和菲律宾学校的课程内容做充分调查后，他对学校课程与成人社会之间的联系进行研究，受到"泰罗主义"效率取向、控制中心的影响，形成分析课程问题的理论框架。基本内容可以从教育的本质、课程的本质、课程的开发方法三个方面进行概括。

博比特对教育本质的认识是课程理论的基础。首先，教育是为成人生活做准备。学校中的儿童生活是手段，未来社会中成功的成人生活才是目的。学校教育终究是社会取向的，学校是社会的代理机构。其次，教育是促进儿童的活动与经验发展的过程。学习者在教育过程中应是一个"行动者"，而不是接受者。第三，教育即生产。博比特认为："教育是一个塑造过程，如同钢轨的制造一样。经由这种塑造过程，人格将被塑造成所需要的形态。"② 学校就是"学校工厂"，学生是原料，教师是"工人"，教育正是为了获得理想成人这个"成品"而对学生这个"原料"不断加工改造的过程。

博比特的课程本质从他的课程定义中可见："人们从事（成人）事务所需的能力、态度、习惯、鉴赏力和知识形式将会显现出来而成为课程目标。这些课程目标将是众多的、明确的、详尽的。因此，课程是儿童及青年获得这些目标所必须具有的一系列经验。"③ 教育是为成人生活做准备，课程目标指向完美的成人生活所需要的基本素养，课程内容自然是儿童的活动与经验。学校教育的课程目标应着眼于在社会中无法自然获得、必须经由学校教育才能获得的经验。

博比特关于课程开发的方法主要采用活动分析，明确表述了研究课程编制过程的重要性，博比特的科学化课程开发的方法可总称为"活动分析"，具体过程包括五个步骤。

第一，人类经验的分析。在《怎样编制课程》中，博比特把人类经验分析为语言活动、健康活动、公民活动、一般社交、休闲娱乐、维持个人心理健康、宗教活动、家庭活动、非职业性活动、职业活动十大领域。

第二，具体活动或具体工作的分析。将人类经验的主要领域进一步解析为具体活动。

---

① Tanner D，Tanner L N. Curriculum Development：Theory into Pracitce［M］. New York：Macmillan，1980：4.

② Bobbitt F. The Supervision of City Schools：Twelfith Yearbook of the National Society for the Study of Education，Part 1［M］. Chicago：University of Chicago Press，1913：12.

③ Bobbitt F. The Curriculum［M］. New York：Houghton，2010：42.

第三，课程目标的获得。指把从事某一具体活动所需要的能力清晰地陈述出来的过程。博比特认为课程目标即从事某一具体活动所需要的能力，是由知识、技能、习惯、价值、态度等多重内容构成。将具体活动分析为课程目标时，所遵循的原则是效率。课程目标应具有具体化和标准化特性，是课程开发的基本依据。

第四，课程目标的选择。博比特认为，并非所有目标都适合学校课程，只有那些复杂的，无法在儿童的社会生活中自然获得的能力才适宜成为学校教育的课程目标。

第五，教学计划的制订。设计达到课程目标所需要的各种活动、经验和机会。博比特认为，必须为每一年龄的儿童制订每天活动的详细计划，这就构成了课程。

查特斯（Charters）是与博比特同时代的美国课程论学者，在《课程编制》一书中，查特斯指出“从事课程开发首先必须制订目标，然后选择课程内容，在选择过程中，必须根据目标对课程内容进行评价。”① 查特斯与博比特的课程开发理论相似，区别在于，查特斯把理想和活动作为构成课程的要素，学习者应认识到知识对生活的意义，因而追求知识，主张通过对人类生活的分析确定学科中重要因素，并将其纳入课程之中。

博比特与查特斯将课程开发过程本身确定为一个独立研究领域，对课程研究发展史做出了卓越贡献。他们提出了课程开发的基本问题，如课程目标与人类生活、儿童发展、学科知识之间的联系，课程计划制订的科学化过程等。这一时期课程理论受“泰罗主义”影响，也存在历史局限性，主要表现为：把教育与课程视为准备成人生活的过程，忽视儿童阶段的存在价值。学生成为学校工厂的原料，背离了教育的本质。“活动分析”或“工作分析”课程开发过程机械，并不能体现出高水平的科学化课程。

2. 现代课程开发理论的经典框架——“泰勒原理”

拉尔夫·泰勒（Ralph Tyler），美国著名教育家、课程理论专家，现代课程理论开发的集大成者，被誉为“当代教育评价之父”“现代课程理论之父”。② 泰勒的课程开发理论是在反思“八年研究”的基础上形成的，力图有效控制课程开发过程，使课程开发成为一种理性化、科学化的过程。1934 年，泰勒出版了《成绩测验的编制》确立起评价原理，1949 年《课程与教学的基本原理》问世，确立起“课程基本原理”。“泰勒原理”的基本内容围绕“确定教育目标”“选择教育经验”“组织教育经验”“评价教育计划”四个内容开展。现代课程开发理论研究众多，但都是围绕这四个基本问题构建，因此被称为课程开发“永恒的分析范畴”。“泰勒原理”被称为课程领域中“主导的课程范式”。

“泰勒原理”的深层价值取向是“技术理性（技术兴趣）”，通过符合规律的行为对环境加以控制的人类基本兴趣，它指向对环境的控制和管理，其核心是“控制”。③ 但是“泰勒原理”不仅仅表现出一种“普适性、划一性”特征，泰勒对课程的思考蕴含了对中学教育以及学生成长的强烈关怀，尤其在思索教育目标或办学宗旨时，他的人生哲学和社会理想，即“不断使自己变得更有人情、更善于学习、更有助于帮助他人，并与他人一起建设一种尊重每个人的潜力、不贪图他人为自己服务的社会”④，对课程价值起到支撑作用。

---

① Charters W. Curriculum Construction [M]. New York: Macmillan, 1972: 84.

② 拉尔夫·泰勒. 课程与教学的基本原理 [M]. 北京：人民教育出版社，1994：1.

③ Grundy S. Curriculum: Product or Praxis? [M]. London, New York & Philadephia: The Falmer Press, 1987: 11-12.

④ 赵祥麟. 外国教育家评传（第四卷）[M]. 上海：上海教育出版社，2002：203.

3. 学科结构主义与学术中心课程

20世纪50年代末，受美苏争霸国际关系影响，美国社会对科技和教育提出更高的需求，掀起以“学科结构主义”为指导的“学科结构运动”，诞生了“学术中心课程”。

1958年，美国颁布《国防教育法》，政府划拨巨资用于推行全国范围的课程改革，各类学科课程研究会建立，为课程体系改革提供经费和组织保障。1959年，美国科学院召集三十多位科学教师、教育家集会，中心议题商讨改进中小学自然科学教育的具体办法，会议主席杰罗姆·布鲁纳（J. Bruner）作了题为“教育过程”的总结报告，其中学科结构主义思想就成为此次改革的行动纲领。布鲁纳认为，杜威、泰勒以来的课程思路都是“反知识主义”的，而教育的真正内核是“卓越性的观念”，即科学家的知识结构。真正合适的课程内容应该是来自“学科”，而不是社会生活，这是布鲁纳思考课程的逻辑起点。从结构主义出发，可以按照每一门学科的基础知识结构开发课程。由此提出“发现学习”“探究学习”的方式。伍兹霍尔会议后，“学科结构运动”在全国范围内蓬勃展开，并对欧洲和世界产生广泛影响。

“学术中心课程”也称为“结构课程”，是指以专门的学术领域为核心开发的课程，基本特征为学术性、专门性、结构性。布鲁纳主张将人类认识最前沿的知识引入中小学课程，应以学术作为课程开发的基础。学术中心课程主张专门化和专业化，更有利于体现各个学术领域的内在逻辑。学术中心课程不仅尊重学术逻辑，也注意吸收杜威经验课程因素，发展人解决问题的能力与探究精神，这使得学科课程发展到新的阶段。

4. 实践性课程开发理论

施瓦布（J. J. Schwab），美国著名课程理论家，师从于泰勒。施瓦布作为结构课程改革运动的主要参与学者，对这场课程改革未能达到预期效果，进行了深刻反思。博比特、泰勒以来盛行的将哲学、管理学、心理学领域理论作为课程改革基本原则，试图从中演绎出学校和课堂教学的目标与程序，是否能被广大教师真正认同，能否在教育实践中真正实施？1969~1983年，施瓦布撰写多篇文章，建立起实践性课程开发理论。

在《实践3：转换成课程》一文中，施瓦布确立了“实践性课程”四要素，即教师、学生、教材、环境。这四个要素间持续作用构成实践性课程的基本内涵。课程理论的起点由学校教育之外的理论转向学校教育实践。课程开发的基本方法是“课程审议”，即课程开发主体对具体教育实践情境中的问题反复讨论权衡，以获得一致性的理解，最终做出恰当、一致性的课程变革决议及相应的策略。“课程集体”成员包括校长、社区代表、教师、学生、教材专家、课程专家、心理学家和社会学家，由课程专家负责组织协商课程改革。

与“泰勒原理”相比，在实践性课程开发理论中，教师与学生的主体地位获得了充分尊重，课程开发过程不再被视为对教师与学生的控制。这一理论是超越“泰勒原理”的一次尝试，为课程理论的创新打开了一道缺口。

5. 课程领域的概念重建范式

20世纪70年代以来，学者们试图跳出“泰勒原理”有效开发课程的理论框架，在更广阔的理论基础上，探讨“怎样理解课程”。以派纳（W. F. Pinar）、格鲁梅特（M. R. Crumet）、格林（M. Greene）、范梅南（M. van Mannen）等为主要代表的学者倾向于以现象学、存在主义、精神分析理论为基础，称为“存在现象学”课程论。充分肯定个体的存在价值，认为个体在本质上应是知识与文化的创造者，不应是知识与文化的接受者。

以阿普尔（M. W. Apple）、麦克唐纳（J. B. Macdonald）、曼恩（J. Mann）等为主要代表的学者倾向以哲学解释学、知识社会学为理论基础，着眼于对社会意识形态的批判与社会公正的建立，形成“批判课程论”。课程开发过程不是简单选择并组织课程内容的过程，而是不断反思、批判文化知识，并由此创造、建构意义的过程，课程开发过程同时也是课程创造的过程。批判课程通过对课程知识及其隐含的社会意识形态的反思批判，最终指向社会公正与人的解放。①

课程研究的整个历史进程中，课程研究的内容从“课程开发”转向“课程理解”；课程研究的价值取向由对“技术兴趣”逐渐转向“实践兴趣”，最终迈向“解放兴趣”。展现出课程研究领域正在反思自身文化局限，实现“跨文化”的课程思考，致力于建构更广阔的课程研究理论体系。

（二）西方现代教学理论发展史

1. 欧美现代教育运动

19世纪末20世纪初，以欧洲“新教育运动”和美国“进步教育运动”为代表的现代教育运动形成。现代教育运动继承了卢梭、裴斯泰洛齐、福禄培尔等人发展的以儿童中心的教育传统。1889年，英国教育家雷迪在英格兰德比郡创办了阿伯茨霍尔姆乡村寄宿学校，标志着欧洲新教育运动的开始。雷迪认为新旧学校的区别归结为新学校更重视儿童实纪活动，强调教育与生活的联系，反对单纯学习书本。西欧各国兴起设立“乡村寄宿学校”之风，新学校在管理、教育和教学上具有民主和自由的色彩，各种活动与学习融为一体，儿童得到全面发展。比利时教育家德可乐利创办的“生活学校”、意大利教育家蒙台梭利的“儿童之家”、德国教育家凯兴斯泰纳创办的“劳动学校”都成为新学校的代表类型。“新学校”注意运用科学的方法，依据不同年龄学生的兴趣和特征实行不同的教育，对传统教育提出挑战。

进步主义教育运动兴起于美国，以杜威教育哲学为主要理论基础，以进步主义教育协会为组织中心，以改革美国学校教育为宗旨的教育革新理论和实践活动。进步主义教育强调教育与社会生活的联系，提倡尊重儿童的心理发展规律，注重儿童的整体发展，主张以儿童的兴趣、经验为重心革新课程和教学，重视从做中学，从经验中学。进步教育中有代表性的教育实验包括“昆西教学法”“道尔顿制”“设计教学法”“文纳特卡制”等。

新教育运动和进步教育运动体现出现代教育的核心特点是以活动为中心，具体表现在：儿童实际活动为主要教育内容，尊重儿童兴趣和需要。教师的作用不是监督，而在于对学生的引导和帮助。在教学中为儿童提供丰富的操作材料，以便他们探索、操作和运用，鼓励建立促进合作、共同经验的组织模式，反对强制和严厉的惩罚。

2. 杜威的教学思想

约翰·杜威（John Dewey），美国著名哲学家、心理学家、教育哲学家，他的教学论建立在实用主义哲学基础之上。杜威的教育哲学基本命题超越了教育本质认识二元论，认为发展是儿童在先天本能与冲动的基础上，通过与环境的相互作用而不断增加经验意义的

① 张华．美国当代批判课程理论初探［J］．外国教育资料，1998，（2）：18-23.

过程。由此获得结论“教育即经验的不断改造”，强调教育与实际经验之间的紧密和必要的联系。他强调“教育与个人经验之间的有机联系；或者说，新教育哲学信奉某种经验的和实验的哲学”“教育是在经验中、由于经验、为着经验的一种发展过程。”① 根据经验的连续性原则，教育过程的每一段都须顾及将来，每一种经验都应该为个人获得未来有更深刻更广泛性质的经验提供些什么，这正是经验的生长、连续和改造的真正意义。根据经验的交互作用原则，教师对环境的安排、教材的组织要适应学习者的需要、能力和已有经验，这样才能产生外在的环境、教材与儿童之间的交互作用，从而产生有教育价值的经验，这样的教育才有意义。

杜威所倡导的“基于经验的教学论”包含三个内涵：首先，探讨教学“经验”与“行动”的内在联系。杜威的“经验”概念包括人和环境，通过人与环境连续交互作用拓展了经验的范围，得出“教育是经验的不断改造”的结论。教学是在儿童现实经验基础上，把儿童与外部环境真正统一起来。观念、知识本质上就是经验，经验包含着“做”和“行动”，观念、知识与行动是统一的。因此，杜威在教学中提倡的“从做中学”“从经验中学”正是以此作为理论基础。

其次，探讨思维与教学的关系。杜威认为经验中包含思维，这种反省思维是对某个问题进行反复的、严肃的、持续不断的深思。反省思维包括五个阶段：真实的经验情境、问题的界定、问题解决的假设、问题解决方式的逻辑推理、通过行动检验假设。教学应当创设“经验的情境”，与日常生活中的情境联系起来，使学生有解决问题的机会。教师在指导儿童解决问题的时候要充分考虑并创造性地运用关于反省思维五阶段的理论。教学的艺术是要使新问题的困难程度足以激发思维，启发学生产生解决问题的设想，打破教学中运用背诵、记忆等方式对思维发展的禁锢作用。因此，杜威倡导的教学是“问题解决教学”。

最后，探讨经验与作业的关系。杜威创立的“芝加哥实验学校”，先后进行长达八年的实验，解决学校课程与儿童关系问题。“儿童与课程仅仅是确定一个单一过程的两极……从儿童的现在经验发展到被我们称为学科的有组织的真理体系所表征的经验，是一个持续改造的过程。”② 实现儿童与学科统一，就需要把各门学科的教材和知识恢复到原有的经验，这个过程就是教材的心理学化。此类教材中原来的逻辑经验变为儿童直接的和个人的经验，从而可以和儿童既有的经验进行相互作用。教师需要做到把教材知识解析为儿童的生活经验，并指导儿童的经验不断生长，最终达到教学目标要求。杜威倡导的经验课程形态是“主动作业”，即从儿童经验出发，对社会真实生活中的重要职业进行总结提炼而获得的活动方式，如园艺、烹饪、印刷、纺织、油漆、木工等，最终实现儿童经验的不断改造与持续生长。杜威提出的教学论研究问题，如儿童在教学中的位置、教学中知行统一方式、教学认识过程与其他认识构成关系、教学中儿童与社会关系等，成为现代教学论的核心问题。

3. 20 世纪 50~60 年代主要教学论流派

二战结束后，美苏两极争霸格局和欧洲复兴战略迫切要求提高教学理论研究。行为主义教学理论和“三大新教学论流派”开始崛起。行为主义教学设计理论以斯金纳

---

① Dewey J. Experrience and Education [M]. Simon & Schuster Inc. 1997: 25-28.

② 杜威. 学校与社会 [M]. 赵祥麟, 译. 北京: 人民教育出版社, 1994: 120.

(B. F. Skinner) 为代表，吸收自动控制理论和系统论因素，把教学视为各构成因素、流程和信息控制之间相互联系的复杂系统。其基本思路是要开发一种教学程序系统，以准确分析学习者的行为表现，确定要达到的行为目标，以达到预先确定的具体学习结果。斯金纳提出"小步子、循序渐进、序列化、学习者参与、强化、自定步调"等教学设计原则，确立行为主义教学设计基础。

"三大新教学论流派"包括赞科夫的"发展性教学论"、布鲁纳的"发现教学论"、以德国瓦根舍因和克拉夫基为代表的"范例教学论"。三者尽管对发展的取向理解不同，对知识教学与发展过程研究的重点不同，但共同关心的主题是通过改革课程结构与教学体制，培养儿童优异的智力，推动个性整体发展。

赞科夫是较早关心教育与发展关系研究的教育家，1955 年在《苏维埃教育学》第 5 期发表以《教学与学生的发展问题》为题的学术论文。1957~1969 年，在小学教学范围内对教学与发展的关系开展实验研究，形成发展性教学理论。赞科夫将当时苏联侧重于知识传授和技能训练的小学教学体系称为传统教学体系，把着眼于学生的一般发展实验教学体系称为"新体系"。对传统教学体系进行改革必须"有一个明确的教学论核心，即教学过程要使学生的一般发展取得成效。"① 这里的"一般发展"既不同于特殊发展（数学、语言、音乐等某一方面才能的发展），又有别于智力发展。"一般发展"不仅包括智力发展，还包括情感、意志、道德品质、个性特点和集体主义精神发展及身体发展。赞科夫的"发展教学论"包括教学原则、教学大纲、教学法等各个方面的观点，其中以教学原则最为重要。通过教育实验确定五条教学原则：以高难度进行教学的原则、以高速度进行教学的原则、理论知识起主导作用的原则、使学生理解学习过程的原则、使全班学生（包括最差的学生）都得到发展的原则。这些原则是为了激发、增加和深化学生对学习的内部诱因，而不是借助分数以及类似的外部手段对学生施加压力，要求尊重学生个人的特点与愿望。

布鲁纳"发现教学论"的主要观点是要掌握学科的基本结构，包括掌握学科基本原理以及对待学科学习和研究的态度，主要应通过发现学习来完成。教学过程应当让学生通过探究发现知识，不仅得到知识，也获得探究的态度和方法。发现学习就是不把学习内容直接呈现给学习者，而是由学习者通过一系列发现行为（如转换、组合、领悟等）发现并获得学习内容的过程。这种学习的基本特征是：注重学习过程的探究性、注重直接思维、注重内部动机、注重信息的灵活提取。布鲁纳对学习动机尤其重视，认为学习动机是提高学生学习成绩，特别是学生从事发现学习、形成积极主动学习态度的前提。布鲁纳认为好奇心、胜任力、自居作用、互惠互助等内在动机比奖赏、竞争等外部动机更为重要，是从事发现学习、形成积极主动学习态度的前提因素。

范例教学兴起于 20 世纪 50 年代的联邦德国，针对学校课程庞杂、学生负担加重、学习主动性差造成的教学质量下降等问题提出范例教学的设想。瓦根舍因、克拉夫基等教育学家对范例教学进行了深入研究，形成独特的教学思想体系。范例教学强调以"范例"组织教学，要正视学生在学校中学习时间的有限性，组织学生进行"教养性学习"，即让自己始终处于一种不断受教育与培养的状态中。教学要突出重点、难点，使之成为教学的范例，通过深入学习范例，把握学科的全部内容。范例教学将培养学生主动性和独立性作为

① 赞科夫．论小学教学 [M]．俞翔辉，等译．北京：教育科学出版社，1982：13.

主要教学目标，强调“培养学生的独立性就是要使学生具有批判认识的能力、判断能力和行动能力，乃至自发的继续学习能力。”① 范例教学论者提出三个重要原则：（1）基本性原则，是对教学内容选择的要求，强调教学要向学生传授一门学科的最基本要素，包括基本概念、基本结构和基本规律等。（2）基础性原则，强调教学要以学生的经验为基础，使学生在教学过程中获得更深刻的新的经验，并得到发展。（3）范例性原则，强调从学科内容中精选出有代表性的关键内容进行深入学习，借以把握大部分甚至全部的学科知识。依据以上原则进行教学，要使学习者从特殊中获得一般，强调教学的“继续作用力”。教师要随时注意学习者目前的状况与客观的教学要求或目标之间的差距。作为一种开放性教学，教师着重讲范例而不讲全部的内容，能给学生自主探索留有较大余地。范例教学模式以丰厚的德国教育传统为底蕴，在发挥学生主动性、提倡教学的问题性方面，突破学科界限，主张课题性教学，重视知识与生活的联系，打破“知识就是力量”的传统，转而追求获得支配知识的力量等方面，都提出了新的主张。

4. 20 世纪 70 年代以来教学论新发展

20 世纪 60 年代末开始直到 70 年代，行为主义在心理学领域的主导地位逐渐被认知心理学所取代，以认知心理学为基础的教学论兴盛起来。90 年代，建构主义兴起，各种取向不同的建构主义理论对教学论产生影响。在观念上对知识特性、学习机制等问题的理解已经超越了传统客观主义的单一视角，开始以建构主义视野看待知识与学习问题。在教学实践中已经开发和形成诸多应用建构主义思想的新教学模式，如基于问题的学习、支架式教学等。建构主义在认识论基础和对学习过程、目标、条件等问题的看法方面有许多相近观点。建构主义认识论认为知识是主体在大脑中建构出来的“主观的现实”，并不是对现实的完全客观和准确的表征。学习者要以自己已有的经验、认知结构和认知方式为基础，对知识进行选择、改造和加工，从而建构起知识内在的意义。建构主义教学论认为学习应提供如下条件：复杂的学习环境和真实的任务；社会协商和人际互动；多样性的观点和内容表征；理解知识建构的过程；学生成为学习的主人。总体而言，建构主义强调学习者的认知主体作用，也重视教师的指导作用，教师不是知识的传授者，而是学习意义建构的帮助者。学生不是被动接受和灌输对象，而是信息加工的主体，是学习意义主动建构者。

教学案例

阅读延伸：《新的学生观：对教学与课程的影响》节选。

过去七十多年来，我们的课程结构组块保持相对稳定——算术要学那么多年，在阅读、文学、社会科学、数学等方面还有许许多多课程。尽管课程结构组块的内容时有变化，但全部课程应该是怎样的——我们对此并无新的见解。人们最初是怀着这样的观点来编制课程的，只有一小部分学生能学好课程，剩下的大多数学生会在不同的年龄或年级离开学校。我们坚持了只有一小部分学生能学好课程的看法，但现在学生们却不再中途离校，大部分学生都上完了中学。

我们现在不得不正视这种可能性，几乎所有学生都能学好学校必须教授的知识与技能。但是哪些事物值得学好呢？我们可能会立即回答，是阅读、写作与算数这些基本的工

① 李其龙．德国教学论流派［M］．西安：陕西人民教育出版社，1993：17.

具性学科。即使我们确定对此观点表示赞同，但是否还可以添入其他学科？有没有必须学好的其他学科？如果有的话，该是哪些学科，谁来学习——所有学生还是一部分学生？

每种社会，每个人对哪些知识与技能值得学好的看法会随时间而发生变化。鉴于无人能提供一份完整的清单，只能从世界各地的国家课程中心的工作中了解某些概况。尽管条件不同，而且每个课程中心从自己的观点出发努力回答这些问题，但我所强调的，是我认为能够回答这一问题的某些更积极、更一般的方法。

由谁来负责规划全部课程？在大多数国家，人们认为这是教师、学者、教育规划者、公众、各种全国性团体以及专业团体共同合作的一项工作。课程中心在许多社会团体的帮助下负责编订全部课程（包括计划与教学材料）。随着社会情况的变化、社会与学习者志向的变化以及对教育在社会与人们生活中所起的主要作用具有长远的观点，课程中心认识到课程必须不断修订并反映最新重要的成果。课程中心在经过多次挫折之后认识到：只有当社会中的许多团体有机会了解这些变化并就此发表各自的观点时，重大的课程改革才能有效地引进学校。每个中心应承担试验课程的任务并系统评价课程改革建议，以便在全国范围采用新课程之前确认新的课程是良好的。

美国课程中心都关注全部课程中各个部分的组合与顺序的安排。然而，课程中心也确实认识到可以根据当地情况的要求对课程做某些特点的选择。他们规定了课程的某些部分是基础的，所有教师都应当强调；也指明了某些部分是可选用的、可改编的，以便适应当地的情况。尽管在最初规划与编订课程时教师团体有较大的发言权，但不能认为每个教师都是能为自己编制课程的课程专家。每个教师具有某些改编的权利。以便使课程适应当地的情况，并在规定的限度之内增加一些特色。要为教师提供新课程的在职培训。这种在职培训包括培训课程的新教材以及确保所有学生都能学好的新的教学策略。

课后测验

1. 中国古代以儒家经典著作为主要课程内容的作用是什么，具有怎样的局限性？
2. 西方现代课程研究的主要代表人物有哪些，其代表观点是什么？
3. 杜威的教学思想主要包括哪些方面，对欧美教育发展的影响是什么？

第三章　课程管理与课程开发

章节概述

课程是一个动态的系统，需要进行全面的协调管理和不断的创新发展，在此过程中，课程管理和课程开发成为保持课程生命力的重要工作。本章分两个部分对课程管理和课程开发的知识进行介绍，明确课程管理的含义、实施的意义及三种管理模式，帮助学习者建立对于课程管理较为全面的认识。阐述了课程开发的含义及基本程序，并对课程开发的层次分类做了说明，对理论研究中的经典开发模式做了细致的表述，帮助读者形成进行课程开发的基本理念和思路。

知识导图

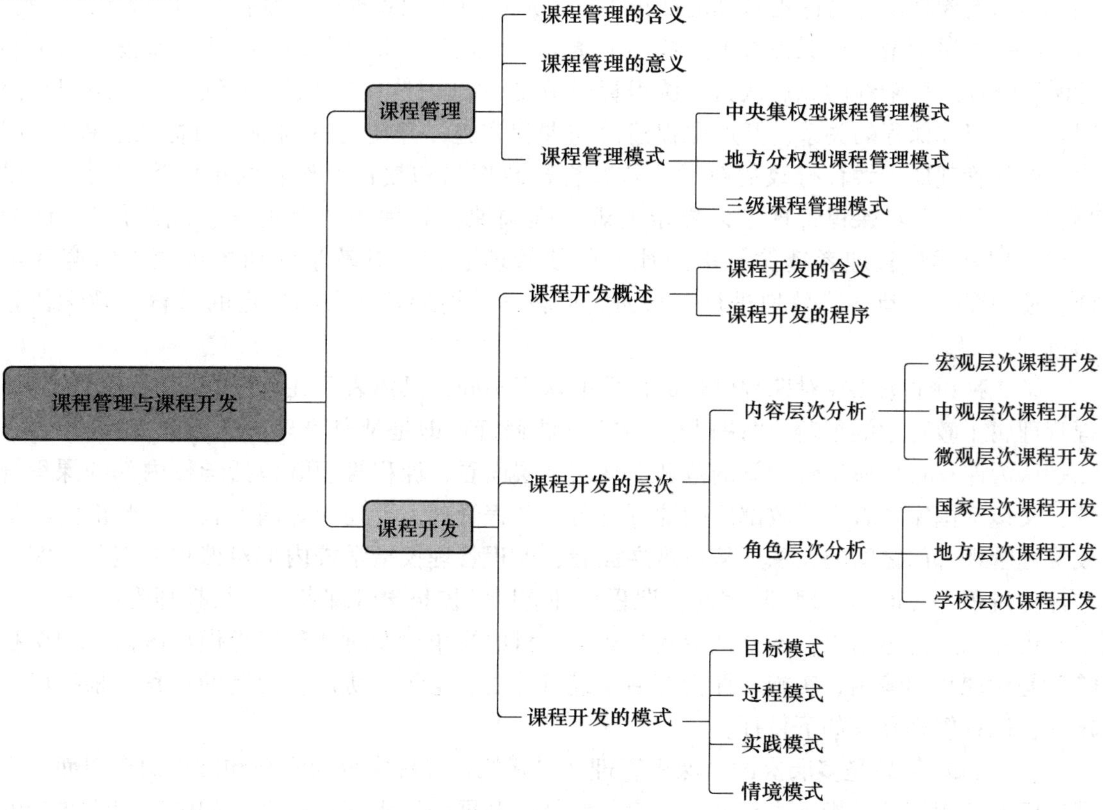

学习目标

1. 理解课程管理和课程开发的基本含义。
2. 掌握课程管理的三种模式，明确三级课程管理模式的特点。

3. 掌握课程开发的层次分类及每一层次课程开发的特点。
4. 掌握课程开发四种模式的基本理念并能对其进行合理评价。

第一节 课 程 管 理

课程是一个动态的系统，从课程开发、课程实施到课程评价需要整体协调管理才能达到预期的效果。课程管理是课程与教学领域的重要内容，也是学校管理工作的主要组成部分。科学地开展课程管理有利于学校课程与教学改革的持续推进，更好地实现课程与教学的现实价值。

一、课程管理的含义

自20世纪初课程论产生以来，学术界的研究兴趣一直集中在课程原理、课程编制、课程评价等方面，直到20世纪90年代课程管理这一概念才被提出，并引起学术界的极大关注。

不同的课程观念对课程管理的认识不同，从而对课程管理的内涵有不同的界定。

第一种讨论聚焦在课程管理的核心本质是“课程”还是“管理”：以“课程”为中心对课程管理进行阐释的观点认为，课程管理是在一定的社会条件下，有领导、有组织地协调人、物资和课程的关系，开展课程建设与课程实施，并使之达到预定目标的过程①。因此，课程管理属于教育行政的范围，是教育行政部门和教育工作者的重要管理活动。以“管理”为中心对课程管理予以界定的观点强调课程管理的“制度化、规范化”，认为课程管理是学校管理者遵循教学规律，行使管理职能，对教学活动各因素进行合理组合，使教学活动有序高效地进行，从而完成教学计划和教学大纲规定的教育、教学任务的过程。②

第二种讨论聚焦在对课程管理的性质的认识不同，具体表现在两个方面：一是认为课程管理属于教育学的范畴，“课程即学科”，课程管理即是学科管理，应以课程专家为主。二是认为课程管理属于管理学的范畴，从宏观层面看，课程管理既包括学校内部的课程管理，又包括国家和教育行政部门的课程管理，课程管理需要处理好国家教育行政部门与学校课程管理部门之间的关系；从微观层面看，课程管理仅指学校内部对课程的编制、实施和评价过程等方面的管理。③ 因此，课程管理应以学校教学管理者和一线教师为主。

借鉴以上讨论结果，本书从课程与教学学科的视角出发对课程管理做出解读，即课程管理是对课程的编制、实施、评价等活动进行计划、组织、协调、控制的过程。根据以上定义，课程管理具有如下特征：

（1）**课程管理是多层次的。**课程管理在实际执行过程中分为宏观和微观两个层面，宏观层面的课程管理是指国家和各级教育行政部门开展的课程管理活动，如国家课程政策的制定、区域性课程改革方案的制定等；微观层面的课程管理是指某一学校内部的课程管理

---

① 廖哲勋．课程学［M］．武汉：华中师范大学出版社，1991：203-206.
② 王志良．浅议我国大学课程管理［J］．高教研究与实践，1995，2.
③ 钟启全．现代课程论［M］．上海：上海教育出版社，1989：216-218.

活动，如学校对所开设课程相关材料和活动的检查与评价等。中央、地方教育行政部门和学校共同担负课程管理的权利和义务，体现课程管理的多层次特点。

（2）**课程管理是多主体的。**课程管理主体包括课程管理者和课程实施的管理人员。课程管理者是指从中央到地方各级教育行政部门及其专门的工作小组，他们是课程目标的决策者，又是课程实施的组织者、协调者、监督者，也是课程实施结果的评价者；课程实施的管理者指学校行政人员，包括校长、教导主任、总务主任等，他们根据课程文件，结合本校的实际情况，制订本校学年和学期的教学工作计划，编制课程表，组织课程实施人员编制教学进度计划，控制和排除干扰课程实施的因素，确保课程有序高效地运行实施。因此，课程管理不是由某一类主体单独完成的，而是多主体系统协作的结果。

（3）**课程管理是全面的。**课程管理内容主要包括与课程相关的人、财、物、事、时间、信息等因素及其组成的课程系统。课程管理的范围与内容既包括国家与地区整体的课程标准、课程方案、课程开发等宏观的制度和标准，也包括学校内课程组织、课程实施、课程评价等具体内容。只有对这些因素进行整体规划、合理组织、统筹协调、监督控制，处理好各种关系，实施有效的管理，才能使课程系统正常有效地运转，实现预期的课程目标。

综上可知，课程管理是实现课程目标的重要保证。课程管理既能从全局上控制课程系统的整体运行，又能在细节上调节好自身的运转，实现课程系统的优化运行。

二、课程管理的意义

课程管理是课程与教学工作中的重要一环，在学校教育中充当重要角色。从开放的角度对课程管理进行研究，探索课程管理的规律和方法，全面落实课程管理任务，努力提高课程管理的质量与效率，可以促进学校教育在以下三方面的发展：

（1）**有效的课程管理可以确保课程整体质量。**明确课程目标，建立稳定的课程秩序，指导课程顺利实施是课程管理的重要任务。有效的课程管理可以充分发挥国家调控作用，制定统一的课程标准和结构框架，确保课程目标的方向性和一致性，使所有课程均具有教育价值。有效的课程管理还可以加强学校和教师在课程实施中的主动性和创造性，确保课程以更为灵活有效的方式实施并获得较好效果。

（2）**有效的课程管理可以提升课程实施的效率。**课程实施是在课程方案的指导下所进行的课程执行活动，涉及课程计划、教学方法、师生互动、教学反馈、课程评价等因素，这使得课程实施成为一个复杂、动态又富有创造性的过程，课程管理需要把这些因素有效地整合在一起，并不断接受反馈，进行完善改进，提升课程实施的质量和效率。

（3）**有效的课程管理可以促进师生的共同成长。**教师和学生在课程管理中担任较为特殊的角色，一方面，师生在课程管理的组织引导下进行课程实施和学习，从这个意义上来说，有效的课程管理可以更好地调动师生的积极性和主动性，督促师生更好地了解和认同课程理念、了解课程政策、明确课程标准等，提高师生的课程理论和实践水平；另一方面，师生作为主体，会积极参与到课程管理的决策环节，有效的课程管理可以最大限度地为师生参与课程管理提供条件和保障，激发师生参与课程发展和决策的热情，充分发挥其主体作用和创造性，同时深化其对课程的理解、提高研究能力、增强专业自信。

三、课程管理模式

随着课程改革的不断推进，人们对课程管理的认识越来越深入，世界各国开始不断尝试对基础教育的课程管理进行改革，由单一的课程管理模式向综合的课程管理模式转变。在课程管理模式发展的过程中，以下为几种常见模式。

（一）中央集权型课程管理模式

中央集权型课程管理模式是由国家统一设计课程结构、制定课程标准、拟定课程大纲、确定课程评价标准。一般来说，中央集权型的课程管理模式具有如下特点：第一，全国同一层次、同一阶段的学校设置相同课程；第二，同一课程采纳同一课程标准，使用统一编制的教科书；第三，相同课程参照统一的评价标准，举行全国性或区域性的毕业、升学统一考试。苏联是典型的采取中央集权型课程管理模式的国家，教育的相关重大问题由中共中央决定，经由最高苏维埃政府审议，落实到教育行政机关执行，教育部统一制定课程的指导原则、管理制度、发展规划及编写审定教科书。这种集中统一的课程管理模式在中国、法国、日本也长期存在，并形成了一定体系，这是因为这种课程管理模式具有许多优点，如全国统一的课程计划和标准，相对统一的教育标准和评价标准，有利于国家对教育全局的控制，从宏观层面对课程资源进行合理分配，保证学校基本的教育质量，提高整体教育水平；相同的教学内容和评价标准，有利于整体教育目标的落实，实现相对的教育平等，保证文化的传承与统一。但是，随着人们对教育的民主化、多样化、自由化的需求越来越迫切，这种高度集中统一的中央集权型课程管理体制暴露出明显的弊端，如过分强调中央政府对课程管理的权力，限制了地方政府和社区办好教育的积极性，影响了地方教育和文化的发展；过分强调课程标准、课程计划及教科书的统一性，无法照顾到不同地区、不同民族之间经济和文化的差异，难以适应社会发展对教育的多样化需求，也不利于教师创造性的发挥和学生个性的发展。

（二）地方分权型课程管理模式

地方分权型课程管理模式与中央集权型课程管理模式不同，更强调满足社会多样化需求，强调体现学校的差异性和独特性。一般来说，地方分权型课程管理模式具有如下特征：第一，国家没有统一的课程计划，课程设置、课时安排等均由地方或学校自行决定；第二，国家不设定统一的课程标准、不统一编订教科书，而是由学术机构或地方课程机构编订教科书，供学校选择使用；第三，不设置全国性的统一考试制度，由地方或学校自行组织考试测验。美国是典型的采取地方分权型课程管理模式的国家，联邦政府不设置统一的全国性教育领导机构，各州在州政府领导监督下成立州教育委员会作为教育决策机关，州下分设学区作为地方教育行政机关，负责制定课程政策，进行课程管理。这种地方分权的课程管理模式也在英国、德国、加拿大等国家实行，发挥了这种课程管理模式的许多优点，如地方进行课程管理有利于发挥地方优势，可以满足地方社会教育需求；有利于调动地方和学校办学的自主性、积极性和创造性，有利于学校发挥特长，办出特色；能够在一定程度上体现教育的民主化，实现教育平等。但是，地方分权型课程管理模式也存在着一些弊端，如课程管理的权力掌握在地方和学校手中，国家没有统一的课程标准和教学评价标准，容易造成地方和学校在教育方向上的盲目性，教育质量难以保证；地方分权的课程管理削弱了国家对课程的统一控制和管理，会导致各地方和学校在课程管理上的混乱和政策不稳定，降低教育质量。

（三）三级课程管理模式

在课程管理的过程中，“中央集权型”和“地方分权型”管理模式都存在这样或那样的缺点，20 世纪 70 年代以后，许多国家开始对课程管理体制进行改革，基本做法就是将两种管理模式进行整合，试图避开集权与分权管理模式的缺点，集合两者的优点，尝试一种最优化的管理方案。如美国从地方分权型课程管理模式开始强调中央对学校课程的控制，成立了联邦教育部，但其职责权能非常有限；英国在中央设立了教育科学部，有权制定国家课程政策、颁布法令、监督地方贯彻执行。以上改革方案都没有很好地找到集权和分权的平衡点，不能从根本上解决某种课程管理模式所带来的弊端。

我国受苏联教育体制影响，一直实行中央集权型课程管理模式，随着政治经济体制改革的不断推进，该模式暴露出的缺陷成为影响我国学校教育事业发展的重要桎梏。1985 年，国家发布了《中共中央关于教育体制改革的决定》，就学校教育提出的“分级管理”的原则，赋予了学校一定的权利，学校可以根据生源和办学条件，落实国家课程和地方课程，决定任选课程和活动课程的开设。1999 年，我国颁布了《中共中央国务院关于深化教育改革全面推进素质教育的决定》，继续推进中央和省级政府分级管理制度，明确提出在基础教育设置“国家课程、地方课程和学校课程”三级课程。2001 年，教育部印发了《基础教育课程改革纲要》，指出“改变课程管理过于集中的状况，实行国家、地方、学校三级课程管理”，三级课程管理模式正式在我国开始推行。

对课程实行三级管理，即中央、地方、学校各司其职，强调在课程管理权限上分权而治，地方和学校在执行国家课程政策的同时，也可以创造性地、自主地开发地方和校本的特色课程。在保证国家统一要求的情况下，能适应不同地区、不同学校的不同办学条件和不同办学模式的需要，具有管理上的弹性。例如，国家对必修课程的设置及标准做统一规定，以体现国家对中小学教育的基本要求，保证中小学毕业生质量达到应有的水平。同时，地方政府和学校在遵照国家颁布的课程计划的基础上，有权制订本地区中小学或本学校的课程计划、选修课程和实践素质类课程的实施方案，从实际出发做出决定，大力开发地方课程和校本课程。

三级课程管理模式是在新的历史条件下基于本国国情产生的一种新的课程管理体制，是一种具有中国特色的课程管理理论模式，是由以国家为中心的集权式课程管理体制、以地方为中心的分权式课程管理体制与 20 世纪五六十年代兴起的“校本课程开发”三者相组合而生成的，其目的在于融合三者的优势。因此，我国的三级课程管理体制具有很强的本土色彩。①

第二节 课 程 开 发

一、课程开发概述

课程开发（Curriculum Development）是课程领域的一个基本概念。在课程研究史上，早期的课程专家使用过的类似概念有课程制作（Curriculum Making）、课程构建

① 雷顺利．集权与分权的平衡——透视我国三级课程管理体制［D］．长沙：湖南师范大学，2003：157-159.

(Curriculum Construction)、课程建设（Curriculum Building）等。1935 年美国课程学者卡斯威尔（H. Caswell）与坎贝尔（D. Campbell）合作出版《课程开发》（Curriculum Development）一书后，课程开发的概念引起大家关注，逐步代替了以前常用的 Curriculum Making 和 Curriculum Construction 等词汇。1974 年，在东京召开了课程开发国际研讨会，明确地提出了“课程开发”的概念及其基本方向，认为“课程开发是表示课程的编订、实验、检验—改进—再编订、实验、检验……这一连串作业过程的整体”，“课程开发”这一术语在教育学界开始被广泛采用，我国教育学界也在 20 世纪 80 年代以后开始采用“课程开发”这一词汇及其含义。

（一）课程开发的含义

Development 是开发、发展、形成等的意思，是一个不断发展变化的过程。课程开发指教育工作者对课程进行精心设计、实施、评价并管理的动态过程，是为了使课程的功能适应文化、社会、科学及人际关系等需求的变化而持续不断地决定课程、改进课程的活动和过程。概括而言，课程开发的主要工作包括课程设计、课程实施与课程评价等内容。它通过对学生与社会的需求分析，确定课程目标，再根据该目标来选择与组织教学内容，安排教与学的活动，最后进行课程评价，并以此为基础进行课程的修订。

不同国家课程开发的主体与该国的课程管理制度紧密相关。一般来讲，在中央集权的国家，课程开发往往是由国家教育行政部门组织或委托特定的机构、团体、成员专门进行；在地方分权制国家，国家教育行政部门往往不直接参与课程开发，地方教育行政部门、机构、学校或团体会成为课程开发的主体。从目前各国课程开发者的身份和角色来看，课程开发主体主要有以下五类人群：

（1）教育管理者，主要包括国家或地方层面的课程决策者，他们受政府委派，通过直接参与或监督课程开发的观察来确保课程政策在课程开发观察中得以真正地落实。

（2）课程专家，主要包括教育研究机构、高等教育部门从事课程或教学研究的教育理论工作者，他们为课程开发提供理论基础和技术指导，可以直接或间接地进行课程开发工作。

（3）学科专家，主要包括在高等教育机构或研究机构从事某学科领域研究的科学家或研究者，他们从发展的视角出发，为学科课程的目标、内容、实施和评价等要素的设计提供建议，是课程开发的主要力量。

（4）教师，主要包括课程实施学校的一线教师，他们可以在课程实施过程中对课程进行修订或提出完善意见，参与课程的二次开发，提升课程质量。

（5）课程的利益相关者，包括教材出版者、各类教育委员会成员、教育文化机构成员、学生、家长等，从各自的实际需求出发，对课程文件或实施方案给出意见。

（二）课程开发的程序

课程开发作为一个动态的活动过程，在实践中一般包括以下环节：

（1）明确课程开发原则。课程开发是一个科学的过程，充分考虑与课程开发相关的内外部因素，妥善处理内部与外部的诸多关系，明确课程开发的基本原则，避免课程开发过程中的种种偏误。

1）全体性原则：开发课程要面向全体学生，确保所有学生在课程学习的过程中有所收获，有所成长。

2）适用性原则：开发课程要适合地方和学校的实际情况，确保课程能够发挥开课地区的优势，满足学习者需求，适合学习者身心发展条件。

3）全面性原则：开发课程要符合素质教育要求，促进学生德、智、体、美全面发展，帮助学生在获得知识、提高能力、形成正确的价值观念等全方面课程目标的实现。

（2）开展课程需求调查。课程开发要了解社会需求、学生需求以及学校条件，从而为课程开发提供重要的参考信息，制订适切的课程目标，满足各方需要。社会需要包括社会生产、生活、职业发展等对学生未来的要求；学生需要包括学生的发展需要、个人兴趣、经验基础与现有发展水平；学校条件包括开课学校的办学定位、文化特色、师资力量、资源条件等。

（3）制订课程方案。课程方案是课程实施的蓝图，直接决定了课程的可执行性和最终的质量。因此，课程方案的制订是一个反复评价修正、不断完善的过程。课程方案里需要包括清晰具体的课程目标、课程的基本性质、课程内容结构、课程活动及实施方式、课程评价工具和评价标准等。

（4）进行课程评价和修订。召集学科专家、教育管理人员、一线教师、学生代表等对课程方案进行研讨评价，在理论上对方案进行审核。组织学校教学力量在一定范围内进行课程试运行，在实践中对课程进行检验、修正和完善。

（5）课程推广实施。完成以上各环节，形成较为完善的课程方案，在完备的教育条件下对所开发的课程进行推广实施。

课程开发作为一个系统工程，涉及的课程规划、课程实施以及课程评价标准等都是由相关的教育人员、机构和团体实施的，他们要根据一定的价值取向、需求、条件和标准，选择文化内容作为教育内容，按照一定的方式组织成具有一定结构的课程内容，以及设计和实施这些内容的活动方式和检测工具，以保障选择的文化内容能有效地转化为学生的学习经验。为此，来自不同层面的教育人员、机构和团体进行课程开发所依据的思想和目的、所指向的具体适用范围等均具有不同的层次，使课程开发具有了层次性和多样性。

二、课程开发的层次

（1）按照课程开发的内容和产生的结果分析，课程开发可以分为宏观层次课程开发、中观层次课程开发、微观层次课程开发。不同层次的课程开发，完成不同的任务，产生不同的结果。

1）宏观层次课程开发。宏观层次的课程开发主要解决课程的基本理念问题，如课程的价值、目的、主要任务、基本结构等。解决这些基本的问题，既包括系统的课程结构开发，也包含具体学科课程的开发。因此，宏观层次的课程开发涉及不同层次内容的基本理论问题，因而呈现出多层级的层次性。

宏观课程开发的成果体现在两个方面，一是构建课程的价值取向，形成课程理念；二是形成课程的基本政策，包括课程宗旨、课程性质、课程目的、选择课程内容的指导原则等。具体表现为由中央政府、地方政府或学区教育行政机构制定的官方文件，包括维持整个课程系统的政策、特定课程或具体课程的指导原则，为制定专门的课程标准指明方向的文件，为形成课程做出的总体设计……这些官方的课程文件的主要意图在于为制定专门的课程标准或教学大纲指明方向。

一般而言，宏观的课程开发主体是国家，在实行中央集权制的国家，这一点体现得最为明显。在我国，国家是开发宏观课程的主体，主要开发成员由课程研究专家、学科专家、中小学骨干教师等组成，面向全国范围的中小学教育，开发形成与课程相关的文件和计划，如《九年义务教育全日制小学、初级中学课程计划（试行）》《基础教育课程改革纲要（试行）》等。

2）中观层次课程开发。中观课程开发的主要内容是课程标准、课程实施的指导性文件和教材。课程开发的主体可以是国家、地方、学区或者学校，不同教育行政体制的国家，要求不尽相同。就我国而言，中观课程开发一般由各级政府委托的教育和学科专家学者及中小学骨干教师组成课程开发小组，根据课程计划中的课程宗旨和目的，结合各学科性质及学生的特点，设计具体课程的课程标准或指导文件，选择和组织课程内容、编制教材，如我国各学科课程标准和教科书、教学参考材料等。

一般而言，中观课程开发的结果是形成基本的课程指南，指明课程的具体目标，设计课程内容框架及板块，确定课程教学与评价的原则性指导意见。国家主持的中观课程开发的结果可以是学科课程标准，其基本内容主要包括：课程的性质与地位、课程的基本理念、课程标准的设计思路、课程目标（包括总目标和阶段目标）、课程实施建议（包括教材编写建议、课程资源开发与利用的建议、教学与评价建议等）以及附录（包括课程内容、课内外学习建议、拓展学习建议及教学的背景材料等），如《义务教育课程方案和课程标准（2022 年版）》。地方、学校主持的中观课程开发的结果一般是课程指导性文件或课程包，指导学校开展课程活动，如《黑龙江省小学课程设置标准》。

3）微观层次课程开发。课程开发作为一个连续的活动，课程计划的设计、课程标准的研制、教材的编写都是连续性开发活动的不同节点。进入课程实施领域后，课程开发就进入了微观层面，由教师结合各现实因素对课程进行再设计，针对不同的教育对象、教学情境设计自己的教学活动。即教师需要以课程计划、课程标准为指导，根据自身的风格、学生的基础、教育资源的状况，灵活地制订自己的课时计划，概要说明课时目标、学习内容、学生的活动、教学方法、评价形式等。只有在微观层次上，宏观的课程政策及官方文件、合作开发的中观的标准，才能转化为教师的特定实践。

微观层次的课程设计主体是学校的教育管理者和一线教师，微观层次课程设计的结果针对某一课程的学年计划、学期计划乃至课时计划，使宏观的课程政策及文件、中观的课程标准和教材转化为教师的具体实践活动，从而促进理想课程的实践转化。

（2）从教育行政机构担当角色的角度分析，课程开发可分为国家层次的课程开发、地方层次的课程开发、学校层次的课程开发。

1）国家层次的课程开发。国家层次的课程开发是指由国家教育行政机构主持的课程开发活动，它由国家教育行政部门组织课程和教学专家建立“课程教材规划处”（中国）、“课程委员会”（荷兰）、“全国课程中心”（苏格兰）等统一的工作机构。该工作机构以国家或社会的价值取向为导向，负责研拟国家的课程政策，编制适用于全国中小学的课程计划，确定涉及全国中小学的必修科目、课程标准、教学材料和统一的评价要求等。国家层次的课程开发确定了全国范围内所有中小学教育的基本科目，明确了全国范围内所有中小学课程学习的目标要求，确定了国家的教育标准，保障了国家层面或社会层面对人才的基本共性要求的达成。

国家层次的课程开发具有如下特点：

①统一性。国家层次的课程开发是由国家组织进行的统一的课程开发活动，由国家教育行政部门统筹组建课程开发机构，确定课程开发的指导思想和内容范围，开发出的课程在全国范围内共同开设并给以统一要求。国家对课程进行统一的指导、管理、审查和评价等工作。

②基础性。国家层次的课程开发是基于对所属学科性质和特点的基本认识、针对国家社会对人才的基本要求的分析进行的，其开发内容主要体现学科的基础知识和基本技能，反映国家和社会对人才的基本要求，体现社会对公民基本素养的培养要求。

③强制性。国家层次的课程一经开发，即在国家法律或行政文件的支持下采用，并通过自上而下的推广路线在全国范围内统一实施，所有基础教育学校均需开设执行此课程，确保国家教育目的的实现。国家课程是国家意志和国家整体利益在学校教育中的体现，在全国范围内实行统一的课程才更利于基础教育的统一推进和协调发展。

2）地方层次的课程开发。地方课程开发是指由地方教育行政部门负责主持的课程开发活动。通常是在保证国家课程基本要求的基础上，地方教育行政部门依据当地的政治、经济、文化等发展需要和民族、地域特点而进行的具有地方特色课程的开发。它是由地方（如省、市、县等）教育行政部门组织学科专家、课程专家开发适用于本地区范围内学校的课程。地方层次的课程开发内容主要是根据国家有关的统一规定和本地区的具体实际，制订本地区各级各类学校完整的培养目标、学科标准和学校课程指导意见等文件，研制适合本地区的具体课程实施方案，组织编写相关的教科书和教学指导书等。

地方层次课程开发的目的是满足地方或区域发展的实际需要，突出地域文化和经济发展特色，加强学生与所在区域的实际联系，克服课程脱离社会的弊端，培养学生参与社会生活、承担社会责任的能力。

地方层次的课程开发具有如下特点：

①地域性。地方层次的课程开发是由地方教育行政部门主持进行的，课程开发的主体是由当地课程专家、学科专家和各学校抽调的骨干教师组成，使地方教育力量参与到课程开发工作，调动了各地的办学积极性。课程内容紧密结合当地经济文化发展实际情况和现实需要，凸显地域特点，在课程内容的选择和结构的组织上紧密联系地方发展实际对学生素质的基本要求，因此具有明显的区域文化特色，有利于中小学课程与当地的经济建设和精神文明建设相结合，使课程具有一定的适应性和开放性。

②中介性。地方层次的课程开发要以国家课程标准为基础，以具有地方特色的教育思想和课程理念为指导，以地方经济文化发展实际和地域特点为依据，一方面是对国家课程的再开发，起到补充国家课程的作用；另一方面兼顾地方的特色，反映地方发展对学生的要求。因此，地方层次课程开发在国家课程和校本课程之间起到承上启下的作用。

3）学校层次的课程开发。学校层次的课程开发又称校本课程开发，是指学校行政部门在国家课程标准、地方课程方案的指导下，根据自己的办学思想，结合本校的教育教学实际，组织本校教师进行的、基于本校的实际且适用于本校的课程开发活动。学校层次的课程开发是国家层次课程开发和地方层次课程开发的重要补充，它已充分考虑学校的办学条件以及所处社区的经济与文化水平，考虑教师的工作能力及所具有的教育资源，考虑学生的认识水平与学习需求，研制本校整体课程计划和个别课程计划。

学校层次的课程开发是一个动态的不断完善的过程，在此过程中，校长、教师、课程专家、学生以及家长和社区人士共同参与学校课程计划的制订、实施和评价活动。这类课程开发一方面是对国家课程、地方课程的选用、改编、拓展等方式的再开发，是对以上两种课程的校本化改造，使之更加符合具体的学校教学情境；另一方面是学校在国家课程、地方课程的基础上，依托本校教师和本校课程资源开发学校的特色课程，充分发挥学校的办学特长和资源优势，其适用范围仅限于本校。学校层次的课程开发能够充分地调动学校教师主动积极地参与到学校课程建设中，充分发掘和整合学校的育人力量，有利于提高课程开发的实效性。

学校层次的课程开发具有如下特点：

①校本性。学校课程充分体现以“校”为本的特点，校本性表现为课程开发依据学校办学实际，课程开发主体成员为本校教师，课程资源选自学校自有资源或社区支持，课程适用对象限于本校学生。

②整体性。学校层次的课程开发具有完整的过程，体现在提炼校本课程的开发理念、确立校本课程的目标、选择和组织校本课程内容、收集学生选择校本课程的意见、编制校本课程实施和评价活动与方案等，每一个内容和环节都不可缺少，最终形成了完整的学校课程。

③发展性。发展性是指学校层次的课程开发能够对学校整体发展、教师专业发展、学生多元化发展等起到积极的促进作用。校本课程的开发可以凸显学校的办学特色、优化学校课程结构、提升学校办学质量，可以促进教师不断学习、反思、研究和创新，实现专业化成长，可以促进学生参与更为丰富的课程活动，帮助学生全面、多元化地成长。

④独特性。校本课程是基于学校实际、教师水平、学生需求等因素进行开发，课程的起点、利用的资源、实施的路径、达成的目标等都具有每个学校的独特性，使学校的特色和文化传统等得到充分弘扬，形成特色发展之路。

2001 年 7 月，教育部正式颁布了《基础教育课程改革纲要（试行）》（以下简称《纲要》），明确了我国基础课程实行国家、地方和学校三级管理制度。《纲要》规定，教育部总体规划基础教育课程，制定基础教育课程管理政策，确定国家课程门类和课时。制定国家课程标准，积极试行新的课程评价制度；省级教育行政部门依据国家课程政策和本地实际情况，制订本省（自治区、直辖市）实施国家课程的计划，规划地方课程，报教育部备案并组织实施。经教育部批准，省级教育行政部门可单独制订本省（自治区、直辖市）范围内使用的课程计划和课程标准；学校在执行国家课程和地方课程的同时，应视当地社会、经济发展的具体情况，结合本校的传统和优势、学生的兴趣和需要，开发或选用适合本校的课程。

《纲要》清楚说明，国家层次的课程要发挥在解决课程的基础性与统一性方面的优势，地方层次的课程要开发在解决课程的针对性、地方性方面的优势，学校层次的课程的优势则表现为尊重具体学校环境以及学生的独特性和差异性。三类课程开发关系密切，国家课程开发是基础，地方课程开发是中介，校本课程开发是具体落实。所以三级课程的开发过程中要遵循一定原则，正确处理好三类课程的关系。

第一，国家课程开发作为总体开发，要把握宏观方向，充分考虑课程建设的全局性、基本性、基础性和指导性，确定课程基本结构和要实现的教育目的。

第二，地方课程要处理好国家课程标准与地方课程方案的关系，在反映国家课程标准对学生基本要求的基础上，要结合地方社会发展的现实需求、具有地域特色的课程资源和学生特点，突出基本性、现实性与地域性相结合的特点。

第三，校本课程在国家课程、地方课程引导下，明确与国家课程和地方课程的内在关系，以课程突出学校发展的特色、学生发展的个性和特殊性，充分发挥学校固有文化的教育性。

三、课程开发的模式

课程开发模式是指根据课程理论或规律形成的、具有明确结构的、稳定的课程开发操作程序及策略体系，是对课程开发思路的概括化描述。在课程论发展的进程中，受不同的教育价值观、认识论、心理学、社会学等因素影响，先后出现了不同的课程开发模式，这些模式为课程开发工作提供了方法论和技术手段的指导，体现了不同学者对课程开发活动的多元理解和差异化的目标实现途径。20 世纪以来，具有较大影响的课程开发模式主要有目标模式、过程模式、实践模式和情境模式。

（一）目标模式

目标模式是指以课程目标为基础和核心的课程开发模式。20 世纪初，美国工业界盛行泰罗的科学化目标管理，受其“效率取向”“控制中心”的管理思想影响，社会上掀起了“社会效率运动”，对课程研究产生了重要影响。教育研究者将科学管理的思想方法和技术应用于课程开发，其中，美国课程论专家博比特（F. Bobbit）和查特斯（W. W. Charters）首创了课程开发的目标模式，拉尔夫·泰勒（F. W. Taylor）将其系统化形成了典型的目标模式——泰勒模式。

1934~1942 年，美国发起了旨在改革课程体制的长达 8 年的实验研究，泰勒在这一研究计划中担任课程评价的主持人，他对 8 年研究的经验进行了总结，并于 1949 年出版了《课程与教学的基本原理》一书，书中提出了著名的“泰勒原理”，将课程开发的目标模式系统化。随后，在进一步的研究中，该模式不断得到修正、补充和完善，出现了塔巴模式和惠勒模式等对泰勒模式的发展。

1. 目标模式的基本内容

在《课程与教学的基本原理》一书中，泰勒提出并阐述了进行课程开发和教学计划必须要明确的四个基本问题：

第一，学校应该试图达到哪些教育目标？

第二，学校应该提供哪些教育经验才能达到这些目标？

第三，这些经验如何才能有效地加以组织？

第四，如何确定这些目标正在得到实现？

这四个问题既是课程开发的核心要素，又是课程开发的基本步骤：第一，确定课程与教学目标；第二，选择合适的教育经验；第三，对已选择的经验进行有效的组织；第四，进行课程与教学结果评价。四个步骤中，第一个确定目标的环节最为关键，其他步骤都是围绕课程与教育目标展开的。

（1）**确定教育目标。**泰勒认为课程开发的首要任务就是确定所要达到的教育目标。

首先，课程开发者应该先对学生的需要、当代社会的需要和学科专家的建议进行研究分析，从中获得一般性的教育目标。他认为，任何单一的信息来源都不足以明智而全面地确定教育目标，必须在以上三个来源的基础上收集确定目标的信息。其次，泰勒提出要依据“学校信奉的教育和社会的哲学”和“学习心理学所提示的选择教育目标的准则”对初步的教育目标进行再次筛选，教育哲学可以概括出生活中最不可缺少的价值观，心理学能帮助教师分辨哪些目标是可以通过学习达成的，需要多长时间，从而形成精确的、具体的教育目标。再次，泰勒还规定了有效陈述教育目标的要求：“既要指出预期学生养成的具体行为，又要言明这种行为能够在哪些生活领域运用”，也就是说要从行为和内容两个方面对教育目标进行表述，只有这样才能有助于选择学习经验和指导教学过程。

（2）**选择教育经验**。泰勒将学习的本质解释为通过学习者自身的经历而产生的行为的改变，是学习者与所处环境相互作用的结果，学习者学到了什么取决于他做了什么，而不是教师教了什么。教育目标必须通过特定的教育经验才能实现，学生通过经验学习，养成教育目标所规定的行为，因此，能否选择适当的经验，决定着教育目标实现的程度。对实现目标而言，不同的教育经验起着不同的作用，泰勒制订了选择经验的五条一般性原则：

第一，为学生提供的教育经验必须既能使学生有机会实践这个目标所隐含的行为，又能使学生有机会处理该目标所隐含的内容。也就是说，选择的教育经验要为学生提供接触目标内容和实现目标行为的机会。

第二，提供的教育经验必须使学生在从事实践目标所隐含的行为中获得满足。因此，课程开发者要对学生的兴趣和需要有充分的了解，从而判断给定的教育经验是否能够给学生带来满足感。

第三，教育经验所期望的反应，是在学生力所能及的范围之内的。教育经验要适合学生目前的成就水平、心理倾向等，确保学生能够产生所期望的行为。

第四，有许多特定的经验可以用来达到同样的教育目标。只要教育经验能够满足有效学习的标准，就有助于实现所期望的目标，因此，实现特定目标的经验不计其数，没必要在课程中只提供某种有限的或事先规定好的教育经验。

第五，同样的学习经验往往会产生几种结果。每一项教育经验都可以带来不止一种学习结果，因此，一组精心设计的学习经验是可以同时到达多个教育目标的，但也可能产生期望之外的不良结果。

泰勒还针对常见种类的目标样本，讨论了有助于其达成的学习经验所具有的特征，如培养思维技能的学习经验的特征、有助于获得信息的学习经验的特征、有助于形成社会态度的学习经验的特征、有助于培养兴趣的学习经验的特征等，为有效教育经验的选择提供了参考。

（3）**组织学习经验**。泰勒认为人类行为的一些重大改变，绝非一日之功，为了使教育经验产生累积效应，就必须将它们组织起来，使之相互强化。泰勒提出学习经验的组织有两个角度，一是从时间上的纵向组织，即建立不同年级、不同阶段学习经验之间的联系；二是从领域角度的横向组织，即建立同一学段不同学科的学习经验之间的联系。

要编制一组有效组织起来的学习经验，需要符合三个标准，即连续性、顺序性和整合性。连续性是“直线式地重复主要的课程要素”，对主要内容要让学生有机会反复接触它，以便于学生理解和掌握；顺序性强调“将每一后续经验都建立在先前经验的基础上，且必须更广泛、更深入地探究所涉及的事物”，也就是说有关内容不能停留在同一种水平上简单重复，其难度、深度要在各种练习中不断增加；整合性是指课程经验之间的横向联系，即学习经验的组织应有助于学生获得统一的观点，并把自己的行为与学习过程的要素统一起来。

学习经验的组织还要确定组织的要素及其基本原则。组织的要素通常指概念、技能、价值观、态度等内容，这些要素的组织必须考虑学科的逻辑组织和学习者的心理组织。具体运用于学校课程中的常见的组织原则有按年代顺序排列、增加应用的广度、扩大活动的范围、使用“先描述，后分析”的方法等，以上原则的运用，都是为了实现教育经验组织的连续性、顺序性和整合性。

泰勒认为，学习经验的组织还需要确定组织结构，即课程的呈现方式，主要包括三个层次：

第一，最高层次，按照学科和课程进行组织，包括具体科目、广域学科、核心课程、单元课程等。

第二，中间层次，按照时间顺序进行组织，包括序列课程、学期或学年课程等。

第三，最低层次，有多种结构，包括课、课题、学习单元等。

这些不同的组织结构在不同的条件下都具有某些价值，也会在实践中表现出各种各样的优缺点，需要根据实际情况操作。

（4）**评估教育结果**。泰勒是第一个将评价的理念引入课程开发过程的人。泰勒认为评估在本质上讲就是判断课程和教学计划在多大程度上实现了教育目标的过程，并给出评估的基本程序：一是解说教育目标，为学习经验的挑选和规划提供具体的指导；二是确认评价情境，该情境可以直接引发被评估行为，即获得的结果；三是编制评价工具，借助它收集与教育目标相关的信息，作为确定学习者是否实现教育目标的证据；四是使用评估结果，判断预定教育目标实现的程度，修正或改善教学计划。评估环节的存在，使得整个课程开发过程不断地反馈调节，成为一个往复提升、不断完善的动态系统。

继“泰勒原理”之后，泰勒的学生塔巴发展了泰勒的模式，在 1962 年提出了课程开发的八步模式，此外，惠勒、凯尔、奥利瓦等人也对目标模式进行了一定的发展与完善。

2. 目标模式的影响

目标模式经过泰勒等诸多学者的完善和发展，逐渐形成了具有显著特征且具有较强影响力的课程开发理论模式，对课程开发理论的贡献主要有以下几方面：第一，以目标为课程开发的出发点和工作中心，明确了课程开发的方向，提高了课程开发的效率；第二，强调具体明确的行为目标，改变了过去教育目标表述过于笼统、难以把握的状况，极大地推动了课程开发活动的科学化、专业化进程；第三，首次将评价引入课程开发过程，增强了课程开发的科学性，加强了课程开发的反馈、调节，使课程开发过程成为动态开放的过程；第四，将目标贯穿课程开发全过程，并将学生、社会、学科三方面共同作为目标的来源，使目标模式获得了合理的基础。正如瑞典教育学者胡森所言：“不管人们是否赞同‘泰勒原理’，不管人们持什么样的哲学观点，如果不探讨泰勒提出的四个问题，就不可能全面地探讨课程问题。”

目标模式是以科学实证主义哲学和行为主义心理学为理论基础的课程开发理念，受理论基础的片面性影响，目标模式也存在一定的局限性：第一，目标模式忽略了课程结构的整体性，将目标凌驾于其他课程要素之上，以局部分析代替全面设计，难免结果会有偏差和失误；第二，过分强调教育的科学性，忽视艺术性，割裂了教育过程中的事实与价值，使课程开发局限于技术理性的框架之中；第三，强调目标的具体性、可预期性和行为化，忽视了教育中非预期的学习结果，忽视了潜在课程的开发；第四，在根本上重视训练的机制，忽视对教育内涵的全面把握，忽视学生主体地位的体现。

总之，目标模式是一种明晰的、连贯的、便于操作的课程开发模式，增强了课程的科学性、可行性和有效性，在课程领域产生了广泛而巨大的影响。直到今天，它依然在课程理论与实践领域占主导地位。

（二）过程模式

针对目标模式的不足与弊端，课程研究者们不断提出新的课程开发的方案，英国学者斯滕豪斯（L. Stenhouse）认为，目标模式适用于行为技能的训练，但课程把知识及其学习作为满足预定目标的尝试，没有考虑知识的不确定性、学习的个性化和创造性，误解了知识的本质；而且目标模式通过目标的明晰化来改善实践的尝试，虽然理论上是符合逻辑的，却不能真正改进实践。在反思泰勒原理的基础上，斯滕豪斯于1975年出版了《课程研究与开发导论》，该书构建了“过程模式”的理论框架，第一次明确提出课程开发的“过程模式”。

斯滕豪斯认为知识是激发思考、促进探究的材料，而非教育的目的，更不能按照某些标准细分为各种琐碎的目标；“教育的使命是使人变得更自由，更有创造力”，教育是为了使人获得理性自主，形成反思能力、批判能力和自我负责的精神，教育活动具有内在价值，而不是实现别的目标的手段；课堂教学不是由外在目标决定的，不是对已有知识的线性传授，而是一个充满智慧的过程，它的展开程序基于教师对教学过程的理解和学生创造性学习活动，其“最终产品”不能按照行为事先指定出来。因此，课程开发要关注教学过程的内在价值及其实现的过程。对课程开发持过程模式观点的学者还有布鲁纳、阿特金（J. M. Atkin）、巴恩斯（D. Barnes）等，他们的课程开发思想都是过程模式的重要组成部分。

1. 过程模式的基本内容

斯滕豪斯以英国著名教育哲学家彼得斯（R. S. Peter）的知识理论为基础，认为知识以及教育本身具有内在价值，这些价值无需通过教育的结果来证明。课程开发的重点应放在课程活动的开展过程中。斯滕豪斯认为课程开发的任务不是先制订出一套“计划”“处方”，然后予以实施和评价，而是以“含有内在价值”的标准为依据，选择活动内容，建立关于学科的过程、概念与标准等知识形式的课程，关注整个课程展开过程的基本规范，详细说明所要学习的内容、采取的方法及评价的标准，从而使之与宽泛的目标保持一致，这是课程开发的“过程原则”。课程开发应该是一种贯穿着对整个过程所涉及的变量、要素及其相互关系的不断评价和修正的连续不断的研究过程，这一过程将研究、开发和评价合而为一，连续不断，整个过程没有确定不变的、必须实施的东西。过程模式提出了下述教育理念：

（1）教师是课程的研究者。斯滕豪斯认为教师是整个课程开发的中心人物，“没有教师的发展就没有课程编制”，课程的研究和变革依赖教师的参与，需要教师在教育活动中不断反思，第一次将教师置于课程开发的重要地位。

（2）学生是主动的学习者。过程模式注重对学习者的需要、兴趣、理解与思考的考量，尊重学生自己的判断、选择和个性发展，鼓励学生在教学活动中独立思考、大胆质疑，以发展他们的理解力、判断力和独创精神。

（3）学校是课程开发的中心。课程开发不是教育专家和学科专家的专属工作，教师必须通过教学活动参与课程开发过程。学校是课程开发的中心，每一次教学活动都是一次课程开发的实验，每一位教师都是课程研究团体中的一员。在课程开发过程中，专家小组必须与教师一起设计，共同研究与开发课程。

对各种课程开发的过程模式进行总结，过程模式主要有如下特点：

（1）强调课程开发的开放性。过程模式认为学习并不是一个线性的过程，教育目标和教学内容固然重要，但却不必预先确定，因为教学过程涉及的因素相当复杂，要素之间的关系也经常变动。因此，课程开发不可能完全按照预期的目标来进行，而要保持动态性和开放性，针对具体情况不断做出调整，为教学的改进提出建议。

（2）强调教育是过程，不是结果。教育的目的不是使学习者获得某种预定的知识和技能，而在于促进其发展。教育不是达到某种目标的手段，而是在教育的过程中使学习者获得求知能力，成为适应现代社会生活的人。过程模式反对工具主义的知识观，强调知识和教育活动本身的教育价值。

（3）强调师生合作和对经验的改造。过程模式要求学生积极主动参与教学过程，开展探究性学习。教师在教育中注重根据学生实际情况，灵活地选择和组织课程内容，对学生已有的学习经验进行改造，促进能力发展。

（4）强调形成性评价的实施。过程模式不排斥教学目标的设立，但主张设立“总目标”，以笼统的方式，而非具体、细致的标准进行表述。强调对课程实施过程进行详细的考察、研究和分析，明确问题及问题原因，进行持续的形成性评价，不断进行改进。

斯腾豪斯认为，像目标模式那样列出一张行为目标一览表，并不能帮助我们获得达成这些目标的手段。只有分析有价值的活动的标准以及分析被认为是有价值的活动的结构，才能更为清楚地趋近教学中的“过程原则”，其本质含义在于鼓励教师对课程实践的反思批判和发挥创造。那么，如何进行具体的课程开发呢？1967 年，斯滕豪斯在主持人文学科课程的开发研究过程中，提出了课程开发的原则与要求。

人文学科课程的内容领域为学生、家长和教师普遍关心的真实社会问题，这些问题不一定有统一的、确切的答案，师生都可以发表意见，共同讨论、探索，在研讨中加深学生对人类行为和社会情境复杂的、有争议的问题的理解。人文学科课程教学的“过程原则”为以下五项：第一，教师应该在课堂上与学生一起讨论研究有争议的问题；第二，教师在处理有争议的内容时，要秉持中立的原则，尊重学生的意见和观点；第三，在有争议的领域进行探究的方式方法是讨论，而不是讲授；第四，讨论时应保护参与者不同的观点，而不是试图达成一致意见；第五，教师作为讨论的主持人，应对学习的质量和标准承担责任。有以上原则可以看出，在过程模式中，教师是“和学生一起学习的学习者”，教学是通过发现和探究，而不是传授达成的。在教学评价中，教师也不像目标模式那样，按照预定的评价标准对学生的学习结果进行打分，而是在教学活动中对学生的表现进行考量，促进其发展。

2. 过程模式的影响

课程开发的过程模式是通过对知识和教育活动的内在价值的确认，鼓励学生积极探索具有教育价值的知识领域，进行自由自主的学习活动。过程模式认为教育的功能在于发展学生的潜能，使他们自主而有能力地行动。“过程原则”强调过程本身的教育价值，主张教育过程给学生以足够的活动空间，在这个过程中，教师和学生交互作用，教师在课程开发与实施过程中不是学生行为的主宰者、控制者，而是学生的学习伙伴、学生行为的引导者。

过程模式在课程开发的目标、策略、评价、研究等方面都与目标模式存在着较大差异。它关注教学过程的动态性质，致力于教育活动内在意义的创生，注重教师个人主动性和学生的积极性，冲破“技术理性”的樊篱，把课程开发建立在实际的教育情境基础之上，弥补了目标模式的种种局限。但该模式过于强调价值的相对性，对教育的评价不够清晰，它仅仅是一个思路、一种理念。同时，该模式对教师能力要求过高，一般教师难以胜任，因此在实际操作中较难执行。

(三) 实践模式

针对目标模式，许多课程理论研究者都进行了积极的实践和反思，斯滕豪斯从教育价值的角度指出了目标模式的弊端，美国课程论专家施瓦布（J. J. Schwab）作为泰勒的学生，参加过轰轰烈烈的结构主义课程改革运动，他站在实践的立场反思了目标模式的课程编制思想，并对泰勒原理发出质疑：它是否能真正解释复杂多样的教育实践？他指出传统课程理论的弊端主要体现为以下几点：第一，课程研究过于注重和依赖理论，不切实际，太抽象，脱离实践，不能够解决实践中出现的问题；第二，传统的课程只根据学生的学习目标衡量课程的成败，关注学习的结果，忽略了学习过程，忽略了对课程动态过程的评价；第三，传统模式在目标、理论的指导下，课程的开发、实施、评价具有很强的普遍性，不利于因材施教和学生个性化、创造性的培养；第四，在目标模式中，教师和学生是课程的被动执行者，而非制订者和创造者。从 1969 年至 1983 年，施瓦布陆续发表了《实践 1：课程的语言》《实践 2：折中的艺术》《实践 3：课程的转化》《实践 4：课程教授要做的事情》等文章，系统阐述了他的实践性课程思想，被认为是对传统课程理论最有力的挑战。

1. 实践模式的基本内容

施瓦布吸收了亚里士多德实践哲学的基本思想和杜威的民主主义教育主张，表达了自己对课程理论与课程实践关系的看法。施瓦布认为，理论是抽象的、概括的，实践是具体的、特定的，如何处理理论与实践的关系？施瓦布提出“实践艺术”的概念，实践艺术就是运用、修正、调整理论的艺术，促进抽象的理论与实践情境相结合。实践艺术是针对每个人所感知的、具体的、特定的情境而言的。每一个实践情境都是多样性的统一，可以从不同侧面去认识、把握其丰富的特质，把实践情境中学生的丰富细节展现出来，从而正确地、全面地认识课程问题。实践模式的具体内容如下：

(1) 教师和学生是实践模式的开发主体。施瓦布认为课程是一个相互作用、有机的“生态系统”，包括教师、学生、教材、环境四个要素，四个要素在课程实践中相互联系、相互作用，体现课程的实践价值。施瓦布强调课程不能脱离教师和学生而制订，不应该将教师和学生孤立于课程之外，教师和学生是课程的合法主体和创造者。教师是课程的主要设计者，在课程开发中起主导作用，可以在课程实施中根据特定的情境发挥自己的创造性，对教材予以合理的取舍、批判。同样，学生也是课程的重要主体和创造者，他们可以对教师提供的课程进行选择，可以对教材的价值等提出质疑，通过这些方式，学生将自己的经验参与到课程改造过程中，从而让创造课程和接受课程变为同一过程。

（2）实践模式的开发方式——集体审议。集体审议（Group Deliberation）作为一种课程开发运作方式，是指多个成员在特定情境中通过对问题情境的反复权衡而达成一致意见，最终做出的行动决策。集体审议的主体是以学校为基础建立起来的，由校长、教师、学生、社区代表、课程专家、心理学家和社会学家等人员组成，采取“自下而上”的课程决策方式，通过审议阐明各自的教育理想和价值观，弄清应学习什么、教授什么，从而形成民主参与的课程开发模式。集体审议贯穿于整个课程开发过程中，通常首先明确特定情境中迫切需要解决的问题，然后就各种事实判断和价值判断形成暂时的共识，充分考虑各种可能的途径来拟定各种备选的解决方案，再对各种备选方案反复权衡，选择最佳方案，最后还要对各种备选方案进行局部的“预演”，反思已确定的目标，做出最终的一致性意见。这种结果使所有参与课程审议的人都满意，并认同其体现的课程价值。

施瓦布提出，集体审议的主要内容是教师、学生、教材、环境四个基本要素之间的协调平衡，其宗旨就是要谋求课程四要素间的动态平衡，它们间相互作用、相互影响的过程是课程审议的核心内容。其中，教师是确定课程目的和解决课程问题的基本要素，是课程审议的首要信息来源；学生在课程审议中占有重要地位，课程审议必须以学生的实际水平、年龄特征以及个别差异为依据进行；教材是课程审议的教育信息来源，通过课程审议成为最终的课程资源；环境包括课堂、学校、家庭、社区、特定的阶级、种族群体等，这些因素对学生和教育环境产生重要影响，任何课程审议、决策都必须以此为基础。

（3）实践模式的方法论——行动研究。行动研究是指在自然、真实的教育环境中，教育工作者按照一定的操作程序，综合运用多种研究方法与技术，以解决教育实际问题为首要目标的研究模式。在行动研究中，实践过程即研究过程，实践者即研究者，实际问题的解决过程与研究过程是合二为一的。实践模式将课程实践与课程开发的研究统一起来，做到了课程问题的解决过程与课程研究过程的统一，课程实践人员与课程研究人员的统一。实践模式在课程开发和实施过程中贯彻了行动研究的方法论，树立了“课程行动研究”的典范。

2. 实践模式的影响

实践模式反对片面依赖抽象理论，强调实践情境的具体性、复杂性与多变性，有利于开发出符合教育实际的灵活的课程；实践模式强调课程的实践价值和动态过程，重视课程开发中结果与过程、目的与手段的统一，使得广大教师从传统课程理论的束缚中解脱出来，积极参与到课程开发和建设的活动中来，这对于教师的素质提升和专业发展都具有极好的促进作用；实践性课程开发理论追求课程的实践价值，倡导对具体实践情境的理解与相互作用，把课程实践与课程理论有机地统一起来，是人本主义思想在课程开发领域的极好实践。

但是实践模式也存在不足，如过于强调具体情境的特殊性，不能从人才培养的一般性上考虑教育问题，导致相对主义并降低教育的效率；单一地从实践的角度对各种理论采取各取所需、折中调和的做法，容易造成逻辑上的混乱；实践课程开发理论虽然提倡采用集体审议的课程决策方式，但由于各成员主体的文化水平、社会地位、利益需求、价值取向不同，对课程问题也很难取得一致的看法。集体审议的完全一致性原则在现实中很难真正做到，更多的带有一种理想主义的色彩。

(四) 情境模式

情境模式又称环境模式，它是针对目标模式和过程模式忽略课程开发中学校在文化背景、办学条件等具体环境上的差异而提出的。其主要代表人物是英国学者丹尼斯·劳顿（D. Lawvton）和斯基尔贝克（M. Skilheck）等。劳顿以文化分析主义课程理论为基础，认为课程开发的重要任务是在人类文化中选择那些能够传播并发扬各种精华文化和维护大众文化的精髓的“公共文化”作为课程内容，在特定的文化结构背景下通过文化分析和解释做出全面的课程决策。斯基尔贝克在劳顿的理论基础上，将课程开发更深入和具体化到学校的教育情境中，即在一定的文化结构中，结合学校的具体教育情境，把课程开发作为一种使师生理解各种文化、传播文化的符号系统进而修正和改造自己经验的手段。

1. 情景模式的基本内容

斯基尔贝克在1976年出版的《课程编制过程：学校使用的一种模式》中提出，按不同学校各自的情况，通过对学校环境进行全面地分析和评估来设计开发课程。其课程开发包括五个主要组成部分：

（1）情境分析。考察和分析学校环境，对制约学校课程的各种内外因素进行分析，以求对课程目标来源的全面认识。考察的因素包括文化、社会变迁、意识形态的改变；家长、社区的愿望；教育制度、教育系统、学校的要求；学科性质的改变；教材内容的变化；学生的心理特点；教师的价值取向、态度、技能、知识、经验；学校文化、学习风气、物质条件、社会资源；当前课程面临的问题、改革的走向等。

（2）目标表述。目标的形成源于情境分析的结果，目标的类型包括普遍目标、特定目标、短期目标、长期目标等。目标的表述应该清晰明确，包括教师的行为、学生的行为、预期的学习结果等，需要真实反映课程开发的价值取向。

（3）制订教学方案。根据已确定的目标设计教学活动，明确“教什么”和“如何教”的问题，包括学习内容的选择、教学方法的确定、教学活动的实施方式、教学环境的选择、教学资源的配备等。

（4）诠释和实施。通过理论联系实际的方法，对课程方案在实施过程中可能出现的问题做出解释，并提供解决问题的策略，然后在实施中逐个加以解决。

（5）检查、反馈、评价和改进。设计检查系统、沟通系统、评价系统，对课堂活动进展情况做经常性的评定，对所产生的各种结果进行评价，并对反馈的意见进行收集整理，给出改进方案的新策略，使课程开发方案具有更良好的可操作性和适应性。

综合斯基尔贝克、劳顿、索基特的课程开发模式，情境模式主要具有以下特点：

（1）综合性。情境模式是一种既体现了目标模式特征，又融入了过程模式的综合化设计理念。虽然有目标的预先设定，但不是基于“手段—目的”的分析，而是基于对课程过程中各要素与问题的分析，结合特定的情境，考察过程中的各个要素和问题，用系统的思想进行课程开发，综合了目标模式和过程模式的特征。

（2）情境性。情境模式将课程开发置于文化背景和学校教育的具体环境中，既重视分析课程的外部文化情境，又重视分析课程内部文化情境的具体情况和特殊性，使课程具有很好的适应性和针对性。

2. 情境模式的影响

情境模式被誉为当代最具影响力的课程开发理论之一，强调以学校为基础的课程开发，课程编制活动立足于学校现存的课程与结构，关注学校自身的条件和师生的积极性，具体问题具体分析，以适应学校的不同特点与需要，表现出更好的现实性、合理性和适切性，为校本课程开发奠定了良好的理论基础。

情境模式自身也存在不足，如搭建的文化分析理论框架仅限于文化选择和传承，不能更深入地探究文化与教育的关联，以及将教育作为一种文化现象进行深入研究；以不同学校的具体情境分析作为课程开发的依据，会造成课程功能的萎缩，忽略课程的政治性、发展性和文化传承功能，也使课程所反映的文化立场受到限制，不能体现主流文化和多元文化。

教学案例

推进“双新”实施，从“刷题”转向“素养提升”

“查阅资料，了解费孝通先生的个人经历与《乡土中国》的成书背景，思考为什么作者在20世纪40年代提出‘乡土中国’的概念?”

“你能否用书中‘差序格局’的理论，解释鲁迅的《故乡》中‘我’与‘闰土’关系的前后变化?”

“疫情期间，很多农村、乡镇实行封路封村措施，请运用书中相关章节内容解释这样做的原因，并思考其利弊。”

……

最近，市西中学高一年级王同学迷上了学校“思维广场”的“《乡土中国》整本书阅读”课程，这门课由语文、政治、历史、地理学科的四名教师一起执教，不同学科教师布置的作业给了他不同的思考角度，越学越带劲。

2012年，针对班级授课制环境封闭单一、预设教学、师生思维受限等问题，市西中学开创思维广场，创建空间大小自如、整合教室和图书馆功能、融入信息技术、融合丰富课程资源、保障多样学习方法、半闭合半开放的学习环境，并拓展为从正式到非正式学习的空间连续体。“新课程、新教材”实施以来，思维广场成了师生们最喜欢的教室。在这里，跨学科融合式教学成为常态，超越课本知识点的讨论让大家沉浸在学习的快乐中。

“由书本到课堂，由课堂到生活，从学习阅读方法到提升思维能力，这种跨学科联动学习的效果绝非凭语文学科（语文教师）一己之力能够实现的。”参与跨学科教学的语文教师徐梦婷说。

“‘新课程、新教材’的实施本质上就是一次课改，已经超越了课堂。”市西中学分管课程与教学的副校长张芸告诉记者，“双新”实施以来，不少教师思维广场的课时和传统课堂的课时已经达到1∶1，教师们还希望能够再增加。

十年来，上海普通高中教育改革发展始终聚焦内涵建设，通过深化日常教研指导、编制《普通高中学校建设标准》《普通高中课程实施方案》和开展发展性督导等举措，不断引导高中学校围绕关键办学要素寻求内涵突破。

在高中“双新”课改实施背景下，上海实现国家统编三科教材使用全覆盖，并全面提升校长课程领导力，推动建设具有学校特色、融国家课程与校本课程为一体的学校课程图谱，聚焦学生核心素养培育，高中课堂教学品质持续提升。

在宜川中学，学校结合“生命之舟，宜航之川”的办学理念，探索了价值、内容、实践逻辑一体化衔接的“中华书院”课程育人体系，将校本课程与国家课程相融通，学科学习与实践活动相结合，线上线下、校内校外相衔接。记者了解到，学校在“新课程、新教材”实施共同体中参与决策的不仅有校长、教师和专家，还有学生。学校坚持定期召开例会，扎实推进研究学生在课程开发、实施过程中生成的新的问题和项目，进行针对性引导，不断丰富课程资源。

“建设‘中华书院’课程体系，旨在赓续中华优秀传统文化，促进学生将德业兼修的自我完善与经邦济世的社会关怀相统一，让知识变得更有意义，让学习更有价值。”宜川中学校长高洁说。①

课后测验

1. 如何理解课程管理与课程开发之间的关系？
2. 谈谈你对三种课程管理模式的认识。
3. 谈一谈作为一名教师应如何参与课程开发活动？
4. 试比较四种课程开发模式的异同，并按照某一模式的要求尝试设计一门课程的课程开发方案。

① 仲立新，任朝霞．为了学生全面而有个性地成长——上海全面深化普通高中育人方式改革纪实［N］．中国教育报，2022-07-09.

第四章　课程与教学目标

章节概述

目的性是人类活动的重要特征，而教育目的是教育活动的出发点，也是教育活动的落脚点，课程与教学是实现教育目的的载体和方式，因此，课程与教学目标在教育活动中具有重要地位。人们根据教育目的制订课程与教学目标，根据课程与教学目标组织教学内容，开展教学活动，通过考查课程与教学目的的达成情况评价教育目的是否实现，总之，课程与教学目标连接了教育活动的各个环节，保证了教育活动的系统性、连贯性。

本章介绍了课程与教学目标的概念、功能和分类方式；论述了课程与教学目标的四种取向，即普遍性目标取向、行为目标取向、展开性目标取向和生成性目标取向；并对课程与教学目标的来源、课程与教学目标设计的依据、课程与教学目标的表述进行了讲解，通过本章的学习，学生将会对课程与教学目标形成系统的认识与理解，并能够结合教学工作实际，分析、设计、表述课程与教学目标。

知识导图

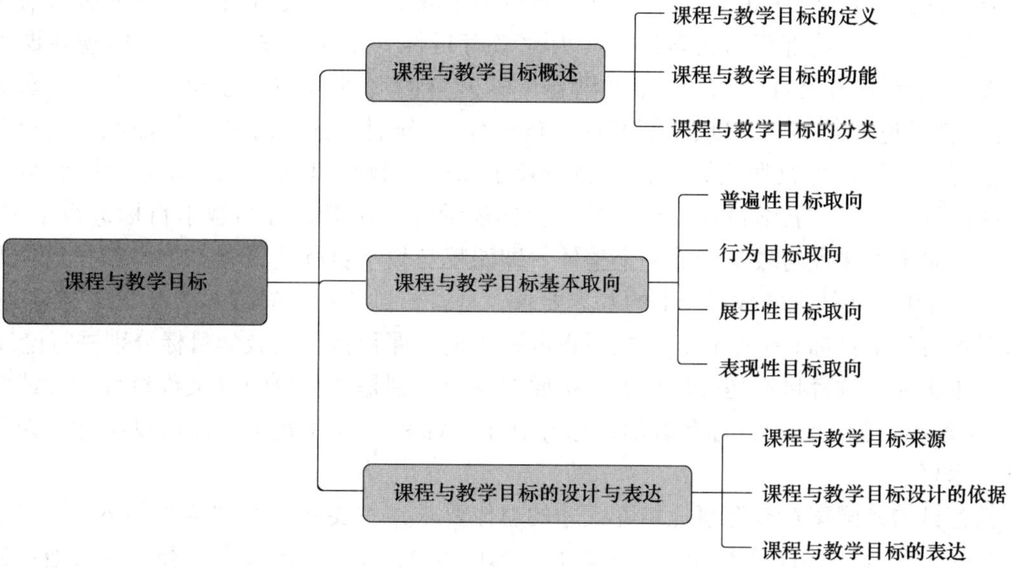

学习目标

1. 了解课程与教学目标的概念。
2. 理解课程与教学目标的功能。

3. 了解课程与教学目标的分类方式，理解布鲁姆教育目标分类学的内涵。

4. 熟悉课程与教学目标的取向，并能够辨别各个取向的区别及各自的适应范围与不足。

5. 理解泰勒课程目标分析确定过程。

6. 掌握课程与教学目标的表述方式。

马克思曾说过："蜘蛛的活动与织工相似，蜜蜂建蜂巢的本领让很多建筑师感到惭愧。但是，最蹩脚的建筑师从一开始就比最灵巧的蜜蜂高明的地方在于他在用蜜蜡建筑蜂巢以前，已经在自己的头脑中把它建成了。劳动过程结束时所要得到的结果在这个过程开始时就已经在劳动者的表象中存在着，即已经观念地存在着了。"这很好地说明了目的性在人类社会实践活动中的重要意义，正是因为目的性的存在，才得以将人类的实践活动与动物的本能活动区分。

教育是有计划、有目的、有组织的社会活动，课程与教学是实现教育目的的载体和方式，科学、合理地设计、制订并落实课程与教学目标，是实现教育目的的必然要求。因此，课程与教学目标是课程与教学论研究的重要内容，也是其重要组成部分。

第一节　课程与教学目标概述

一、课程与教学目标的定义

对于课程与教学目标的定义，不同的教科书采取了不同的论述方式。在钟启泉的《课程与教学论》中，将课程与教学论定义为"教育目标"的下位概念，具体体现在课程开发与教学设计中的教育价值。① 在潘洪建、陈云奔的《课程与教学论基础》、王本陆的《课程与教学论》等书中，则将课程目标与教学目标分别进行了论述，②③ 而在皇甫全和吴建明合著的《课程与教学论》中，单独设置了课程与教学目标一章，并通过教育目标概述、课程目标解读、教学目标设计、教学目标表示等节次对课程与教学目标进行了解读。我们更倾向于将课程与教学看成一个整体，即课程与教学目标是课程与教学的设计、开发和实施过程中，所体现的教育价值的基本要求，是教育目的和培养目标的具体化。④ 从整体上对课程与教学目标有一个认识，之后再进一步地对课程目标与教学目标分别进行论述。

一般认为，教育目标是分层次的，按照层级，分别是教育目的（又称教育方针或教育宗旨）、培养目标、课程目标和教学目标（其中，课程目标和教学目标可以统称为课程与教学目标）。

教育目的是国家对教育事业培养人才的总体要求，主要体现在"为谁培养人""培养什么样的人"及"怎样培养人"三个方面。2015 年 12 月，全国人大常委会审议通过修改的《中华人民共和国教育法》，将我国的教育方针规定为："教育必须为社会主义现代化

① 钟启泉 . 课程与教学论［M］. 上海：上海教育出版社，2001：151.

② 潘洪建，陈云奔 . 课程与教学论基础［M］. 镇江：江苏大学出版社，2020.

③ 王本陆 . 课程与教学论［M］. 北京：高等教育出版社，2017.

④ 钟启泉，汪霞，王文静 . 课程与教学论［M］. 上海：华东师范大学出版社，2008：56.

建设服务、为人民服务，必须与生产劳动和社会实践相结合，培养德、智、体、美等方面全面发展的社会主义建设者和接班人。”这一教育方针围绕“培养什么人、怎样培养人、为谁培养人”这一最具战略决定性意义的根本问题，规定了教育的性质、目标、任务和实现路径，为新时期我国教育事业的发展明确了方向。

教育目的是宏观的、抽象的，教育目的的实现需要各级各类学校通过课程与教学的实施，需要更加具体的培养目标、课程目标、教学目标加以支撑。因此，教育目的次一级的教育目标是各级各类学校的培养目标。不同层级的学校、不同类别的学校其培养目标各不相同，但所有学校的培养目标都是为实现国家教育目的服务的，都是国家目的的具体体现。

课程目标是根据教育宗旨和教育规律而提出来的课程的具体价值和任务指标。① 课程目标受国家教育方针和培养目标的制约，也是国家教育方针和学校培养目标的具体化，所有学校课程的目标最终都是为国家教育方针服务的。

课程目标确定后，进入的下一个环节就是课程的实施，即教学环节，教学的过程也是课程目标达成的过程，因此，教学目标是课程目标的延伸，也是课程目标的具体化。教学目标是师生在教学活动之后要达到的预期的结果，教学目标既要体现国家的教育目的，也要体现学校的培养目标。教学目标宏观上可以是一门课程的教学目标，中观上可以是一个章节或一个单元的教学目标，微观上则可以是一节课的教学目标。

课程目标与教学目标联系紧密，两者具有一定的先后关系，并都是以教育目的为指引，以培养目标为具体指导。两者区别在于目标的制订者、目标的使用范围各不相同，课程目标是由教育性质部门或课程编制者制订，具有较强的规定性和强制性，而教学目标则由教师制订，具有一定的灵活性、机动性。课程目标是编制课程的主要依据，事关整个学科课程的全局，而教学目标是教师教学、学生学习主要依据，对教学的局部问题产生影响。

二、课程与教学目标的功能

课程与教学目标是学校教学工作的出发点，也是教学工作的落脚点，教育工作者通过落实课程与教学目标，实现人才培养的目的。

美国学者麦克唐纳对教育目标进行了归纳，指出教育目标具有五种功能，分别是：一，明确教育进展的方向；二，选择理想的学习经验；三，界定教育计划的范围；四，提示教育计划的要点；五，作为评价的重要基础。麦克唐纳认为，在宏观、中观、微观的不同层面，教育目标的功能各不相同，但它们有一个共同的功能，那就是通过明确教育活动的目标，形成达成目标的最优的内容与方法，并形成评价教育教学活动的一种标准。②

借鉴麦克唐纳对教育目标功能的分析，课程与教学目标的功能主要有以下几点：

（1）**为课程与教学的内容选择提供标准和依据**。庄子有言：吾生也有涯而知也无涯，以有涯随无涯殆已。人类社会的知识是无限的，但是学生的学习时间却非常有限，需要在

① 唐德海，梁庆．教育学基础［M］．北京：北京师范大学出版社，2015：123.

② 钟启泉．现代课程论［M］．上海：上海教育出版社，2003：299.

有限的时间内学习最有价值、最有意义的知识。因此，对课程与教学知识的选择显得尤为重要，课程与教学目标的第一个功能，就是为课程与教学的内容选择提供标准和依据，保证学习效率和质量。

（2）**为课程与教学的组织提供依据**。课程与教学内容确定后，就需要对选择的内容进行组织。课程组织包括将课程以什么形式进行呈现，如必修课或选修课、理论课或实践课、分科课程或综合课程、学科课程或活动课程。教学的组织即教学组织形式，如班级授课、个别教学或是道尔顿制、特朗普制等。课程与教学目标决定了课程与教学的组织，有什么样的课程与教学目标，必然形成相应的课程与教学组织形式。

（3）**为课程实施提供依据**。课程实施包括课程政策运行、课程评价、课程管理等环节，课程实施的过程就是落实课程与教学目标的过程，因此，课程与教学目标必然是课程实施的重要依据。

（4）**为课程与教学评价提供依据**。课程与教学评价是依据一定的标准对课程与教学进行价值判断的过程，是教学过程的重要组成部分，是否达成课程与教学目标，是课程与教学评价的主要依据。

三、课程与教学目标的分类

关于课程与教学目标的分类，布鲁姆、加涅、巴班斯基等根据自己的研究提出了不同的分类形式。本书将着重介绍最为著名的布鲁姆等人创立的“教育目标分类学”。

布鲁姆教育目标分类学根据行为主义心理学相关理论，将教育目标划分为认知领域、情感领域和动作技能领域，每个领域从低到高划分为多个层次。

（1）**认知领域的目标**。1956 年，布鲁姆《教育目标分类学：认知领域》一书出版，在该书中，布鲁姆将认知领域的目标从低到高划分为六个层次，分别为知识、理解、运用、分析、综合和评价。

1）知识（Knowledge）。知识就是识记，即对学习过的材料的记忆。知识是认领领域里面最低层次的能力，包括具体的知识（定义、概念等）、处理具体事务的方式方法的知识、原理和概括的知识。知识领域常用的行为动词有记住、分辨、配对、界定、举例等。

2）理解（Comprehension）。理解是指对所学知识、概念的理解。理解一般可以借助转化、解释和推断三种形式完成。转化即学习者用自己的语言表述学习的内容；解释即对学习的内容进行解读和说明；推断即根据已有的知识推测未来的情况。常用的行为动词有说明、列举、归纳、总结等。

3）运用（Application）。运用是指将学习到的知识应用到具体场景的能力。常用的行为动词有预测、证明、解决、发现等。

4）分析（Analysis）。分析是指将一个整体分解为各个组成部分，并弄清楚各个部分之间的关系及组合方式。分析还可以进一步地划分为要素分析、关系分析和组织原理分析。常用的行为动词有分析、判断、辨别、分解等。

5）综合（Synthesis）。综合是指将各个要素或组成部分结合起来，形成一个整体的能力。常用的行为动词有组合、设计、综合、筹划等。

6）评价（Evaluation）。评价是指依据一定的标准对事物做出价值判断的能力。评价可以分为内部证据评价和外部准则评价，是认知领域最高层次的能力。常用的行为动词有判断、评论、评价、比较等。

上述六个层次的目标可以划分为知识及理智的能力和技能两大类，其中，理智的能力和技能包含理解、运用、分析、综合和评价等能力。布鲁姆等人认为，知识及理智的能力和技能是内在统一的，知识是基础，理智的能力和技能是进一步的能力，所有的理智的能力和技能都必须以现实知识为前提条件。①

布鲁姆的教育目标分类学自创立以后，在教育教学领域产生了巨大影响，为课程与教学目标的编制提供了重要依据。教育目标分类学中的认知目标体系经过多年的发展，进行了二十多次的修订。安德森等人根据教育目标分类学的应用情况，结合美国课程与教学改革的实际情况，对教学目标分类学进行修订，出版了《面向学习、教学和评价的分类学——布鲁姆教育目标分类学的修订》一书，书中对原有的认知目标进行了拓展。拓展后的认知目标由一维变为二维，纵向上从具体到抽象分为事实、概念、程序和元认知四种知识，横向上从低级到高级分为记忆、理解、应用、分析、评价和创造六种认知过程（表4-1）。修订后的认知目标将学习、教学和评价紧密联系起来，面向教师、面向教学实践，强调课程、教学和评价的一致性，为教师利用教育目标指导教学实践提供了广阔的空间。②

表4-1　布鲁姆认知目标修订二维分类

知识维度	认知过程维度					
	记忆	理解	应用	分析	评价	创造
事实性知识						
概念性知识						
程序性知识						
元认知知识						

（2）**情感领域目标**。1965年，布鲁姆与克拉斯沃尔、马西亚合作出版了《教育目标分类学　情感领域》。情感领域的教育目标主要包括态度、兴趣、理想、激情等，该领域将教育目标的情感领域分为以下五种：

1）注意（接受）（Receiving or Attending）。注意是情感领域最低层次的学习结果，也是情感领域的第一个目标，通过感知学习者已经感受到现象或者刺激的存在。教学过程中，教师应注意引导学生提高注意力，才能更好地完成教学任务。常用的行为动词有描述、指出、选择、示范。

2）反应（Responding）。经过注意层次之后，学习者已经对事物有了一定的关注，反应是指在注意之后对事物的刺激表现出兴趣并愿意参与其中。常用的行为动词有说出、表现、展示等。

---

① 布鲁姆．教育目标分类学　认知领域［M］．上海：华东师范大学出版社，1986：31.

② 盛群力，储献华．布鲁姆认知目标修订的二维框架［J］．课程教材教法，2004（9）：90-96.

3）价值判断（Valuing）。经历了前两个层次之后，学习者会对其经历的现象、行为或事物进行是否有价值进行判断。价值是一个抽象的概念，每个人都有自己的价值判断标准，社会有社会的核心价值观，对于同样的事物或现象，不同的人会有不同看法。常用的行为动词有解释、评价、判断等。

4）价值的组织（Organization）。在这个层次上，学习者将会从不同的视角去看待事物，并将这些价值观念进行组织，最终形成一个整体的观念和系统。常用的行为动词有解释、申辩、判断等。

5）价值观念的个性化（Characterization by Value or Value Complex）。在价值观念个性化层次，学习者已经对各种价值观念有了一定的认识，不同的价值观念在其思想中占据了不同的位置，并形成了具有鲜明个人特征的价值观念体系，即价值观、人生观、世界观的形成。常用的行为动词有表现、实践、示范。

（3）**动作技能领域的目标**。美国学者辛普森和哈罗分别于 1965 年和 1972 年出版了《教育目标分类学 动作技能领域》。布鲁姆本人并没有参与动作技能领域目标的编制工作，但动作技能领域目标深受认知领域目标和情感领域目标的影响。因辛普森的动作技能领域目标理论更受广大教育工作者认可，在此着重加以介绍。

辛普森将动作技能领域的目标分为七类，分别是：

1）知觉（perception）。知觉包括感官刺激、线索的选择和转换三个部分，旨在通过感官刺激注意物体、事物和关系。常用的行为动词有选择、检查、指出、区分等。

2）准备（set）。准备包括身体、心理和情绪三个部分，目的是为将要实施的某个行为做好准备。常用的行为动词包括自愿、表现、示范等。

3）有指导的反应（guided response）。有指导的反应是指在他人的指导下对外界事物的刺激做出明显的动作，包括模仿和尝试错误两部分。常用的行为动词有表现、示范、操控等。

4）机械练习（mechanism）。机械练习是指经过大量的练习，使动作形成记忆，成为习惯。常用的行为动词有表现、示范、操控等。

5）复杂的外显动作（complex overt response）。复杂的外显动作是指学习者能够根据情况做出复杂的动作行为。常用的行为动词有表现、示范、操控等。

6）适应（adaption）。适应是指学习者能够根据环境、情景的变化调整自身的动作以适应环境或情景。常用的行为动词有调整、适应、修改等。

7）创造（origination）。创造是动作技能目标的最高层次，指学习者能够根据形式的变化，创造出新的动作的能力。常用的行为动词有创立、创造、组合等。

在辛普森的动作技能领域目标中，前两个层次的目标是不能观察的，而之后三个层次的目标是学习动作技能的过程，最后两个层次是动作技能的熟练和创造的过程。课程设计人员在设计课程目标时一般比较关注后三个目标。①

通过梳理可以发现，布鲁姆等人的教育目标分类学具有以下特征：

第一，教育目标是有层级的。在教育目标分类学中，所有的教育目标都是按照从低级到高级、从简单到复杂的层级进行排列，且高等级的目标包含低等级的目标，层层递进。

---

① 张华．课程与教学论［M］．上海：上海教育出版社，2001：168.

第二，通过外显的、可观察的行为动词描述教育目标。教育目标分类学的一个重要贡献就是使原本内隐的、不可言说的教育目标，通过教育目标分类学不同层次的行为动词的描述，成为了一个个可以观察、可以测量的目标，使教育评价有据可依。

第三，教育目标分类学超越了学科的界限。不论在哪个学科、哪个年级的课程教学，都可以用教育目标分类学的行为动词去描述课程与教学目标的达成情况，因此其超越了学科的限制，各个学科都可以使用教育目标分类学进行课程教学目标的设定与评价。

布鲁姆等人的《教育目标分类学》自出版之后在世界各地被翻译成多种文字，被广泛应用于教育目标制定与教育评价领域，在教育界产生了深远影响，成为20世纪的教育学经典著作。

“教育目标分类学”的贡献在于：

第一，为教育理论和实践提供了一个系统的概念框架。这套概念框架为教育事业的发展提供了可供参考的价值观念和质量保障体系，将传统的、仅仅关注“知识”的教育目标，转向了注重“理智的能力与技能”。布鲁姆曾指出，传统的教育90%的教育目标都是围绕“知识”的，而教育目标分类学则要求教师引导学生、帮助学生将所学的知识应用在解决身边的难题上，有效地解决了学生按部就班、死记硬背的学习状态。并且，通过教育目标分类学，教师可以系统、有效地对学生进行评价。①

第二，布鲁姆等人的“教育目标分类学”创造性地处理了教育学与心理学的关系。心理学是教育学的理论基础，“教育目标分类学”是运用心理学理论解决教育学问题的典型案例，通过行为主义和新行为主义等多种心理学理论创造性地解决了困扰教育学多年的教育评价问题。

也有部分学者对“教育目标分类学”提出了质疑，他们认为“教育目标分类学”存在以下问题：

第一，人为地将课程与教学的目标划分为认知、情感和动作技能，很多时候这三者是相互联系、不可割裂的。

第二，目标分类并未一直遵从逻辑一致性原则。

第三，有人对“教育目标分类学”的层级结构提出了质疑。

第二节 课程与教学目标基本取向

教育活动是具有价值负载功能的一种社会活动，课程与教学是落实教育目的的途径，因此，课程与教学目标是一定的教育价值观在课程与教学领域的具体体现。所有的课程与教学目标都具有一定的价值取向，不存在“价值中立”的课程与教学目标，研究课程与教学目标的价值取向，对于深化对课程与教学目标的认识，更好地开展课程与教学理论学习、课程设计、课程实施都具有重要意义。

美国课程与教学论专家舒伯特认为，课程与教学目标主要有四种类型，分别是普遍性目标取向、行为目标取向、生成性（又称展开性）目标取向、表现性目标取向。

---

① 安德森·索斯尼克．布鲁姆教育目标分类学40年回顾［M］．上海：华东师范大学出版社，1998：230-231，237.

一、普遍性目标取向

普遍性目标（global purposes）是指基于意识形态、政治理念、经验、哲学观、伦理观或社会需要而制订的教育宗旨或原则。这些原则直接用于指导课程与教学领域，成为课程与教学领域的一般性的、规范性的指导原则。这种取向的目标特点是直接将一般性的教育宗旨作为课程与教学的目标，因此存在普遍性和模糊性的特点。

普遍性目标历史悠久，早在中国先秦时期、古希腊、古罗马时期，人们就通过采用一般性的教育宗旨作为教育目标。如在《大学》中记载“大学之道，在明明德，在亲民，在止于至善……古之欲明明德于天下者，先治其国；欲治其国者，先齐其家；欲齐其家者，先修其身；欲修其身者，先正其心；欲正其心者，先诚其意。”这种“格致诚正、修齐治平”的教育理念和“内圣外王”的教育宗旨几千年来一直都是我国封建社会的教育目标和指导思想，并通过科举考试和以“四书五经”为主要内容的教材落实。而在古希腊时期，柏拉图将“有德性的生活”作为教育目标，而亚里士多德则指出教育唯一的目标是“幸福”，因此，他们围绕“有德性的生活”和“幸福”设计了相应的课程。在古罗马时期，昆体良将“大演说家”作为教育的培养目标，并编写了《论演说家的教育》一书作为教材，实现他的教育目标。

在近代和当代社会，普遍性目标同样得到了广泛的运用。英国教育家斯宾塞提出“教育就是要为完满生活做准备”，并依此提出了五种教育目标，分别是：第一，保全自己；第二，获得生活必需品；第三，养育子女；第四，适应政治生活；第五，满足个人的爱好和情感。因此，斯宾塞设置的课程都是指向德行、心智和身体的全面发展的。

我国新一轮基础教育课程改革的总体目标即是由 2001 年发布的《国务院关于基础教育改革与发展的决定》提出的“实施素质教育，促进学生德智体美等全面发展应当体现时代要求……成为有理想、有道德、有文化、有纪律的一代新人”转化而来，也是普遍性目标取向的具体体现。

普遍性目标所体现的是普遍主义价值观，提出的课程与教学目标并非具体的、明确的，而是具有普遍性、一般性的，因此需要教育工作者结合实际，对这些目标进行创造性的解释，以适应教育工作实际情况。

普遍性目标因其普遍性的特点，一般存在以下缺陷：

第一，这种取向下的课程与教学目标往往受日常经验局限，缺乏科学根据。

第二，普遍性目标一般都以教条的形式出现，缺乏逻辑性，表现出一定的随意性。

第三，这类目标一般都比较模糊，容易产生歧义，不同的人可能有不同解读。

二、行为目标取向

行为目标（behavioral objectives）是指以外显的、具体的、可操作性、可测量的行为形式来描述的课程目标。行为目标指明了学生在完成课程与教学的环节后行为上发生的变化，其特点是清晰、具体和可操作性。

美国课程论专家博比特在其著作《课程》中曾明确指出，20 世纪是科学的时代，这个时代的特征就是精确性和具体性，因此，科学时代的课程与教学也必须做到具体化、精确化和标准化。之后博比特在其另外一本著作《怎样编制课程》中确立了 10 个领域中

800 多个课程与教学目标。现代课程理论之父泰勒发展了博比特的行为目标理论，并在其著作《课程与教学的基本原理》中指出，人们在课程与教学实践过程中经常犯如下的错误：将目标作为教师的工作，而没有描述学生将要发生的变化；列举了课程设计的各种要素，但是没有说清楚学生如何处理这些要素；采用概括化的方式说明目标，但没有说清楚所能应用的领域。鉴于此，泰勒强调课程目标应该包含两个方面，即行为和内容，既要指出要使学生养成哪种行为，又要说明可运用这种行为的生活领域或内容。行为目标理论在此之后被布鲁姆、波帕姆、马杰等人的努力下不断丰富，且越来越强调具体、精细和机械化。

行为目标克服了普遍性目标的一般性、模糊性的不足，在整个 20 世纪，行为目标取向能够大行其道，基本成为课程目标的代名词，主要原因在于，行为目标的理论基础行为主义心理学是 20 世纪占据主导地位的心理学理论，其体现的“科技理性”迎合了“唯科学主义”的时代特征，提高了课程与教学领域的精确性和可操作性。

行为目标的优势还在于，第一，通过清晰、具体、可操作性的课程与教学目标的设定，使不同学校和不同班级间的教学效果具有了可比性，使教师可以结合自己的教学内容与教学督导、学生家长和学生本人进行交流；第二，通过使用行为目标，教师可以清晰地了解自己的教学任务，有助于教师对教学目标和教学方向的控制，还可以根据教学过程中学生具体行为变化评价教学效果。总之，行为目标比较适宜描述一般的知识与技能类的课程目标。

行为目标虽有上述优势，但也存在一定的不足，主要体现在：

第一，行为目标关注目标，关注结果，关注可测量、可操作的行为变化，追求课程开发、课程实施和课程评价的效率及对课程与教学的控制，但是，忽视了课程与教学活动的主体，忽视人在教育活动中的意义与价值，压制了人的主体性、创造性。

第二，行为目标都是以外显的、可描述的行为变化作为课程与教学的目标，但是，并不是所有的学习结果都是外显的，很多内隐的、偶然的、不确定的行为变化和情感、态度、价值观、审美、情趣等高级心理素质的变化很难成为行为目标。

第三，学习活动的主体（即人）是一个整体，而学习的对象也是一个整体，但是，行为目标取向却将人学习过程分解为认知、情感、动作技能等各个分解的行为，将知识分解为一个个独立的行为目标，且通过“还原论”的理念认为经过分解的知识与知识本身完全一样。

三、展开性目标取向

展开性目标（evolving purposes，又称生成性目标或发展性目标）不是事前制订的教育目标，而是关注学习的过程，在教育活动开展的过程当中形成的课程与教学目标。这种课程与教学目标取向认为教育过程是一个不断演进的过程，它扎根于过去却指向未来。如果说行为目标取向是在教育活动开始之前或教育情境之外制订的课程文件、课程指南，那么展开性目标则是教育情境的产物和问题解决的结果，是学生和教师关于教育经验与教育价值观的“方向感”①。即不同于行为目标取向强调结果，展开性目标强调过程。

---

① 张华．论课程目标的确定［J］．外国教育资料，2000（1）：13-19.

杜威的教育理论是展开性目标取向的重要来源。杜威认为“教育即生活”“教育即生长”“教育即经验的改组和改造”，且提出了“教育无目的论”，教育无目的并非真的教育活动没有明确的目的，而是教育获得过程中没有任何外在的目的，只要将教育目的融入教育过程中，通过教育的过程，学生得到了成长、得到了发展，在学生的成长和发展过程中，教育的目的也就得以实现。

英国学者斯腾豪斯发展并深化了展开性目标取向相关理论。斯腾豪斯认为，学校教育主要包含四个方面的内容，即技能的掌握、知识的活动、社会价值与规范的确定、思想体系的形成。其中，前两个方面技能的掌握、知识的活动可以通过行为目标加以确定，但是，社会价值与规范的确定、思想体系的形成则无法通过行为目标的方式进行界定。因此，斯腾豪斯在泰勒的“目标模式”的基础上提出了“过程模式”，强调课程和教学不应该以实现确定的目标为核心，而应该围绕课程教学的实施过程中，学生的实现表现情况展开；教育活动的成功与否不应该取决于既定目标的达成情况，而应该是不可预期的行为结果的增加程度。虽然斯腾豪斯不否认行为目标的价值，但是他更认可展开性目标在教育活动中的作用。

展开性目标体现的是对“实践理性”的追求，它消解了行为目标取向对手段与目的、过程与结果的二元对立，将过程与结果、目的与手段在教育活动的开展过程中内在地结合在了一起，并在教育活动、教育情境中形成了属于学生自己的教育目标，而不是课程编制中，教师所提前制订好的、外在的教育目标。在这个过程中，教师不再是被动的课程的实施者，而是学生学习的引导者、课程实施的批判者，学生也在这个过程中成为学习的主人，成为课程与教学目标的发现者、实践者。教师和学生的积极性、主动性、主体性也都在展开性目标的指引下得以充分地发挥。

展开性目标实现了对行为目标的超越，但其自身也存在着过于理想主义的不足，导致其很难在教育教学实践当中顺利实施。首先，展开性目标要求教师要根据学生的实际需要调整课程教学内容和方法，并能够与学生开展积极对话，很多教师没有受过相关的训练。其次，围绕展开性目标实施互动教学需要完成大量额外的工作量。最后，展开性目标的开放性特点要求学生决定哪些知识是最有价值的，但是很多时候学生并不知道什么对他们来说最有价值，因为他们并不了解各个学科的具体情况。

四、表现性目标取向

表现性目标（expressive objectives）是美国学者艾斯纳针对行为目标取向的不足，提出的一种课程与教学目标取向，指的是学生个体在与具体的教育情境相互作用的过程中所产生的个性化的表现。艾斯纳认为，行为目标取向可能适合于部分教育目的，但是不适合于概括我们所珍视的大多数教育期望。表现性目标关注的是学生在教育活动中表现出来的一定的具有首创性的个性化反应，而非事先规定的结果；它追求的是学生个性化、多样化，而非一致性。

艾斯纳认为，教育工作者在设计课程时，应准备三类目标，即行为目标、解决问题的目标和表现性目标。其中，行为目标是课程计划中预先规定好的目标，这种目标明确说明学生在完成一项或者几项学习活动之后所应该习得的具体的行为及其变化，如定义、概念等具体知识和一般技能等。解决问题的目标不同于行为目标，它不是将重点放在特定的行为上，而是放在认知的灵活性、理性探索和高级心理过程上。由于问题的解决方式多种多样，因此解决问题的没有也很难做到明确规定。表现性目标是指人们在从事某种活动结束后，有意无意得到的结果，旨在培养学生的创造性，强调个性化。表现性目标的评价应该是一种美学评论式的评价模式，即对学生活动及其结果的评价是一种鉴赏式的评价形式，根据其创造性和个性去检查其质量和重要性，而不像行为目标取向那样，一味地去追求与预期目标一一对应的关系。①

表现性目标取向体现的是对“解放理性”的追求，强调的是学生作为学习活动的主体的自主性和创造性表现，充分尊重学生的个体差异，指向学生的自由与解放，体现了人本主义的教育价值观。表现性目标取向的不足在于：第一，表现性目标过于模糊，它是唤起性的而非规定性的，没有清楚地说出学生从学习任务中学到哪些知识，因此很难发挥课程指南在教育活动中的作用。第二，对于部分学科，表现性目标很难保证学生学到他们必须掌握的学科知识体系。

从普遍性目标、行为目标、展开性目标到生成性目标，在课程与教学目标的发展演变过程中，愈发地关注人的意义与价值，体现了人本主义思想，符合以人为本的时代精神。

四种目标取向各有其优势，也同样都存在一定的不足。普遍性目标历史悠久，关注一般经验和意识形态，但笼统、模糊，不易进行标准化和量化评价。行为目标精确、具体，容易操作和评价，但是在情感、态度、价值观等维度和学生思想品德、个性培养等方面却不容易用外显的行为加以描述。展开性目标强调了学生的兴趣变化、个性的养成和能力发展，但是在当前班级授课制为主流的教学组织形式中很难实施。表现性目标关注学生个体的创造性和个性化，但却难以保证所有学生都能够达到课程标准的要求基准。因此，学校的课程与教学目标不能仅基于某一种目标取向，应该结合实际情况，综合运用多种目标进行合理组合。如果要制订宏观的教育目标，普遍性目标比较合适；如果要培养学生的基础知识、基本技能，则行为目标比较合适；如果要培养学生解决问题的能力，则展开性目标比较合适；如果要培养学生的创新精神，则表现性目标比较合适。

我国新课改所倡导的三维目标（即知识与技能、过程与方法、情感态度价值观）就是采用三种课程目标相结合的方式进行的表述。其中，知识与技能目标适合用行为目标进行表述，关注的是学科的基础知识和基本技能；过程与方法目标适合用展开性目标表述，强调的是让学生了解科学探究的过程与方法，让学生学会发现问题、分析问题、解决问题，形成创新精神和实践能力；而情感态度价值观目标则适合用表现性目标进行表述，注重培养学生积极向上的学习态度、健康的人生态度和正确的三观，成为负责任的、有担当的时代新人。

第三节 课程与教学目标的设计与表达

一、课程与教学目标来源

课程与教学目标是教育工作的出发点，也是教育工作的落脚点，在教育工作中具有重

① 张华. 论课程目标的确定［J］. 外国教育资料，2000（1）：13-19.

要作用，但是，课程与教学目标不是凭空产生的，而是基于一定的事实基础和标准，经过一定的筛选流程确定的。

美国教育家杜威在其著作《儿童与课程》中曾指出，教育过程的三个要素分别是儿童、社会和教材。波特在1931年的《处于十字路口的教育》一书中指出，课程目标主要来源于教材专家的观点、实践工作者的观点和学生的观点。塔巴1945年在其《课程计划的一般观点》一文中描述了课程目标的三个来源，对社会的研究、对学生的研究和对教材内容的研究。泰勒综合了前人的观点，指出课程目标的来源分为：

（1）**学习者的需要**。教育是有计划、有目的、有组织地培养人的社会活动，课程与教学是实现教育目的的载体和途径，人是教育活动的主体，因此，制订课程与教学目标，离不开作为主体的人的参与。课程是学习者的课程，学习者的需要必然是课程与教学目标制订的最基本的来源之一。

学习者是多种多样的，学习者的需要也是多种多样的，到底什么是学习者的需要，学习者的所有的需要都能够成为课程与教学目标吗？在这里，学习者的需要主要是其身心发展的需要，成为“完整的人”的需要，且学习者是成长中的人，其需要也是在不断地发展、变化的，有的学习者的需要是清晰的、完整的，有的则是模糊的、零散的，因此，并不是所有的学习者的所有需要都能够成为课程与教学的目标，只有那些清晰的、明确的、有价值的、经过专业人士协助整理之后的部分需要，才能够真正成为学校课程与教学的目标。

有的学习者的需要是学生个体的需要，具有独特性、多样性；有的学习者的需要是群体的需要，是大量学习者所共同表现出的需要。在制订课程与教学目标时，既需要考虑学习者群体的需要，也要考虑学习者个体的需要，并要尊重学习者的个体差异，在共性的基础上照顾到个性。

早期有学者将学习者的需要分为三类，分别是：生理的需要，如对食物、水等方面的需要；社交的需要，如感情、归属感、尊重等；整合的需要，如将自我与外界整合起来的需要。马斯洛的人本主义心理学则将学习者的需要分为五类，从低到高分别是：生理需要、安全需要、爱与归属的需要、自尊的需要和自我实现的需要。泰勒经过调研，将学习者的需要划分为以下几个方面，分别是：健康的需要、直接的社会关系、社会-公民关系、消费者方面的生活、职业生活和娱乐生活。

为满足学习者的发展需要，以儿童的兴趣、爱好为中心开发的课程即是“儿童中心课程”。但是“儿童中心课程”并非仅仅考虑学习者的需要，同时还需要满足社会的需要、学科知识的需要，只是学习者的需要的优先级高于另外两种需要。近代以来，以卢梭、福禄贝尔、裴斯泰洛齐等为代表的“浪漫自然主义课程论”、以杜威为代表的“经验自然主义课程论”和马斯洛等人提倡的“人本主义课程论”都是儿童中心课程论的具体形态。

（2）**社会的需要**。教育的一个重要任务就是实现个体的社会化和社会的个体化，课程与教学是实现社会化和社会的个体化的主要载体和途径，因此，制订课程与教学目标，必须考虑社会的需要。

近代以前，人类社会的知识总量非常有限，学校课程知识的选择不存在很大的困难。近代以来，特别是伴随着科学技术的迅猛发展、工业革命的爆发，人类知识总量急剧增加，将所有知识都纳入学校课程中显然不现实，如何在海量的知识中选择最重要的知识成为课程知识显得尤为重要。人们越来越重视知识的社会价值，并通过“工作分析法”确定课程目标，被教育工作者认可并广泛使用。

满足社会需要包含两个维度，一个是空间维度，学校课程与教学目标需要满足学生所在社区的需要、地区的需要乃至民族、国家的需要，也就是课程与教学要体现国家意志、要有家国情怀；另外一个是时间维度，课程与教学目标要满足当下社会的需要，但是，社会是不断发展、变化的，学生是未来社会的主人，因此课程与教学目标还要满足未来社会的需要，即教育要有前瞻性。特别是在信息技术飞速发展、知识大爆炸的当下，知识更新、增长的速度更是前所未有。所以课程与教学目标必须是当下社会需要与未来社会需要的统一。

如何将社会需要转化为课程与教学目标，第一个需要考虑的是哪些社会需要可以转化为目标。因此需要将社会生活进行分类，再从各个类别当中选择最重要的内容，并将其改造为学校的课程内容。泰勒通过收集、整理资料，对社会生活进行了分类，即健康、家庭、娱乐、职业、宗教、消费、公民七个方面。泰勒的分析方式与课程论先驱博比特的“活动分析法”大致相近。但泰勒的做法也存在一定的问题，主要表现在：第一，将学校课程当作了社会生活在学校的反映，忽视了学校教育的独立性、批判性与反思性；第二，仅通过“活动分析”很难将社会方方面面的问题都完整地汇总起来，正如美国教育哲学家波德所说：没有任何一种科学分析，能够决定人们对任何事物的向往与需要。

要进行社会需要的分析，需要注意以下原则：

第一，民主性原则。斯宾塞曾经提出过“什么知识最有价值”这一问题，批判教育学家阿普尔则进一步追问，提出了“谁的知识最有价值”的问题。课程知识的选择是基于那个社会阶层，是精英阶层还是普罗大众，是优势阶层还是不利阶层，是课程知识选择必须考虑的问题。当前是民主时代，我国的社会主义核心价值观也在倡导民主理念，因此，课程知识的社会需要分析必须注意社会公平、基于民主性原则。

第二，民族性与国际性相统一的原则。在当前信息化时代，全球化、国际化是大势所趋，学校的课程与教学必须培养学生的国际视野。“民族的才是世界的”，在追求国际视野的过程中，必须是在对本民族的知识与文化有了深入的理解与认识的基础上的国际视野，才是做到民族性与国际性相统一。

第三，优先发展教育原则。《学记》有言：“建国君民，教学为先”，在中国古代，“教学”与“教育”的意思相近，表达了古人对“教育”事业的重视。在联合国教科文组织的《学会生存》一书中也写道：现在，在全世界教育的发展开始先于经济的发展，这在人类历史上还是第一次。中国共产党第十六次全国代表大会报告也指出：教育是发展科学技术和培养人才的基础，在现代化建设中具有先导性、全局性作用，必须摆在优先发展的战略地位。

“社会中心课程”就是以社会生活的需求为中心，基于维持和改造社会生活的目的，强调社会生活优先性的一类课程。“社会中心课程”的代表人物有博比特、查特斯、布拉梅尔德等。

（3）**学科的需要**。人既是生物的存在也是文化的存在，人类从呱呱坠地到咿呀学语再到长大成人，无时无刻不沁润在一种文化氛围之中，在文化洪流中汲取营养，也在不断地传承文化、创新文化。文化的分门别类就构成了各个学科门类（Subjects）。儿童由自然人成长为社会人、文化人的过程，就是通过各个学校教育的学科知识完成的。因此，学科知识的需要也是学校课程与教学目标制订的来源之一。

什么是学科知识？科学知识就是学科的内在逻辑体系，它包括学科的基本概念、基本原理、探究方式、发展趋势及其相关的学科关系等。典型的学科知识有数学、人文学科（文学、艺术、语言学、历史学、人类学）、自然学科（物理学、化学、生物学等）、哲学与社会学科（如哲学、教育学、社会学、经济学等）。

如何将学科及其发展需要融入课程与教学目标呢？泰勒指出：在设定课程与教学目标时，应将学科专家的建议作为重要来源。可以通过向学科专家提问了解专家建议，例如："你这门学科对不想成为这个领域专家的一般人有什么贡献？"通过这种方式，在了解学科价值的同时，可以避免学科专家过于专业化的目标要求，从而凸显学科知识对一般社会公民的价值。泰勒认为，在设定课程与教学目标时，应认识到学科知识有两种价值，一种是对学科本身的创造与发现的价值，另外一种是通过运用学科知识满足个人或者社会需要的价值，也就是学科的工具价值。

将学科知识的发展作为课程与教学目标的来源时，还需要认识到以下几个问题：

第一，知识的价值是什么？人类通过几千年的发展，积累了大量的知识，但是知识的价值是什么，是认识世界、控制世界还是改造世界？是为了提升生活的意义和价值还是满足功利性的需求？自18世纪以来，"技术理性"支配了人类知识的各个领域，不光在自然科学领域，而且蔓延到人类知识的绝大多数领域。学科知识的价值也逐渐地由认识世界、理解世界变成了改造世界、控制世界。时至今日，伴随着控制世界弊端的不断呈现，人们对学科知识的理解也不断加深，人们越来越认识到知识的价值在于提升生命的意义，在于理解世界，在于人与自然、人与外部世界的和谐共处。

第二，什么知识最有价值？斯宾塞对于这一经典教育学问题的答案是科学，之后他极力推动了科学教育在当时教育界的普及。结合当时的历史背景，斯宾塞所倡导的功利主义课程观，将科学知识视为最重要的课程内容是具有重大历史意义的。但现代以来，科学知识的地位逐渐巩固到唯我独尊，人文知识的地位逐渐在下降，并被人所忽视和诟病。鉴于此，有必要重拾人文知识的重要价值，在设定课程与教学目标时，将科学知识与人文知识、科学精神与人文精神并重。

第三，谁的知识最有价值？在"技术理性"主导的时代，人们认为知识是"客观真理"，知识是"价值中立""价值无涉"的。但在今天，人们认为就像"科学无国界，但是科学家有祖国"一样，知识自身是没有价值偏向的，但选择什么样的知识进入学校的课程与教学中，却体现了统治阶级的价值偏好，也就是统治阶级的知识是最有价值的。因此，学校的课程知识的选择、课程与教学目标的确立是不可能价值无涉的。

"学科中心课程"是指将学科知识及其发展作为课程的核心，重视学科知识的优先性的课程。"学科中心课程"仅考虑学科知识，忽视学生的需要、社会生活的需要，在选择课程内容、确定课程与教学目标时，学科知识的优先级高于另外两个因素。美国的"永恒主义课程论""要素主义课程论""学术中心课程论"和英国的"知识课程论"都属于"学科中心课程"。

二、课程与教学目标设计的依据

（一）泰勒关于课程与教学目标分析确定的过程

通过学习者的需要、社会生活的需要和学科知识的需要三个来源得到的资料是确定课程与教学目标的基础，但这些材料一般比较杂乱无章、内容庞杂，还有可能存在与科目不符合的情况。因此，需要对收集的资料进行进一步的筛选和整理，删除那些无关的、不重要的、相互之间存在矛盾的和学生无法达到的目标，初步形成一个尝试性的一般目标。

泰勒认为，要确定课程与教学目标，在通过三个来源确定了一般目标后，需要经过两道筛子的筛选，才能形成精确性的具体目标（图 4-1）。这两个筛子分别是教育哲学和学习心理学，教育哲学通过对学校教育活动的批判和反思，确定一般性教育目标的合理性和必要性，教育心理学则结合儿童身心发展规律规定了教育内容的顺序、难度和深度等。

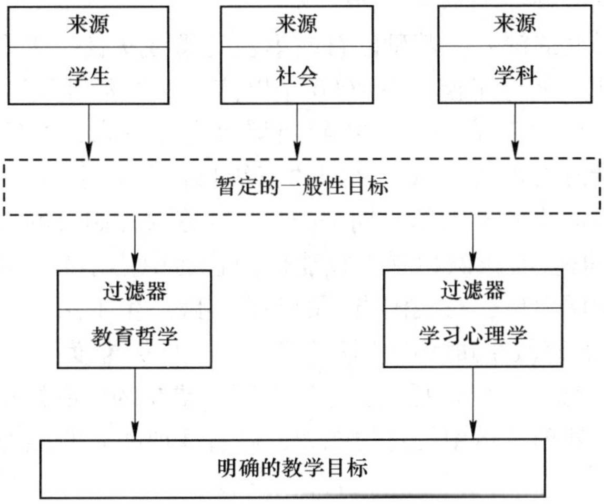

图 4-1　泰勒课程目标的分析确定过程

（二）课程与教学目标设计的基本环节

课程与教学目标的确定是一项复杂的工作，需要对多方面因素进行综合分析与研究。大致可以划分为以下几个环节：

（1）**确定教育目的和培养目标**。落实国家的教育目的、实现学校的人才培养目标是课程与教学的终极目的，它是一定的教育价值观在学校教育中的具体体现。它包含的根本问题是：什么是受过教育的人？教育与人的发展之间的关系是什么？教育如何促进社会发展？对上述问题的回答是学校课程与教学目标设计的前提。

（2）**分析课程与教学目标的基本来源**。课程与教学目标的基本来源是一定的教育价值观的具体反映。学习者的需要、当代社会生活的需要和学科知识发展的需要三者的关系是怎样的？课程目标与课程开发究竟应以什么为基点？应如何处理好与其他从属目标来源的关系？对这些问题的不同的回答形成了不同的课程设计取向，这是确定合理的课程与教学目标的关键所在。

（3）**选择课程与教学目标的基本取向**。经研究，一般存在普遍性目标、行为目标、展开性目标和表现性目标四种目标取向，那么课程与教学目标应该如何在四种取向间做出选择？怎样处理不同目标取向之间的关系？这不仅反映了特定的教育价值观，也与课程与教学设计向度有密切的关系。不同的学科、领域对课程与教学目标的价值取向有着不同的追求，目标取向的确定对课程与教学目标的选择与陈述同样至关重要。

（4）**确定课程与教学目标。**在教育目的、培养目标、课程与教学目标的来源、基本取向都一一确定之后，课程与教学目标的大致内容和陈述方式也就基本确定下来，可运用需求分析模式确定课程与教学目标。也就是通过对学习者的需求进行调查研究，了解学生的需要，并确定各种需要之间的先后顺序与重要程度。大致步骤是：详细阐述实验性目标，确定优先的课程与教学目标；判断学生达到每一种课程目标的可能性；根据目标优先程度的顺序编制明确而具体的课程与教学目标体系。

三、课程与教学目标的表达

（一）我国基础教育课程目标的发展历程

伴随着教育理论研究的深入，基础教育改革、实践与发展，在不同时期，我国的基础教育课程目标也在不断改进与完善。在2000年以前，我国基础教育的课程目标主要围绕基础知识、基本技能（即“双基”）；2001年新课改实施以来，“双基”逐渐被“知识与技能、过程与方法、情感态度价值观”（即“三维目标”）所取代；2016年《中国学生发展核心素养》发布，核心素养成为新时期基础教育课程目标制订的新方向。

“双基”目标主张把基础知识和基本技能作为普通中小学教学内容核心的课程理论，这种课程理论植根于中国大地，对我国当代的课程实践产生了深刻的影响。

“三维目标”是指教育教学过程中应该达到的三个目标维度：

（1）**知识与技能目标。**主要包括人类生存所不可或缺的核心知识和学科基本知识；基本能力即获取、收集、处理、运用信息的能力，创新精神和实践能力，终身学习的愿望和能力。

（2）**过程与方法目标。**主要包括人类生存所不可或缺的过程与方法。过程是指应答性学习环境和交往、体验。方法包括基本的学习方式（自主学习、合作学习、探究学习）和具体的学习方式（发现式学习、小组式学习、交往式学习等）。

（3）**情感态度与价值观目标。**情感不仅指学习兴趣、学习责任，更重要的是乐观的生活态度、求实的科学态度、宽容的人生态度。价值观不仅强调个人的价值，更强调个人价值和社会价值的统一；不仅强调科学的价值，更强调科学的价值和人文价值的统一；不仅强调人类价值，更强调人类价值和自然价值的统一，从而使学生内心确立起对真善美的价值追求以及人与自然和谐和可持续发展的理念。

“核心素养”全称中国学生发展核心素养，主要指学生应具备的，能够适应终身发展和社会发展需要的必备品格和关键能力。研究学生发展核心素养是落实立德树人根本任务的一项重要举措，也是适应世界教育改革发展趋势、提升我国教育国际竞争力的迫切需要。中国学生发展核心素养，以科学性、时代性和民族性为基本原则，以培养“全面发展的人”为核心，分为文化基础、自主发展、社会参与三个方面。综合表现为人文底蕴、科学精神、学会学习、健康生活、责任担当、实践创新六大素养，具体细化为国家认同等十八个基本要点（图4-2）。根据这一总体框架，可针对学生年龄特点进一步提出各学段学生的具体表现要求。

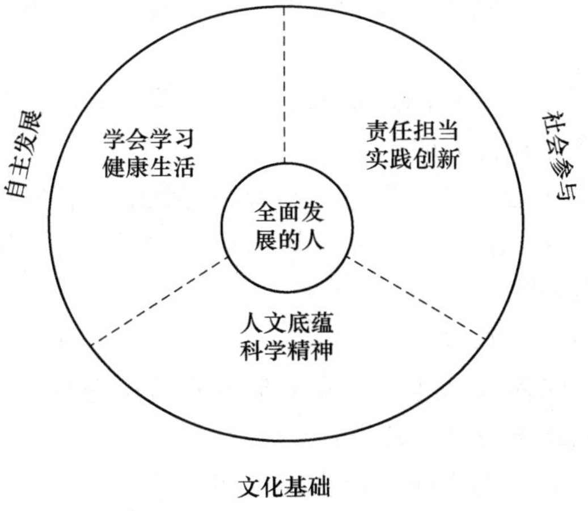

图 4-2　中国学生发展核心素养

"核心素养"是对学生发展的总体要求，需要具体的学科核心素养以学科的形式加以落实。因此，2017 年教育部发布《普通高中课程方案和各科课程标准（2017 年版）》，对各个学科的核心素养进行了凝练。

高中语文学科的核心素养包括四个方面，即：

（1）**语言建构与运用（语言）**。在学习语言文字运用的过程中，增进语文学养，努力学会正确、熟练、有效地运用文字。

（2）**思维发展与提升（思维）**。在发展语言文字运用能力的同时推进思维机制的发展，提高思辨能力，增强思维的严密性、深刻性和批判性。

（3）**审美鉴赏与创造（审美）**。在语文和其他学科的学习以及生活中，坚持对美的追求，培养自觉的审美意识和高尚的审美情趣。

（4）**文化传承与理解（文化）**。在语文课程中进一步理解和尊重文化多样性，关注当代文化，学习对文化现象的剖析，积极参与先进文化的传播。

数学核心素养包括数学抽象、直观想象、逻辑推理、数学运算、数学建模、数据分析，共六项三大类，分别是：

（1）数学抽象是指舍去事物的一切物理属性，得到数学研究对象的思维过程。

（2）直观想象是指借助几何直观和空间想象感知事物的形态与变化，利用图形理解和解决数学问题的过程。

（3）逻辑推理是指从一些事实和命题出发，依据规律推出其他命题的思维过程。

（4）数学运算是指在明晰运算对象的基础上，依据运算法则解决数学问题的过程。

（5）数学建模是指对现实问题进行数学抽象，用数学语言表达问题、用数学知识与方法构建模型解决问题的过程。

（6）数据分析是指针对研究对象获取相关数据，运用统计方法对数据进行整理、分析和推断，形成关于研究对象知识的过程。

英语核心素养由语言能力、文化意识、思维品质和学习能力这四大要素构成，分别是：

（1）语言能力是指在社会情境中以听、说、读、看、写等方式理解和表达意义、意图和情感态度的能力。

（2）文化品格是指对中外文化的理解和对优秀文化的认同，是学生在全球化背景下表现出的文化意识、人文修养和行为取向。

（3）思维品质是指学生通过英语学科的学习而得到的心智发展。

（4）学习能力是指学生积极运用和主动调适英语学习策略、拓宽英语学习渠道、努力提升英语学习效率的意识和能力。

（二）课程目标表述常见的错误

泰勒和格朗轮分别对课程目标制订过程中常犯的错误进行了归纳和阐释。① 结合我国基础教育实践，可以大致归纳为以下几类：

（1）将课程目标当成教师的工作加以表述，如：

1）示范加减混合运算的解法；

2）使学生领会《开满鲜花的小路》所要表达的思想；

3）提高学生的英语阅读能力；

4）示范酒精灯的使用。

这种表述方式指出了教师工作的具体内容，但是没有说清楚学生学习课程内容之后，行为会发生哪些变化，无法清晰地展示教学活动的成效，不能有效指导教师教学工作。

（2）将课程目标当成教师教的任务、学生学的任务来表述，如：

1）激发学生科学的兴趣、引导学生热爱科学；

2）让学生学会运用比喻、拟人、排比等修辞方法；

3）教会学生使用量角器进行测量角度。

这种表述方式指出了教师需要完成的工作，也指出了学生要做的工作，但并没有说清楚学生经过学习会发生哪些变化，同样无法检验教学成效。

（3）只是简单地列出教材的大纲、主题、原理、概念等，如：

1）二力平衡；

2）第二次世界大战；

3）细胞膜、细胞壁。

这种表述只是简单地列出了学生需要学习的内容，却没有说清楚学到什么程度。

（4）只列出学生的理想行为变化，忽视了具体的应用环境，如：

1）培养学生的学习兴趣；

2）发展学生分析问题、解决问题的能力；

3）发展学生的批判思维；

4）这种表述指出了通过教学活动要引发的学生行为方式的变化，但没有说清楚这种行为改变适用的生活场景，依然不够完善。

（5）表述了学习的历程而没有说清楚学习结果，如：

1）阅读全文；

① 黄政杰．课程设计［M］．台北：台湾东华书局，1991：234-237.

2）背诵第三段；

3）完成课后练习题。

这种表述仅仅列出了学生学习的历程，而没有说出学习结束后学生行为的改变。

（6）一个目标包含两个或两个以上结果。如：

1）理解观察法的内涵并能够应用；

2）能够认出生字并能够组词；

3）理解加减混合运算公式并能够运用公式解题。

一个课程目标应对应一个学生学习之后行为的改变，应该对目标进行分解。

（三）课程目标的表述

课程目标的表述非常重要，它将为课程内容和经验的选择提供依据，并为教师的课程教学实施与之后的课程教学评价提供标准。清晰、准确、通俗易懂地表述课程目标，为课程目标的达成奠定了良好的基础。同样，如果课程目标表述不当，也将会对课程与教学活动的实施产生误导。

2001 年新课程改革启动以来，中小学课程目标的表述一般都围绕“三维目标”，从知识与技能、过程与方法、情感态度价值观三个维度进行描述。课程目标以行为目标为主，兼顾展开性目标和活动表现目标。除三维目标外，可以从学科核心素养的构成要素出发，制订基于学科核心素养的素养目标。

1. 行为目标应当包含的要素

关于行为目标应当包含哪些要素，不同的学者给出了不同的答案，大致分为“两要素说”“三要素说”和“五要素说”等几种说法。

两要素说：泰勒认为，有效的行为目标表述，必须指明学生身上应该发生的“行为改变”要素，和该行为所应用的“生活领域或内容”要素，如“发展批判思维”“能够辨析说明文与记叙文的区别”等。

三要素说：马杰认为，有效的目标表述仅仅包括行为与内容是不够的，应该包含“行为”“情境”和“标准”三个要素。“行为”是指外线的、可观测的、学生在学习活动结束后所表现出来的，如“说出”“写出”或“选出”等。“情境”是指行为所产生的环境、背景，包括时间上的要求，需要用到的材料、设备，做出的说明等，如“在十五分钟内”“借助直尺和圆规”等。“标准”是指评判学习者学习之后行为发生变化是否达到预期目标的依据，如“达到 80%以上”“熟练写出”“熟练说出”等。

五要素说：基布勒等人进一步提出，行为目标的表述应该包含五个方面的要素，分别是行为发出的主体（即学习者），也就是学生；实际的行为，如写出、列出、画出等；行为的结果或内容，如写出乘法口诀、读出课文等；行为的条件，如在三十分钟内完成测验或在全部学生面前大声朗读等；成功与否的标准，如写出 90% 以上的内容或背诵全文等。

台湾学者饶朋湘曾依据行为目标的表述要素，编写了目标范例如下：

（1）能说出（行为）三角形的特征（结果）。

（2）能在 15 秒之内（标准）跑完（行为）一百米（结果）。

（3）能用钢琴（条件）演奏（行为）国歌。

（4）能够用自己的步长（条件）测量出（行为）卧室的长度和宽度（结果）。

（5）能够用字典（条件）在十分钟内（标准）查找出（行为）本课所有的（标准）生字读音。

（6）能运用三原色（条件）调出（行为）四种以上（标准）的中间色（结果）。

2. ABCD 法

教学目标应规定学生在教学活动结束后能表现出什么样的学业行为，并限定学生学习过程中知识、技能的获得和情感态度发展的层次、范围、方式及变化效果的量度。对每节课教学目标的准确表述，可以充分发挥教学目标在教学活动中的指向、评估和激励作用。表述教学目标时一般要慎重考虑以下四个因素。

ABCD 法是由行为观的代表马杰（R. F. Mager）提出的“三要素”发展来的，又称 ABCD 表述法。它们的含义是：A 即“行为主体”（Audience），意为学习者，是目标表述句中的主语；B 即“行为”（Behaviour），即学习者应做什么，目标表述句中的谓语和宾语；C 即“条件”（Conditions），意为上述行为在什么条件下产生；D 即“程度”（Degree），即上述行为的标准。例如，一个运用 ABCD 方法表述的教学目标例句：“通过学习昆虫的形态特点后，学生能以 90%的准确度，从书上的图中辨认出哪些是昆虫。”其中，行为主体是“学生”，行为是“辨认昆虫”，条件是“在本课课本的图中”，标准是“达到 90%的准确度”。

（1）行为主体。根据新课程的有关理念，在编写教学目标时，无论是一般的行为目标还是具体的行为目标，在描写时都应写成学生的学习行为，而不是教师的教学行为，一般不用来描述教师的教学程序或活动的安排，如“使学生……”“让学生……”“提高学生……”及“培养学生……”等描述，而用“能认出……”“能解释……”“能设计……”“能写出……”“对……作出评价”或“根据……对……进行分析”等描述，要清楚地表明达成目标的行为主体是学生。

（2）行为动词。根据《生物课程标准》的要求，教学具体目标应采用可观察、可操作、可检验的行为动词来描述。而传统应用的“了解”“掌握”“知道”“熟悉”等几个笼统、含糊的，难以观察到的，仅表示内部心理过程的动词，往往难以测量，无法检验。而“认出”“说出”“描述”“解释”“说明”“分析”“评价”“模仿”“参与”“讨论”“交流”“认同”“拒绝”等词则是意义明确、易于观察、便于检验的行为动词。《生物课程标准》第 44 页在“学习目标的说明”中列出了一些常用的知识性目标动词、技能性目标动词及情感性目标动词，可作为生物教师备课时的参考。

（3）行为条件。有时需要表明学生在什么情况下或什么范围内完成指定的学习活动，如“用所给的材料探究……”“通过合作学习小组的讨论，制订……”“通过自行设计小实验，体验……”等。

（4）表现程度。指学生对目标所达到的表现水准，用以测量学生学习的结果所达到的程度。如“能准确无误地说出……”“详细地写出……”“客观正确地评价……”等表述中的状语部分，便是限定了目标水平的表现程度，以便检测。

3. 内部过程与外显行为相结合的表述方法

通过 ABCD 模式表述的行为目标，其优点是清晰明了、可观测、可评价，很大程度上减少了传统目标表述方式上的模糊不清。但 ABCD 模式同样存在不足，如这种方法强调了学习者行为的变化而忽视了其内在心理过程，违背了学习的真义，而且并不是所有的学习结果都可以外显、都可以行为化。为了解决 ABCD 模式的这一问题，人们探索出一种内隐和外显相结合的表述方式。

学习的实质是学习者内在的心理的变化、能力的提升、情感的升华、价值观念的养成，学习者行为改变仅仅只是学习结果的外显部分，其学习结果内隐部分（即心理的变化），如热爱、厌恶、理解、尊重等，是无法进行直接的观测和衡量的。但是可以通过间接的方式观察、测量学习者内在的心理变化，通过列举反映这些内在心理变化样本的方式，使学习目标具体化。这就是格朗伦提出的内部过程与外显行为相结合的折中的表述方式。

这种方法强调，对于目标的表述不能只关注外显的行为的改变，情感领域目标和其他领域的高层次目标同样需要关注。例如，批判思考能力和音乐鉴赏能力的发展就是：

（1）运用批判性思考的技能于阅读上。

1）区分事实和意见。

2）区分事实和推论。

3）指出因果关系。

4）指出推理的错误。

5）区分有关和无关的论点。

6）区分可靠和不可靠的推论。

7）根据书面材料建立有效的结论。

8）指出正确结论需要的假定。

（2）欣赏优良的文学作品。

1）描述优良和不良文学作品的区别。

2）区别优良和不良的文选。

3）提出分类优良和不良文选的重要理由。

4）在自由阅读时间内选读优良的文学。

5）说明为何喜爱某些优良的文选。

这种目标表述的第一个层次是心理内部过程，表述的第二个层次是心理外显行为。又如，地理课在讲到“人类与环境”课题的时候，要求学生树立可持续发展观念，这个目标可以这样表述：

（3）学生能树立可持续发展观念。

1）能说出可持续发展的大概意思。

2）能运用所学的知识批判现实中破坏环境的思想和行为。

3）对包含不符合可持续发展思想的例子的材料，能指出这些例子并做出批判和评述。

在上述的表述中，前面一部分“学生能树立可持续发展的观点”是对内部过程的表述，后面三句话是为了说明内部过程而表述的可观察、可测量的外显行为。两者相结合的表述方法，既保留了行为目标表述的优点，又避免了行为目标只顾及具体行为变化而忽视内在心理过程变化的缺点，所以这种表述方法受到很多人的青睐。它既适合认知目标的表述，也适合于情感目标的表述。

至此，学习了课程目标表述的 ABCD 法和内外结合的表述方法，但是在实际教学过程中，不能拘泥于某一种方法或者某一种形式，应该根据课程目标的层次、学习任务的情况、学生的特点等具体情况，具体分析、灵活运用，力争做到简单明了、易于理解。

课后测验

1. 概念辨析：教育目的、培养目标与课程目标。
2. 简述课程与教学目标的取向。
3. 比较行为目标、展开性目标和表现性目标各自的优劣及其适用范围。
4. 课程目标制定有哪些来源，筛选课程目标的标准有哪些？
5. 结合基础教育某一学科、某一章节课程教学内容运用 ABCD 法对课程目标进行表述。

第五章　课程文件与教学内容

章节概述

本章节结合课程文件中有关课程计划和课程标准两个模块的含义、发展脉络、制订与构成等基本理论知识进行探讨。本章节后一部分的内容是教学内容，具体包括教学内容的含义、选择与组织等相关内容。课程文件与教学内容二者之间具有相辅相成的关系，课程文件是教学内容组织的依据，教学内容是课程文件具体实施的载体。学习此部分内容，能够帮助理清教学文件和教学内容的逻辑体系，进而为教学实施做好相关准备。

知识导图

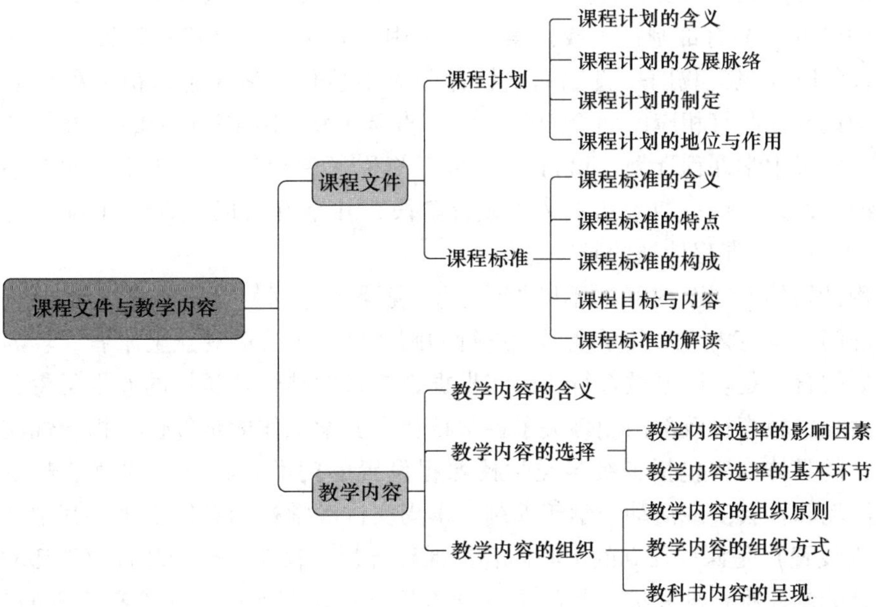

学习目标

1. 理解课程文件的含义。

2. 了解课程文件的发展脉络及其制订过程，其中，重点结合 2001 年教育部印发的《义务教育课程设置实验方案》理解我国现行的课程计划培养目标、课程设置、有关说明等现代课程设置的理念与精神。

3. 理解课程标准的含义、构成，能够结合学科课程标准进行部分内容的针对性解读。

4. 掌握教学内容的组织原则、方式，并能够结合学科教学内容案例针对性地进行解读与分析。

5. 了解教科书内容的呈现特点。

第一节 课程文件

一、课程计划

在课程规划阶段，需要专门研制、修订和确定课程文件并使之一体化，形成课程方案，包括配套的课程计划、课程标准和教学材料。① 而其中课程计划又是课程设置的整体规划，决定着教学中的总的方向和总的结构，所以理解课程计划是从事教育活动中必不可少的环节。

（一）课程计划含义

中华人民共和国成立前，我国将课程计划称为“学校课程标准”。中华人民共和国成立后，我国学习苏联的叫法，将其称为“教学计划”。依照苏联教学计划和教学大纲的体例结构，1953 年，教育部制订了我国第一个《中学教学计划（修订草案)》。在新中国成立后相当长的时间里，我国一直把基础教育分为小学和中学（包括初中和高中）两个学段，并分别设计和制订相应的两个教学计划。直至 1992 年国家颁发的《九年义务教育全日制小学、初级中学课程计划（试行)》（以下简称《课程计划》) 中第一次对小学、初中课程进行统一设计，统一纳入九年义务教育阶段，并且首次把“教学计划”改为“课程计划”，从此开启了课程计划的研讨之路。

从课程计划的出现至内涵的不断探索，发现课程计划的含义本质主要是围绕制订依据、制订部门、制订内容及其呈现形式进行的阐述。从主流的观点上来看，较为全面地把握课程计划的含义是：国家教育行政部门根据教育目的结合各学校的办学思想、培养目标等特性，由相关教育行政部门制订关于各学校教育教学工作的纲领性、指导性文件。课程计划所包含的具体内容包括各级各类学校课程设置的门类及各学科的教学顺序和教学时数、课外活动和社会实践活动、学年编制、学周安排等学校的总体安排。其中，开设哪些科目（课程设置）是课程计划的中心内容。课程计划不仅对学校的教育教学活动做出总体安排；也是编制课程标准和编写教科书的基本依据；课程实施、评价和管理的基本准则；督导、评估学校教育教学工作的相关参照。

（二）课程计划的发展脉络

新中国成立以来，我国中小学的课程计划根据政治、经济、社会发展的需要不断修改与调整，在改革中大致可分四个标志性阶段。

1. 新中国成立期：从模仿到建构新课程（1949~1957 年）

1949~1952 年是对旧中国中小学课程进行改造，为新中国课程奠定基础的时期。新中

---

① 黄甫全，吴建明．课程与教学论基础［M］．北京：中国人民大学出版社，2019：114.

国成立初期，全国没有统一的教学计划，各地方教育行政部门以 1941 年第三次全国教育会决议制定的《六年制中学各科课程标准草案》为蓝本，对教学计划进行了一些必要的修改和实施。1950 年 8 月，中央人民政府教育部颁发了新中国历史上的第一份教学计划，即《中学暂行教学计划（草案)》。在这份教学计划中增加设置了体育、音乐、美术、制图等技艺类课程占总学时的 12.22%，设置了政治、语文、数学、外语、历史、地理等组成的 14 门工具类课程占总学时的 39.44%，知识类课程占总学时的 39.44%。同年 9 月，在全国出版会议上提出中小学教材必须全国统一供应的方针，并成立人民教育出版社，承担编写国家统一教材的任务，并于 1951 年出版了第一套中小学全国通用教材，从而课程计划有了规范性的载体。[①] 1951 年 3 月，教育部召开第一次全国中等教育会议，会议通过了《普通中学（各科）课程标准（草案)》和中学规程，提出目前普通中学的教学计划必须全国统一，课程科目和每科教学内容必须定出统一的标准。同年 10 月，政务院颁发了《关于改革学制的决定》，重新规定了中小学的学制，规定小学实行五年一贯制，取消初高两级分段制，中学修业年限为六年，分初、高两级，各三年。根据学制的要求，1952 年 3 月，教育部颁发了新中国成立以来第一份五年一贯制的《小学教学计划》，规定小学设置语文、算术、历史、地理等八门学科。同时，还颁布了《中学教学计划（草案)》，对教学时数进行了较大的调整。这是新中国成立以来颁发的第一个全面规范中学课程的政府文件，初步奠定了新中国中学课程的框架。

1953~1957 年这一阶段正式实行第一个五年计划，是开始大规模经济建设时期和文化建设的重要时期。为了适应国民经济发展的需要，党中央和人民政府十分重视中小学教育和教学改革。1953 年 5 月，中共中央政治局召开会议专门研究教育工作，先后颁布了五个中学教学计划，增开了卫生常识课程。1957 年，提出了新中国的教育方针使受教育者在德、智、体几方面都得到发展，成为有社会主义觉悟、有文化的劳动者，明确提出教育要与生产劳动相结合。这阶段中小学课程变动比较频繁，1953~1958 年，教育部几乎每年都要颁发一个新学年的教学计划（主要内容是课程表和说明)，根据当时社会政治、经济形势的变化对课程做一些调整，变动最多的是政治和外语。虽然这一时期对课程计划做了紧跟时代需要的改革，初步形成了比较全面的中小学课程体系，但是模仿苏联的痕迹仍很深，课程变动过于频繁；教材又跟不上需要，致使教学工作不能完全按照教学计划执行；部分学科间的相互联系和配合不够紧密，课程设置不尽合理等相关问题有待解决。[②]

2. 教育革命期：适应各地区、增设选修课（1958~1965 年）

1958~1965 年全国掀起了“大跃进”高潮，并引发了教育领域的“大革命”，导致了

① 靳玉乐，张家军. 当前中小学课程改革的探讨——兼论我国现行的中小学课程计划［J］. 教育研究与实验，1999（3）：23-27.

② 马立. 关于《九年义务教育全日制小学、初级中学课程计划》的若干说明［J］. 课程·教材·教法，1992（11）：4-10.

教育质量的下降。这一时期课程计划成果包括修订过一次小学教学计划、两次中学教学计划、一次教学大纲，编写过两套中小学教材。1960年后，中央对“大跃进”进行反思，从1961年开始，以“调整、巩固、充实、提高”方针为指导对中小学课程进行改革。1963年3月，颁发了《全日制小学暂行工作条例（草案）》《全日制中学暂行工作条例（草案）》，课程强调中小学必须根据统一的教学计划、教学大纲和教科书进行教学，地方和学校不得任意修改，为发展学生的志趣才能，高中阶段可根据学校条件开设选修课。教科书方面，各地教育行政部门、学术研究机构、学者共同编写教科书，经教育部审定后可推荐全国使用。除此之外，各省市自治区可自编作为补充的乡土教材。同年7月，教育部颁发了《全日制中小学新教学计划（草案）》，在小学方面，与1957年颁布的小学教学计划相比，新的教学计划对文化课、政治课和生产知识课，对教学、生产劳动和假期，都做了必要的安排，确立了以“双基”（基础知识、基本训练）为重点的课程模式，强调中小学要重视基础知识和基本技能，在小学阶段适当提高了语文、数学两科的教学要求，该计划在课程具体设置上的重大变化显现为语文、算术、音乐的周课时有所增加，每年授课周数和总课时数上也分别有所增加；在中学方面，初中开设外语课程，高中三年级开设了选修课，每周2~5节；根据中学阶段必须注重语文、数学和外国语的教学指示，新计划适当提高了语文、数学、外语的教学要求，增加了周课时；每学年上课周数略有增加。1963年，在小学和初中一年级使用的由人教社编写的第四套通用教材力求贯彻执行毛主席的教育思想，根据教学计划和教学大纲的要求，注意加强双基，适当反映科技新成就，“大跃进”时期造成的中小学教育混乱的局面也因此基本扭转。1964年7月，教育部发出了《关于调整和精简中小学课程的通知》，人教社组织对第四套教材进行了进一步的修订，再一次凝练了学科课程的内容。1958~1965年，课程内容方面致力于追求现代化；在课程结构和制度方面，首次在中小学课程中设置选修课，打破了新中国成立初期确立的单一的、整齐划一的、所有课程均为必修的课程结构模式；在课程政策方面，通过下放课程管理权力，给了地方一定的课程权限。

3. “文革”滞后期：课程计划质量下降（1966~1976年）

1966年“文化大革命”开始，全国进入混乱状态，没有了统一的教育方针，没有了统一的教学计划、教学大纲和教科书，修改后的第四套教材停止出版。中小学正常教学秩序遭到破坏，教学计划、教学大纲、教材处于无政府状态，中小学教学片面强调突出政治和联系实际，大幅度削弱基础知识，教育质量严重下降。

4. 改革开放期：重新落实课程计划（1977年至今）

1978年1月，以教育部颁发《全日制十年制中小学教学计划试行（草案）》为起点，开始了课程领域内的拨乱反正，内容规定：中小学学制十年，小学五年，中学五年。教育部颁布了全国统一的教学大纲，加强双基的培养，高二、高三年级建立了限定选修课形式的文理分科教学，这个试行草案以及相配套的各学科教学大纲和教材，尝试吸取了国际中小学课程改革的经验和教训，进行了教学内容现代化的有益的探索，并逐步尝试编写中小学教材，更好地适应两个社会主义文明建设的要求，适应我国经济文化发展不平衡的现实，为培养社会主义建设者和接班人打下良好基础。1981 年，教育部根据邓小平“要办重点小学、重点中学、重点大学”的指示精神，颁发了《全日制六年制重点中学教学计划(修订草案)》，并修订颁发了五年制小学和中学教学计划。根据新教学计划的要求，人教社立即组织编写了第六套教材，增加历史、地理学科课时，并提出逐步在高中开设选修课。从 1985 年起，开始对中小学课程教材进行有计划、有步骤的改革。第一步是修订第五套教学大纲和根据修订后的第六套教学大纲，对中小学的教材进行修订和重新编写，形成第七套教材。第二步是组织力量重新制订新的义务教育阶段和高中阶段的教学计划、教学大纲，重新编写教材。高中阶段的改革又分为两步，先是对 1981 年颁发的教学计划进行调整，然后再制订与新的义务教育《课程方案》相衔接的高中教学计划，编写大纲与教材。1986 年 10 月，国家教委颁发《义务教育全日制小学、初级中学教学计划（试行草案)》，除了国家统编教学计划、大纲和教材外，北京、上海、浙江可以编写地方通用教学计划、大纲、教材。

1992 年，原国家教委颁布了新的《九年义务教育全日制小学、初级中学课程计划(试行)》（以下简称《课程计划》)，这是新中国成立后第一次将教学计划改为课程计划。与以前的《课程计划》相比，这次的《课程计划》有了重大的改进，如规定了活动课程、综合课程、地方安排课程、每周开设 3 课时体育等。课时总量为 10366 课时，其中，学科课程 8184 课时，活动课程 1216 课时，分别占课时总量的 78.95%、11.73%，因此出现了课程门类过多、课时量过大、课程结构不合理、学科课程所占比例过大、活动课程所占比例太小等相关问题。①

2001 年，教育部最新颁布《义务教育课程设置实验方案》，根据《国务院关于基础教育改革与发展的决定》和《基础教育课程改革纲要（试行)》构建符合素质教育要求的新的基础教育课程体系的要求，设置义务教育的课程，提出课程设置的原则为均衡设置课程、加强课程的综合性、加强课程的选择性；同时，强调省级教育行政部门可根据本省(自治区、直辖市）不同地区社会、经济、文化发展的实际情况，制订不同的课程计划；学年课时总数和周课时数应控制在国家所规定的范围内；根据教育部关于地方课程、学校课程管理与开发的指导意见，提出本省（自治区、直辖市）地方课程、学校课程管理与开发的具体要求，报教育部备案。这次改革不是对课程内容的简单调整，不是新旧教材的替换，而是一次以课程为核心的波及整个教育领域的系统改革，是一场课程文化的革新，是教育观念与价值的转变，涉及课程的理念、目标、方法、管理、评价等各个方面。

（三）课程计划的制订

课程计划是历史发展不断深化和改革的产物；是追求在国家、学生、学校和社会之间

---

① 靳玉乐，张家军．当前中小学课程改革的探讨——兼论我国现行的中小学课程计划［J］．教育研究与实验，1999（3）：23-27.

一种平衡的分配关系；课程安排的合理性与协调性，可以加速形成一个更加科学的课程结构体系。基于最新的课程规划体系，可以从中观察国家的成长和发展，只有研究课程计划的精髓并加以解读，才能追求和实现更高的发展目标。

1. 义务教育课程计划的构成

2001年，教育部印发的《义务教育课程设置实验方案》（以下简称《方案》）中课程计划的基本内容由培养目标、课程设置原则、课程设置及比例、课程设置的相关说明四个部分组成。以下是对此方案各部分内容的核心解读。

（1）培养目标。是指依据国家的教育目的和各级各类学校的性质、任务提出的具体培养要求。根据2001年教育部印发的《义务教育课程设置实验方案》，我国义务教育课程计划围绕“一个全面”“六个具有”的指导理念，充分体现社会主义核心价值体系和全面素质教育的培养，最终落实我国义务教育课程计划中“四有新人”的培养目标。

（2）课程设置的原则。为达到九年义务教育的培养目标，在课程设置中需围绕三项原则进行设置。其一，均衡设置课程。课程需根据德、智、体、美等全面发展的要求，均衡设置课程，各门课程比例适当，并可按照地方、学校实际和学生的不同需求进行适度调整，保证学生和谐、全面发展；依据学生身心发展的规律和学科知识的内在逻辑，义务教育阶段九年一贯整体设置课程；根据不同年龄段儿童成长的需要和认知规律，以及时代发展和社会发展对人才的要求，课程门类由低年级到高年级逐渐增加。其二，加强课程的综合性。注重学生经验，加强学科渗透。各门课程都应重视学科知识、社会生活和学生经验的整合，改变课程过于强调学科本位的现象。设置综合课程，一至二年级设品德与生活课；三至六年级设品德与社会课，旨在适应儿童生活范围逐步从家庭扩展到学校、社会，促使学生经验不断丰富以及社会性逐步发展；三至九年级设科学课，旨在从生活经验出发，让学生体验探究过程，学习科学方法，形成科学精神；一至九年级设艺术课，旨在丰富学生的艺术经验，发展感受美、创造美、鉴赏美的能力，提高审美情趣。增设综合实践活动，内容主要包括信息技术教育、研究性学习、社区服务与社会实践以及劳动与技术教育等。使学生通过亲身实践，发展收集与处理信息的能力、综合运用知识解决问题的能力以及交流与合作的能力，增强社会责任感，并逐步形成创新精神与实践能力。其三，加强课程的选择性。国家通过设置供选择的分科或综合课程，提供各门课程课时的弹性比例和地方、学校自主开发或选用课程的空间，增强课程对地方、学校、学生的适应性，鼓励各地发挥创造性，办出有特色的学校；在达到九年义务教育基本要求的前提下，农村普通中学试行“绿色证书”教育，形成有农村特点的学校课程结构。城市普通中学也要逐步开设职业技术课程等具有选择性和适应性的课程。

（3）课程设置。学校的主要任务是课程的顺序、课程的安排和教学计划的指导方针。其中，课程设置即课程门类，是选择学习内容的第一个级别，换句话说，即需要学习的领域是什么；课程比例决定教育各阶段（九年义务教育等）的合计时间和周时间，学习各科目的时间（百分比）。课程设置主要根据学生的身体和精神发育特征及知识之间的关系来决定系统性的课程。详细的课程设置与时间安排见表5-1。

表 5-1 义务教育课程设置及比例

<table>
<tr><td rowspan="2">项目</td><td colspan="9">年 级</td><td rowspan="2">九年课时总计（比例）</td></tr>
<tr><td>一</td><td>二</td><td>三</td><td>四</td><td>五</td><td>六</td><td>七</td><td>八</td><td>九</td></tr>
<tr><td rowspan="10">课程门类</td><td colspan="2" rowspan="3">品德与生活</td><td colspan="4" rowspan="2">品德与社会</td><td>思想品德</td><td>思想品德</td><td>思想品德</td><td>7%~9%</td></tr>
<tr><td colspan="3">历史与社会（或选择历史、地理）</td><td>3%~4%</td></tr>
<tr><td>科学</td><td>科学</td><td>科学</td><td>科学</td><td colspan="3">科学（或选择生物、物理、化学）</td><td>7%~9%</td></tr>
<tr><td>语文</td><td>语文</td><td>语文</td><td>语文</td><td>语文</td><td>语文</td><td>语文</td><td>语文</td><td>语文</td><td>20%~22%</td></tr>
<tr><td>数学</td><td>数学</td><td>数学</td><td>数学</td><td>数学</td><td>数学</td><td>数学</td><td>数学</td><td>数学</td><td>13%~15%</td></tr>
<tr><td></td><td></td><td>外语</td><td>外语</td><td>外语</td><td>外语</td><td>外语</td><td>外语</td><td>外语</td><td>6%~8%</td></tr>
<tr><td>体育</td><td>体育</td><td>体育</td><td>体育</td><td>体育</td><td>体育</td><td>体育与健康</td><td>体育与健康</td><td>体育与健康</td><td>10%~11%</td></tr>
<tr><td colspan="9">艺术（或选择音乐、美术）</td><td>9%~11%</td></tr>
<tr><td colspan="9">综合实践活动</td><td rowspan="2">16% ~20%</td></tr>
<tr><td colspan="9">地方与学校课程</td></tr>
<tr><td>周总课数/节</td><td>26</td><td>26</td><td>30</td><td>30</td><td>30</td><td>30</td><td>34</td><td>34</td><td>34</td><td>274</td></tr>
<tr><td>学年总时/节</td><td>910</td><td>910</td><td>1050</td><td>1050</td><td>1050</td><td>1050</td><td>1190</td><td>1190</td><td>1122</td><td>9522</td></tr>
</table>

注：1. 表格内为各门课的周课时数，九年总课时按每学年 35 周上课时间计算。

2. 综合实践活动主要包括信息技术教育、研究性学习、社区服务与社会实践以及劳动与技术教育。

（4）义务教育课程设置的有关说明，主要突出以下几个特点。其一，突出素质教育全面化。义务教育是学龄儿童和青少年必须接受的国家教育，必须由国家、社会和家庭依法予以保障。所以义务教育阶段的课程计划需结合各学科课程内容的特点，融合社会主义核心价值观，有机地开展思想道德教育，对中国人民进行优秀的文化教育和传统教育；《方案》中强调培养学生创新精神和实践能力，创新精神和实践能力是培养人才的时代要求。义务教育阶段的课程计划在深化民族内涵、技能培养、学生实践等方面提出了具体化要求，并在课程设置中潜在地进行了体现；由此为实现义务教育阶段的培养目标、学生各项素质的全面和谐发展提供良好的基础。其二，突出课程计划弹性化。义务教育课程计划的范围比普通教育计划的范围要广得多，它的培养目标和课程设置应该是面向中国的大多数学校、地区和学生的，省教育行政部门可以根据本省各地区（自治区、直辖市）社会、经济、文化发展的实际情况，制订特色方案。在义务教育阶段，各年级每周上课时数、各学年总课时数、九年总课时数和各科目的课时比例具有一定的灵活性，间隔时间可以根据教育部关于管理和发展地方及学校课程的指导方针，对省（自治区、直辖市）地方课程和校本课程提出具体要求，但需到教育部备案；民族学校、复式教学点、简易小学的课程设置由省教育行政部门独立确定；学校自主组织晨会、班组会议、科技文体等活动；具体内容由地方政府和学校根据教育部的有关要求自行制订或选择；课程计划的设计与相关指导方针的呈现证实了弹性化这一特点。其三，突出课程设置均衡化。此方案要求课程门类必须是完整的，一个类别不应优先于另一个类别，全面素质教育应该在课程容量上加以控制，小学、初高中大部分学科需进一步精简课程内容；英语一般从三年级开始；初中额外开设俄语语种；综合实践活动成为国家规定的必修课；此计划结合各门学科的特点做了相应的调整和改进，旨在促使课程在设置和安排上科学性与均衡性的特点。

学校课程计划是指根据国家和地方课程计划的要求，结合学校实际，对学校课程进行总体规划和总体布局。校本课程计划不仅是国家和地方课程计划在学校的实施，更是学校教育理念和培养目标的具体体现。在学校一级的课程计划中往往包括若干文件。如校本课程计划包括学校性质、培养目标、教学目标与任务、课程内容与结构、教学进度安排、课时比、教学效果评价等相关内容的制订。学校课程计划的制订首先要满足当前社会、经济、技术、文化等发展需要，其次满足学校课程的基本内容和形式以及学校自身的课程资源开发情况等，最后也是最核心的，根据学生的学习需求和需要，在学习时间、学习内容和学习安排进行不断调整。具体依据参照以下制订课程计划的影响因素和基本原则。①

2. 制订学校课程计划的影响要素

成立学校课程计划制订委员会是编制学校课程计划的基本保证。委员会一般由校长牵头，成员有学校管理人员、教师代表、学生代表、学生家长代表以及社区人士代表等与学校有密切关系的人员。

第一，分析国家教育相关政策。一个国家的课程政策决定着这个国家的课程特点，它从宏观的角度规定了课程的理念和路线。课程教学计划以教学大纲、人才培养方案为依据，是课程标准和课程教学设计的有机结合和发展创新，在编写前要通读本专业的顶层教学文件，如人才培养方案、教学计划、训练大纲等，总体培养目标一定要保持一致。另外，还要熟悉本课程近三年使用的课程标准、课程教学设计方案、课程考核改革实施方案等，要保持教学内容具有一定的传承性，主次要分明，改革要张弛有度。

第二，分析地方课程政策和课程发展需求。包括分析学校课程历史，要分析和把握学校课程目标、课程结构变革以及课程实施变迁，这样才能有针对性地对学校课程进行设计。地方的课程发展要求主要关注学校所处的地方的社会需要，关注的是特殊的、个性的课程问题。课程不仅要为实现国家的意志服务，也应为地方的政治、经济、文化和社会的发展服务。学校课程计划的设想是与学校办学理念、培养目标密切相关的课程愿景。课程计划设想的基本内容由学生培养目标、教师发展指向、课程建设目标、课时安排与课程比例等方面组成。形成学校课程计划草案后，要向学校管理人员、教师、学生、课程专家(高校或教研部门)、教育行政部门、学生家长以及社区人士等征求意见。根据征求得到的意见，反复修改课程计划，并征求多方意见，形成学校课程计划的完整方案。学校课程计划的审议是一个严肃的过程。学校课程计划反复修改后，由学校课程计划制订委员会提请学校教职工代表大会审议通过。

---

① 王本陆．课程与教学论［M］．北京：高等教育出版社，2017：53-55.

第三，分析课程本身的哲学。学校的课程哲学主要体现为学校的课程使命、核心课程价值观和课程愿景，这三个方面的内容是相互关联、有机结合的。[①] 它们又具体地蕴含于校训、学生形象、教师角色、课程组织与制度和课程发展定位之中。

第四，分析学生发展的需求。学生的发展需求是根据学生的年龄水平、已有的知识结构、行为素养所确定的能够保证其长远发展目标得以实现的需要和要求。课程计划的编制者不仅要决定课程是否纠正或扩展学生的观念，还要决定学生可用于理解新材料的资源。[②]

第五，分析教师的课程实施能力。这种课程实施能力包括认清整体的课程任务，明确课程的实施标准，把握学校的课程需要，做出合理的实施对策，具有基本的操作技能等。其中，教师实施课程的能力是学校课程计划顺利落实、学校课程质量得以提升的重要保障。

3. 制订学校课程计划的基本原则

其一，坚持整体性原则，课程计划需要有系统思维和全局意识，将全校工作看作一盘棋，加强统筹考虑；要使各年级课程相互衔接、统筹安排，突出时间上的整体性；要对各学科之间协调安排，突出学科间的整体性与一致性。课程计划是一个整体，不能存在“阴阳”课程表，不能人为地造成课程开不全、课时开不足的现象。其二，坚持基础性原则，中小学课程科目应以基础学科为主，在学时安排上优先保证基础学科。在此基础上，合理安排学校的拓展深化课程，为学生的发展创造更多机会。学校不能为表面花哨或新潮另类而削弱基础学科的核心地位。其三，坚持开放性原则，在课程计划编制中，要保留必要的机动课时，为学校留有一定的空间；学校要设置一些选修科目供学生选择。另外，课程计划在开设学年、学期安排等方面也要保留可能的调整空间。学校要积极发挥家长和社会组织机构的作用，吸引他们参与学校课程的开发与实施。

（四）课程计划的地位和作用

课程计划与国家教育。国家制订的课程计划构想，是课程政策具体的、制度化了的载体，是承载课程政策信息的有形文件，是落实课程政策主要精神理念的重要渠道。规定了不同课程类型相互结构的方式，也规定了不同课程对管理和学习方式的要求及其所占比例，同时，学校的教学、生产劳动、课外活动等方面作出全面安排，具体规定学校应设置的学科、学科开设的顺序及课时分配，并对学期、学年、假期进行划分，是组织学校活动的基本纲领和重要依据。

课程计划与学校教育。学校依据国家课程计划大纲对学校指导思想、教学目标、教学方法和措施等方面进一步加强落实，基本都由课程计划所确定。就课程计划对学生发展的意义而言，学校通过共同课程的设置、实施和评价，设计学生基本的学习经历，形成群体学生的共同基础；学校通过选择性课程的设置、实施和评价以及教学组织形式的多样化和学习过程的个性化，来发展学生的不同基础，实现因材施教。学校课程计划是学校文化和办学特色的具体体现；校本课程是社会认识学校、学校展现自我的窗口；课程的制订、总结、评价、反思和完善，是学校实现可持续发展的良好保证。

---

① 李宝庆．新课程背景下的学校教育哲学变革［J］．教育发展研究，2008（18）：6.

② 乔治·J·波斯纳，艾伦鲁德尼茨基．学程设计：教师课程开发指南［M］．赵中建，等译．上海：华东师范大学出版社，2010：81.

课程计划与教师教学。课程计划是制订学科课程标准、编撰教科书和其他教学材料的依据，对教师专业成长来说，不同的课程计划将会带来不同的课堂效果，老师制作课程计划目的是为了更好地处理课堂上可能出现的各种问题，每一位老师都非常注重课堂上与学生之间的互动和交流，因此，课上老师也会根据学生的反应而相应地改变课程计划的步骤，这也有助于不断促进教师的专业成长。

二、课程标准

（一）课程标准的含义

课程标准自我国2001年实验版《义务教育数学课程标准》中所使用的术语一直为教学大纲，随着课程改革和实验版的颁布才逐步改称为课程标准，课程标准与教学大纲相比，分别在课程的基本理念、课程目标、课程内容、课程实施建议等几部分阐述得详细、明确，特别是提出了面向全体学生学习的基本要求。

王本陆（2017）研究表明，课程标准是关于一个课程科目的内容选择组织及其教学进程安排的指导文件，发挥着教学工作的“组织者”作用，可以确保不同的教师有效、连贯、目标一致地开展教学工作。[①] 编写课程标准是开发课程的重要步骤，需根据课程计划或课程方案的课程设置或课程框架，将培养目标或课程目的具体化为分门别类的学习领域或具体课程标准，进而选择和确定其内容或学习经验范围，并提出实施策略和评价建议，最终编制出课程标准文件。课程标准的结构，一般包括总纲和分科课程标准两部分。总纲规定学校教育的总目标、学科的设置、各年级各学科每周教学时数表和教学通则等。分科课程标准规定着各门课程的课程性质、基本理念、设计思路、课程目标、课程内容、实施建议等相关内容。

课程标准是编写教科书、教学、评估和考试方案的基础，也是国家、地方和学校管理评估课程的基础，反映了国家、地方和学校学生在道德、智力、身体发展的不同阶段的全面发展，以及美学方面的基本要求。

（二）课程标准的特点

课程标准为特定课程科目的教学活动和评估活动提供了基于原则的要求。教师应充分理解课程标准的意图和规则，结合实际，创造性地实现课程标准提出的课程目标。其基本特点包括：

（1）**导向性**。课程标准对教材、教学和评价具有重要的指导意义，它规定了学生在某些方面或领域必须具备的基本素质要求，是教材的出发点和归宿。[②] 课程标准对教学和评估具有重要的指导作用，也是教材编写、教学实践和学生评价的依据、参考和尺度。换句话说，课程标准作为一个高层次的概念，占据主导地位，而教材编写、教学实施和学生评价则是子概念，处于从属地位，即课程标准不同级别的实施与规范。[③]

（2）**标准性**。课程标准规定了课程的内容构成和学习要求。作为判断学生学业水平的基本标准，义务化地统一在一起。其他领域和级别必须以课程标准为基础，以确定该领域

① 王本陆．课程与教学论［M］．北京：高等教育出版社，2017：55-57.

② 王本陆．课程与教学论［M］．北京：高等教育出版社，2017：55-56.

③ 全国十二所重点师范大学联合编写．教育学基础［M］．3版．北京：教育科学出版社，2014：172.

的目标、内容和方法。教学质量和整体教学效果是衡量教师教学质量和学生学习的基本标准。

（3）**专业性。**课程标准的制订是一项严肃的专业技术工作，一般由学科专家或相关领域的课程专家制订和修订，经相关学术和行政评审后颁布实施。学校教学工作指导委员会应当邀请有关专家对课程标准草案进行审查，确定为试行专业课程标准。课程标准对具体课程的教学活动和学科评价活动提出了原则性要求，教师应深刻理解课程标准的意图和规定，结合实际创造性地实现课程标准提出的课程目标，反映职业教育课程对学生素质、知识和能力的基本要求，体现课程教学目标的针对性、教学内容的衔接性和教学方法的适用性。

（三）课程标准的构成

课程标准由前言、课程目标、课程内容、实施建议以及附录构成。下面以《义务教育数学课程标准（2022 年版）》为例说明课程标准的构成。

1. 前言

课程标准的前言主要界定课程的性质、基本理念和课程设计思路组成，以帮助教师了解和掌握该课程的基本信息，明确该课程在整个学科体系与学生成长中的价值、意义与作用。

2. 课程性质

课程性质是客观认识课程的表现形式，反映的是课程与学生发展之间的联系。《义务教育数学课程标准（2022 年版）》（以下简称《数学课标》）强调数学是研究数量关系和空间形式的科学。数学作为对于客观现象抽象概括而逐渐形成的科学语言与工具，不仅是自然科学和技术科学的基础，而且在人文科学与社会科学中发挥着越来越大的作用。义务教育阶段的数学课程是培养公民素质的基础课程，具有基础性、普及性和发展性，以上是数学课程的基本属性。

3. 课程基本理念

在《义务教育数学课程标准（2001 年版）》实验稿中，对数学的课程的理念有这样的描述："人人学有价值的数学，人人都能获得必需的数学，不同的人在数学上得到不同的发展。"随着学者研究发现，对于"有价值""必需"这两个关键词很难得到区分和界定，所以在不同声音后，《数学课标》修订稿更加完整地进行了表述："人人都能获得良好的数学教育，不同的人在数学上得到不同的发展。"换句话说，什么是良好的数学教育？这个关键词在课标中有相当一部分内容围绕着来回答，良好的数学教育需要在教育教学中的各个维度加以体现，如课程内容、教师教学、学生学习等，这就需要重新审视课标的目标、内容，并在课堂教学实施中寻找切入点，以下是具体阐述。

课程目标。确立核心素养导向的课程目标。课程目标以学生发展为本，以核心素养为导向，进一步强调使学生获得数学基础知识、基本技能、基本思想和基本活动经验（简称"四基"）的获得与发展，发展运用数学知识与方法发现、提出、分析和解决问题的能力（简称"四能"），形成正确的情感、态度和价值观。

课程内容。《数学课标》中对数学学习的内容，包括课程内容的反映、组织与呈现上均进行了具体阐述。在课程内容的选择上保持相对稳定的学科体系，体现数学学科特征；

关注数学学科发展前沿与数学文化，继承和弘扬中华优秀传统文化；与时俱进，反映现代科学技术与社会发展需要；符合学生的认知规律，有助于学生理解、掌握数学的基础知识和基本技能，形成数学基本思想，积累数学基本活动经验，发展核心素养。在内容的组织上，重点是对内容进行结构化整合，探索发展学生核心素养的路径。重视数学结果的形成过程，处理好过程与结果的关系；重视数学内容的直观表述，处理好直观与抽象的关系；重视学生直接经验的形成，处理好直接经验与间接经验的关系。如小学数学三年级下册《小数的认识》这一课，在刚开始学习的时候学生缺乏对“小数”概念的理解，所以通过贴近学生实际生活，如超市购物时的价签，身高体重的计量等呈现方式帮助学生抽象出小数的概念，或是在《图形》的知识中把握直观物品与几何图形的关系，这样对教学内容的处理，才是对学生实施了良好课程内容的具体体现。

教师教学。有效的教学活动是学生学和教师教的统一，学生是学习的主体，教师是学习的组织者、引导者与合作者。换句话说，在教学中既要强调教师的启发作用和因材施教，又要强调学生的独立思考、主动探索、合作交流，两者不可偏废，是一种辩证的、统一的教学交互关系。在多所基础教育学校中以自学、互学、助学等进行授课的教学模式正是印证了两者之间良好的构建关系。

学生学习。学生的学习应是一个主动的过程，认真听讲、独立思考、动手实践、自主探索、合作交流等是学习数学的重要方式。接受学习外，动手实践、自主探索与合作交流同样是学习数学的重要方式。学生应当有足够的时间和空间经历观察、实验、猜测、计算、推理、验证、数据分析、直观想象等方法分析问题和解决问题等活动过程。学生是学习的主体，教师在教学实施中帮助学生创造自主的学习环境，能够有效地提升学习质量，现代数学课堂应该由数学活动所构建，学生才能有进一步产生交流和探索的意愿。

学习评价。评价的目标、主体应该是多元的。目标多元表示因材施教，不能只注重结果教学，除了分数还要对学习过程中学生的体验和感受进行评价。主体多元是近几年认识到教育中的，为注重学生的全面发展、核心素养的建设，多角度地了解学生学习过程和结果，能够有效激励学生学习和改进教师教学。

信息技术。良好的数学教育应该涉及与信息技术之间的关系，在新课标中有这样一段表述，根据实际情况合理地运用现代信息技术，能够丰富学习资源，有效地改进教与学的方式，计算机在活动中扮演了重要的作用，使用现代科学技术确实是科技发展的需要，但是信息技术的发展在提供良好硬件条件的同时，保证传统的教学手段发挥作用也同样重要，比如课堂中的板书与多媒体的配合使用。

此部分重点要明确课程性质、地位与基本理念，明确该课程的发展方向、承担的使命以及在整个学校课程体系中的地位，使教师正确把握数学教育的基本理念。只有正确且整体地把握这些基本理念的内涵，才能明确数学课程改革的基本方向，了解课程的整体设计思路，从而对教师“怎样教”和学生“怎样学”有一个基本的判断。

4. 课程设计思路

课程设计是指建立在分析与综合基础上的对课程深思熟虑的精心规划和预先制订。义务教育阶段数学课程的设计，充分考虑本阶段学生数学学习的特点，符合学生的认知规律和心理特征。比如，学段划分：为了体现义务教育数学课程的整体性，统筹考虑九年的课程内容。同时，根据学生发展的生理和心理特征，将九年的学习时间划分为四个学段：第一学段（1~2 年级）、第二学段（3~4 年级）、第三学段（5~6 年级）、第四学段（7~9 年级）。课程目标：义务教育阶段数学课程目标分为总目标和学段目标，课程目标的确定，立足学生核心素养发展，集中体现数学课程育人价值。数学课程目标包括结果目标和过程目标的语言表述两项原则，结果目标使用“了解、理解、掌握、运用”等术语表述，过程目标使用“经历、体验、探索”等术语表述。课程内容：包括“数与代数”“图形与几何”“统计与概率”“综合与实践”四个部分，其中，“综合与实践”内容设置的目的在于培养学生综合运用有关的知识与方法解决实际问题。在课程设计部分，“新课标”的基本理念中发展学生的核心素养是关键，而大概念理念的施行是核心素养达成的基础，培养学生的问题意识、应用意识和创新意识，积累学生的活动经验，提高学生解决现实问题的能力。① 在数学课程中，应当注重发展学生的数感、量感、符号意识、运算能力、几何直观、空间观念、推理意识、数据意识、模型意识的数学核心素养，为了适应时代发展对人才培养的需要，数学课程还要特别注重发展学生的应用意识和创新意识。

（四）课程目标与内容

课程目标是课程本身要实现的具体任务和意图。它规定了某一教育阶段的学生通过课程学习以后，在发展品德、智力、体质等方面期望实现的程度。它是确定课程内容、教学目标和教学方法的基础，具有整体性、阶段性、持续性、层次性、递进性和时间性等特点。

1. 数学课程目标的总要求

突出“培养学生创新精神和运用到生活中的实践能力”的改革方向和目标价值取向。对于总体目标可以从三个方面来把握。第一，学生数学学习的基本要求中提出了“四基”（即基本知识、基本能力、基本思想、基本活动经验）是对学生思维发展和能力的要求。第二，数学学习离不开思维，比如推理、抽象都需要数学思维，那么怎样培养学生的数学思维？为了培养小学生数学思维，《数学课标》总目标的第二条提出运用数学思维发展学生“四能”（即发现问题、提出问题、分析问题、解决问题的能力）。第三，在情感态度价值观方面从对数学产生兴趣到养成良好的数学学习习惯和科学探究精神，从低到高的阐述学生情感价值观的成长目标，良好的情感价值观目标能够有效地增强学生学习数学的动力和意志。根据总目标理念，分别对应知识技能、过程方法、情感态度结合课程内容和整体学生的学情（学段划分）加以阐述，具化对学生数学课程学习后的成长要求和目标期望。

2. 数学课程内容的具体阐述

课程内容主要规定课程的内容构成及其掌握要求。这一部分按照学习领域、主题或目标要素，阐述学生在不同阶段应实现的具体学习目标。对于学生的学习结果，用尽可能清晰的、便于理解及可操作的行为动词进行描述。两个学段之间的内容，呈现螺旋上升的编排方式。具体内容如下：

① 王本陆．课程与教学论［M］．北京：高等教育出版社．2017：55-57.

第一学段（1~2 年级）

一、数与代数

1. 数与运算

（1）在实际情境中感悟并理解万以内数的意义，理解数位的含义，知道用算盘可以表示多位数。

（2）了解符号<，=，>的含义，会比较万以内数的大小；通过数的大小比较，感悟相等和不等关系。

（3）在具体情境中，了解四则运算的意义，感悟运算之间的关系。

（4）探索加法和减法的算理与算法，会整数加减法。

（5）探索乘法和除法的算理与算法，会简单的整数乘除法。

（6）在解决生活情境问题的过程中，体会数和运算的意义，形成初步的符号意识、数感、运算能力和推理意识。

2. 数量关系

（1）在简单的生活情境中，运用数和数的运算解决问题，能解释结果的实际意义，形成初步的应用意识。

（2）探索用数或符号表达简单情境中的变化规律。

二、图形与几何

图形的认识与测量

（1）通过实物和模型辨认简单的立体图形和平面图形，能对图形分类，会用简单图形拼图。

（2）结合生活实际，体会建立统一度量单位的重要性，认识长度单位米、厘米。能估测一些物体的长度，并进行测量。

（3）在图形认识与测量的过程中，形成初步的空间观念和量感。

三、统计与概率

数据分类

会对物体、图形或数据进行分类，初步了解分类与分类标准的关系，形成初步的数据意识。

四、综合与实践

第一学段综合与实践的主题活动，涉及"认识货币单位，认识时间单位时、分、秒，认识东、南、西、北四个方向"等知识的学习，关注幼小衔接，帮助学生积累数学活动经验。

主题活动 1：数学游戏分享

在具体情境中，回顾自己在学前阶段经历的与数学学习相关的活动，唤起数学学习感性认识和学习经验，激发进一步学习数学的兴趣，尝试运用与数学学习相关的词语，逐步养成学习数学的良好习惯。

主题活动 2：欢乐购物街

在实际情境中认识人民币，能进行简单的单位换算，了解货币的意义，具有勤俭节约的意识，形成初步的金融素养。

主题活动 3：时间在哪里

在生活情境中认识时、分、秒，结合生活经验体会并述说时间的长短，了解时间的意义，懂得遵守时间。

主题活动 4：我的教室

在日常生活情境中，会用上、下、左、右、前、后描述物体的相对位置；认识东、南、西、北四个方向。形成初步的空间观念。

主题活动 5：身体上的尺子

运用学过的测量长度的知识，发现自己身体上的一些“长度”，利用这些“长度”作为单位，测量空间或其他物体，积累测量经验，发展量感。

主题活动 6：数学连环画

结合自己的生活，运用学过的数学知识记录自己的经历，或述说一个含有数学知识的小故事，表达对数量关系的理解，感受数学知识与现实生活的联系。

第二学段（3~4 年级）

一、数与代数

1. 数与运算

(1) 在具体情境中，认识万以上的数，了解十进制计数法；探索并掌握多位数的乘除法，感悟从未知到已知的转化。

(2) 结合具体情境，初步认识小数和分数，感悟分数单位；会同分母分数的加减法和一位小数的加减法。

(3) 在解决简单实际问题的过程中，理解四则运算的意义，能进行整数四则混合运算。

(4) 探索并理解运算律（加法交换律和结合律、乘法交换律和结合律、乘法对加法的分配律），能用字母表示运算律。

(5) 会运用数描述生活情境中事物的特征，逐步形成数感、运算能力和初步的推理意识。

2. 数量关系

(1) 在实际情境中，运用数和数的运算解决问题；在解决实际问题的过程中，能结合具体情境，选择合适的单位进行简单估算，体会估算在生活中的作用。

(2) 能借助计算器进行计算，解决简单的实际问题，探索简单的规律。

(3) 在具体情境中，认识常见数量关系：总量=分量+分量、总价=单价×数量、路程=速度×时间；能利用这些关系解决简单的实际问题。

(4) 能在具体情境中了解等量的等量相等。

(5) 能解决生活中的简单问题，并能对结果的实际意义作出解释，经历探索简单规律的过程，形成初步的模型意识和应用意识。

二、图形与几何

1. 图形的认识与测量

(1) 结合实例认识线段、射线和直线；体会两点间所有连线中线段最短，知道两点间距离；会用直尺和圆规作一条线段等于已知线段；了解同一平面内两条直线的位置关系。

(2) 结合生活情境认识角，知道角的大小关系；会用量角器量角，会用量角器或三角板画角。

(3) 认识长度单位千米，知道分米、毫米；认识面积单位厘米、分米、米。能进行简单的单位换算；能恰当地选择单位估测一些物体的长度和面积，会进行测量。

(4) 认识三角形和四边形，会根据图形特征对三角形和四边形进行分类。

(5) 结合实例认识周长和面积；探索并掌握长方形、正方形的周长和面积的计算公式。

(6) 能根据具体事物、照片或直观图辨认从不同角度观察到的简单物体。

(7) 在图形认识与测量的过程中，增强空间观念和量感。

2. 图形的位置与运动

(1) 结合实例，感受平移、旋转、轴对称现象。

(2) 在感受图形的位置与运动的过程中，形成空间观念和初步的几何直观。

三、统计与概率

数据的收集、整理与表达

(1) 经历简单的数据收集和整理、描述和分析的过程，了解简单的收集数据的方法，会呈现数据整理的结果。

(2) 通过对数据的简单分析，感受数据蕴含着信息，体会运用数据进行表达与交流的作用。

(3) 认识条形统计图，会用条形统计图合理表示和分析数据。

(4) 能读懂报纸、电视、互联网等媒体中的简单统计图表。

(5) 探索平均数的意义，能解决有关的简单实际问题。

(6) 能在简单的实际情境中，合理应用统计图表和平均数，形成初步的数据意识和应用意识。

四、综合与实践

第二学段综合与实践的主题活动，涉及“认识年、月、日，认识常用的质量单位，认识方向”等数学知识的学习，在活动中综合运用数学和其他学科知识解决问题。

主题活动 1：年、月、日的秘密

知道 24 时记时法；认识年、月、日，知道它们之间的关系；能运用年、月、日的知识解释生活中的问题，提高初步的应用意识，了解中国古代如何认识一年四季，了解中华优秀传统文化。

主题活动 2：曹冲称象的故事

以“曹冲称象”故事为依托，结合现实素材，感受并认识克、千克、吨，以及它们之间的关系，感受等量的等量相等，发展量感和推理意识，积累数学活动经验。

主题活动 3：寻找“宝藏”

在生活情境中，认识东北、西北、东南、西南四个方向，了解“几点钟方向"，会描绘物体所在的方向，发展空间观念。

主题活动 4：度量衡的故事

知道中国在秦朝统一了度量衡，指导学生查阅资料，理解度量衡的意义，知道最初的度量方法都是借助日常用品，加深对量和计量单位的理解，丰富并发展量感。

第三学段（5~6 年级）

一、数与代数

1. 数与运算

（1）知道 2，3，5 的倍数的特征，了解公倍数和最小公倍数，了解公因数和最大公因数，了解奇数、偶数、质数（或素数）和合数。

（2）结合具体情境探索并理解小数和分数的意义，感悟计数单位；会进行小数、分数的转化，进一步发展数感和符号意识。

（3）结合具体情境理解整数除法与分数的关系。

（4）能进行简单的小数、分数四则运算和混合运算，感悟运算的一致性，发展运算能力和推理意识。

2. 数量关系

（1）根据具体情境理解等式的基本性质。

（2）在解决实际问题的过程中，会选择合适的方法进行估算。

（3）在具体情境中，探索用字母表示事物的关系、性质和规律的方法，感悟用字母表示的一般性。

（4）在实际情境中理解比和比例以及按比例分配的含义，能解决简单的问题。

（5）通过具体情境，认识成正比的量；能探索规律或变化趋势（如 $y=5z$）。

（6）能运用常见的数量关系解决实际问题，能合理解释结果的实际意义，逐步形成模型意识和几何直观，提高解决问题的能力。

二、图形与几何

1. 图形的认识与测量

（1）知道三角形任意两边之和大于第三边；知道三角形内角和是 180°。

（2）认识圆和扇形，会用圆规画圆；认识圆周率；探索圆的周长和面积计算公式，能解决简单的实际问题。

（3）知道面积单位千米、公顷；探索并掌握平行四边形、三角形和梯形的面积计算公式；会估计不规则图形的面积。

（4）通过实例了解体积（或容积）的意义，知道体积（或容积）的度量单位，能进行单位之间的换算；体验不规则物体体积的测量方法。

（5）认识长方体、正方体和圆柱，了解这些图形的展开图，探索并掌握这些图形的体积和表面积的计算公式，认识圆锥并探索其体积的计算公式，能用这些公式解决简单的实际问题。

（6）对于简单物体，能辨认不同方向（前面、侧面、上面）的形状图。

（7）在图形认识与测量的过程中，进一步形成量感、空间观念和几何直观。

2. 图形的位置与运动

(1) 能根据参照点的方向和距离确定物体的位置；会在实际情境中，描述简单的路线图。

(2) 能用有序数对（限于自然数）表示点的位置，理解有序数对与方格纸上点的对应关系。

(3) 了解比例尺，能利用方格纸按比例将简单图形放大或缩小。

(4) 能在方格纸上进行简单图形的平移和旋转；认识轴对称图形和对称轴，能在方格纸上补全简单的轴对称图形。

(5) 能从平移、旋转和轴对称的角度欣赏生活中的图案，能借助方格纸设计简单图案，感受数学美，形成空间观念。

三、统计与概率

1. 数据的收集、整理与表达

(1) 根据实际问题需要，经历数据收集、整理和分析的过程，能合理述说数据分析的结论。

(2) 认识折线统计图、扇形统计图；会用条形统计图、折线统计图呈现相关数据，解释所表达的意义。

(3) 能从各种媒体中获得所需要的数据，读懂其中的简单统计图表。

(4) 结合具体情境，探索百分数的意义，能解决与百分数有关的简单实际问题，感受百分数的统计意义。

(5) 在简单的实际情境中，应用统计图表或百分数，形成数据意识和初步的应用意识。

2. 随机现象发生的可能性

(1) 通过实例感受简单的随机现象及其结果发生的可能性。

(2) 在实际情境中，对一些简单随机现象发生可能性的大小做出定性描述。

四、综合与实践

第三学段综合与实践包括主题活动和项目学习，涉及“了解负数”等数学知识的学习，在活动中综合运用数学及其他学科知识解决问题，提高应用能力。

主题活动1：如何表达具有相反意义的量

在熟悉的情境中了解具有相反意义的数量，知道负数在情境中表达的具体意义，感悟这些负数可以表达与正数意义相反的量，进一步发展数感。

主题活动2：校园平面图

在实际情境中，综合应用比例尺、方向、位置、测量等知识，绘制校园平面简图，标明重要场所；交流绘制成果，反思绘制过程，形成初步的应用意识和创新意识。

主题活动3：体育中的数学

收集重大体育赛事的信息、某项体育比赛的规则、某运动员的技术数据等素材，提出数学问题，设计问题解决方案；在问题解决的过程中，形成发现、提出、分析、解决问题的能力。

项目学习1：营养午餐

调查了解人体每日营养需求，几类主要食物的营养成分，感受合理膳食的重要性；调查学校餐厅或自己家庭一周午餐食谱的营养构成情况，提出建议；开展独立活动或小组活动，设计一周合理的营养午餐食谱；形成重视调查研究、合理设计规划的科学态度。

项目学习2：水是生命之源

调查了解生活中人们使用淡水的习惯及用量，结合淡水资源分布、中国人均淡水占有量、城市生活用水的处理等信息，发现、提出并解决问题；制订校园或家庭节水方案，尝试设计节水工具或方法，提高环保意识，形成初步的应用意识和创新意识。

3. 实施建议

为了确保课程标准能够具体实现，减少中间环节的“落差”，需要在课程标准中提供推广或实施这一标准的建议，主要包括教学建议、评价建议、教材编写建议、课程资源的开发与利用建议等。重点理解教科书编写指导思想、教材编写建议，以及理解课程资源的呈现方式。同时，要求在容易误解的地方或陈述新出现的重要内容重点解读。

4. 附录

各学科课程标准中还附加了“附录”部分，阐述有关各学科课程实施应注意的一些问题以及教学建议。

（五）课程标准的解读

研读课程标准的目的在于更好地理解具体课程（科目）的教育取向、学科特点、内容结构与实施原则，从而整体把握这一课程。通过研读课程标准，可以明确教学的方向、要点和基本策略。在微格教学、教学见习、教学实习等实践性教学环节，均应积极运用课程标准，努力把对课程标准的理论学习转化为行为操作。系统了解课程标准的精神和内容，是教师做好教学工作的重要基础。课程标准是教材编写、教学和考试命题的依据，作为一个未来的人民教师，需进一步理解和把握课程标准。

新修订的《2022年中国义务教育课程标准》对教育领域的发展起到了重要作用，为教育领域的发展提供了新的思路和方向，并在各个领域提供了具体的教育方向。在一定程度上实现了学生的全面发展，优化了各部门的教育质量，为我国教育领域的全面发展提供了强大的动力。①

第二节 教学内容

长期以来，人们总是将教材和教学内容等同起来，这种理解是片面的。教科书只是形成教育内容的“传达者”，作为具有实际效果的教学内容，与教材的特性确有差异。

一、教学内容的含义

在原始社会，在学校建立之前，成人教育孩子们的生产经验和群体生活的风俗习惯，可以说是第一个教学内容。随着社会的发展，文字创作、学校的出现，教学内容不断丰富

① 郭延香．德育·能力·创新·减负·审慎——解读义务教育新课程标准［J］．中学数学，2021（18）：62-63.

和综合，形成了一个系统。学习内容是学习与学习互动过程中有意提供的主要信息，一般包括课程标准、教材和课程等。在新课程背景下，基于生成性学习的概念，人们对教育内容有了新的认识。广义的课程与教学内容是指各门学科中特定的事实、观点、原理和问题，以及处理它们的方式，它是在一定的教育价值观及相应的课程与教学目标指导下对学科知识、社会生活经验或学习者的经验中对有关知识经验的概念、原理、技能、方法、价值观等的选择和组织而构成的体系。① 中国把规定教学内容的文件称作课程计划、课程标准和教科书，它们是教学内容的具体化。狭义的教学内容则需要根据教材内容这一概念进行界定，教材内容是课程内容的现实化、具体化和物态化，同时也是教师根据课程目标和教学实际进行方法化处理，形成具体教学设计的依据，而教学内容则是教学过程中同师生发生交互作用，为达成教学目标，依据教材内容而动态生成的所有素材及信息。

二、教学内容的选择

人类社会积累的知识和经验浩如烟海，仅现有的学科门类就有数千门之多，而学生所能掌握的学科门类以及各门学科的内容都是极其有限的，所以课程与教学内容必须经过严格的、精心的选择。了解影响教学内容的选择因素是选择教学内容的基本条件，主要包括社会发展需要、受教育者的身心发展水平和知识本身。

（一）教学内容选择的影响因素

1. 从社会发展需要出发

学生个体的发展总是与社会的发展交织在一起。教育面对的不仅仅是学生当前的生活，还应该考虑学生未来生活的需要。社会发展催生了教育的需要，教学内容在选择上必须遵循这一本质，社会的成长催生了很多生产力和生产关系的变化，教学内容需要顺应社会发展的变化，同时，相对应的教学内容能够帮助学习者了解民主社会的真义，从而更好地担负起社会中的个人责任，促进社会发展。所以在教学内容中需要注重社会现状和了解社会问题。比如以小学数学中五年级《可能性》这一部分的教学内容，在教师设计和实施中可配合“今天黑龙江地区的降水概率为60%”“这场足球赛，巴西队赢的可能性比较大”“坐火车旅游比较安全”等生活与数学结合的社会信息，能够有效帮助学生了解日常生活中不确定的信息和现象，同时学会用统计与概率相关知识进行观察，从而根据信息做出决策，帮助学生更好地融入和适应社会，并且有助于学生形成辩证科学的世界观与方法论，尤其社会发展处于以信息和技术为基础环境中，学生学习数学知识、应用数学知识，以实现融入社会和创造社会为目的才是选择教学内容的前提条件。因此，在选择课程内容时就必须要考虑现实社会与未来社会的需求，使学生在未来的社会生活中能有所作为。

2. 从学生实际出发

教师应根据学生的认知水平、心理特征、学习规律选择教学内容。基于学生的认知水

① 钟启泉，汪霞，王文静．课程与教学论［M］．上海：华东师范大学出版社，2008：68-79.

平，课程的基本目标就是促进学生的发展，因此，课程内容的选择必须考虑学生本身的情况，以学生的认知水平为研究的依据。现代儿童心理学和发展心理学研究表明，不同年龄段的儿童具有不同的身心发展水平，在记忆、思维、想象和语言方面具有不同的特点。也就是说，儿童的心理发展具有一定的阶段性特征。例如，与成年人相比，儿童在感官记录的特征和功能方面都较低，成年人在感觉记录中使用顺序编码策略，将感觉记录信息及时转移到短期记忆中。在某种程度上，这些心理学研究为课程内容选择的能力、深度和广度提供了科学依据。原有的经验加上新学的语言知识可以挑战原有的知识能力，构建新的知识能力。斯宾塞、博比特认为，任何能够促进各种生活活动的教育计划和内容都是社会上有效的内容，即教学中有用的内容。这一原则的特点虽然注意个人生活的要求，但容易忽视学习者现在的性格、关心和要求，忽视社会发展的要求和社会应该指向的方向。基于学生的心理特征，课程面向学生，课程内容的选择必须考虑学生的兴趣和需要。无论课程内容的选择、设计和实施如何，最终目标都是最大限度地发挥学生的潜能。因此在选择内容时，如果所选课程的内容不能被学生所吸收，则会失去其价值和意义。相反，课程内容的选择关注和满足学生的需求，则有助于学生更好地吸收和掌握课程内容，促进学生的学习乐趣，激发学生的学习热情，使他们能够专注于学习者当前的兴趣和要求积极地学习。基于学生的学习规律，学生作为一种课程资源，带着自己原有的知识体验与思考，参与课堂活动，成为课堂教学不可分割的一部分，从而使课堂教学呈现出丰富性与生成性。

3. 从知识内容的内在逻辑出发

对知识内容内在逻辑分析的最好方法就是将教材内容系统化、结构化。教师在对教材内容系统化与结构化的过程中，会形成一个总体知识框架，进而从整体上把握课程知识内容，会对其知识的内在逻辑进行分析，即找到相关的知识链接，从而把握各个章节以及各知识点之间的联系。系统化、结构化的知识可以使教师更好地把握相关知识存在不同单元的背景，从而为教学内容的呈现顺序及呈现方式提供参考；可以使学生更为直观地认识知识内容的结构，进而帮助学生在新的情境中对知识的迁移。知识内容的内在逻辑特性强调课程与教学内容必须具有重要性、基础性，由浅入深，由简而繁，由古而今，前一学习内容应是后一学习内容的基础。知识的内在逻辑注重学科本身的系统性，注重文化的累积与传递，注重逻辑系统的安排，注重学术研究，但一味地强调知识逻辑容易导致另一极端，从而忽视学生的兴趣、需要、本性与发展的要求，忽视社会需要与方向。因此，知识内容的内在逻辑在内容选择上十分重要，但需客观地结合学生及社会的发展需要。

影响教学内容选择的因素。由于教育哲学观点、学生观及知识观的不同，因而其选择所依据的准则也是不同的。但是其中社会发展需要、受教育者的身心发展水平和知识本身是影响教学内容的基本因素。

（二）教学内容选择的基本环节

在理解教学内容选择与编排的理论基础、影响因素等问题的基础上，钟启泉等人概括地得出课程与教学内容选择的基本环节（或模式），包括以下几个部分，具体如表5-2所示。

表 5-2 课程与教学内容选择的基本环节①

基本环节	具体阐述
1. 确定课程与教学内容的价值观	确定课程与教学内容的价值观，其核心问题是回答："什么是受过教育的人。"培养目标是什么
2. 确定课程与教学的目标	课程与教学目标是教育目的和培养目标的具体化，也是课程与教学价值观的具体化，这是课程与教学内容选择的关键
3. 确定课程与教学内容的基本取向	课程与教学内容的基本取向主要包括学科的知识、当代社会生活的经验、学习者的经验三个方面，是注重一方还是三者并重？要处理好这三者之间的关系。这三者关系的认识与处理取决于特定的课程与教学价值观和学生观等
4. 确定课程与教学的编排原则	以什么方式编排课程与教学内容，如何排列才能符合学生的需要，符合教学规律，这是选择课程与教学内容的一个准则与要求
5. 确定具体的课程与教学内容	确定课程与教学内容，即确定与特定课程价值观和课程目标相适应的课程与教学内容要素，形成课程与教学内容的主要表征形式——教材

从基本环节上看，确定课程与教学内容的价值观中"受过教育的人"可以指向的概念有很多，包括指向素质水平较高的人、掌握占有和享受一定知识的人、学会学习的人、有主体性的人等。确定一定的培养目标及显现具体的教学目标后，用以选择学科知识、社会生活实践和学习者体验为核心的课程和教学内容，这里注意，教学内容的选择应体现发展性和现实性的结合，是一种关注学生特有文化、增进师生间互动性的一种生命活动，突出在教学设计中具有弹性化、教学形式生活化的特点，最后确定课程与教学内容显现在教材中供师生借鉴和学习。

三、教学内容的组织

学生选择的教学内容将在很大程度上影响教学目标和教学价值。因此，如何选择、组织和呈现教学内容也是课程和教学理论中需要关注和研究的重要问题。首先，明确课程与教学内容的组织与安排中课程与教学目标是选择和确定课程内容的重要依据，课程与教材的开发与实施是课程和教学内容的逐步实现和进一步的发展。因此，课程和教学内容的组织和选择是课程和教学开发设计的一项基础性工作，是课程开发和教育的基础性工作之一。

（一）教学内容的组织原则

教学内容采取何种组织形式进行编写，将直接影响课程内容结构的性质和形式。在编排教学内容时，需要遵循连续性、顺序性、整合性三项原则，才能使教师的教和学生的学产生良好的交互关系。

① 钟启泉，汪霞，王文静．课程与教学论［M］．上海：华东师范大学出版社，2008：79.

（1）**连续性**。连续性是指选出的各种课程内容要直线式地陈述，并且在不同学习阶段不断地予以反复叙述和“重提”，使学习者能够有机会反复地、连续地学习、练习与复习，避免遗忘。例如，对于数学学科整数运算部分的知识，一年级至六年级从 20 以内的运算到万以内的运算，其中的十进制和数位关系等共同性的数学算理知识在教学内容中反复地、不间断地进行重提与复习。

（2）**顺序性**。顺序性要求每一后继内容应以前面的内容为基础，同时又对前面的内容加以深化、拓展。例如，对于某些重要的可能内容，在教材各个部分重复涉及时，即后面出现的内容应该是在更高层次上进行探讨，而不仅仅是停留在同一水平的重复。顺序性原则与连续性高度相关，但又超越连续性，连续性原则过于强调同一水平的重复，容易制约学习者在理解、技能、态度等方面的深入发展。顺序性原则强调每一后续学习的课程内容应该建立在前面学习的内容基础之上，对课程内容要素做从已知到未知、从具体到抽象、从简单到复杂的处理。如整数运算中依次增加的新数位，就是在原有的知识水平基础上，增加知识的深度，提升整体的内容发展水平。

（3）**整合性**。整合性原则是指在课程内容各要素之间的横向联系或水平组织上寻求要素之间的内在联系，形成适当的关联，逐渐获得一种统一的观点，把各种要素整合为一个有机整体，从而克服分科所造成的课程内容支离破碎的状态，以提高学习的值、应用性和效率。整合性原则强调保持各种课程内容之间的横向联系，以便有助于学生获得一种统一观念，能够将看法、技能和态度统一起来，并且能将所学的内容整合进个体的行为中。例如整数运算中与实际生活问题的结合、与其他学科知识相结合、与数学其他部分知识相结合等。

（二）教学内容的组织方式

1. 直线式与螺旋式组织

直线式组织方式主要按照学科逻辑进行组织，对教科书的内容按照线性方式来排列，组织成一条在逻辑上前后直接联系的直线，前后的内容基本上不重复。由于人的身心有发展的阶段序列、学科知识有逻辑演进的序列、技能的形成有先易后难的序列，所以教科书内容就有直线式组织的必要。夸美纽斯早在 1636 年就指出，传统教育要按由简到繁的序列安排学习活动，这种传统教育提倡按照学术独特的逻辑顺序来组织教科书的内容，强调学术独特的逻辑顺序的安排。① 当然，按照学科系统和逻辑开展学习，具有能够提高学生学习效率，教师组织起来简单和上手快等优点，但是这种所谓的“合乎逻辑”的方法也并不完美，如这种完全按照学科逻辑，忽视学生认知和发展差异组织的教材，缺乏与孩子的现有经验的密切联系，很容易阻碍学生学习，学生学习缺乏本质动力，容易失去学习兴趣等。这是因为确切的逻辑形式实际上反映的是专家学者的工作。

螺旋式组织方式是指在不同单元或阶段，乃至同课程门类中，是课程内容重复出现、螺旋上升、逐渐扩大知识面，加深知识难度，即同一课程内容前后重复出现，前面的内容是后面内容的基础，后面内容是对前面内容的不断扩展和加深，且层层递进。螺旋式的知识是前者内容是后者内容的基础，后者是前者内容的不断扩展和深化。根据课程的目的，教科书的内容应在不同层次上重复。根据苏联教育家赞科夫的理论：“教师所讲的内容不

① 约翰杜威．我们的思维方式［M］．姜文民，译．北京：人民教育出版社，2005：66-67.

要原地踏步，而要不断呈现新的内容，使学生对教学内容保持较高的兴趣。”在布鲁纳看来，教科书内容的构成应该是螺旋式的，学生必须首先理解该学科的基本概念和原理，然后在后续的学习中迭代深化，直到学生掌握该学科的知识。这里列举一份小学数学螺旋式课程的教学内容编排的案例，小学数学教学内容共计划分为四个板块，包括数与代数、图形与几何、统计与概率、综合与实践，其中的数与代数又分为数与运算、数量关系等相关内容，每一单项的内容都随着年级的不同而呈现着螺旋式的编排的特点，以其中“数的认识”为例：

一上：20以内数的认识（含0的认识）
一下：100以内数的认识
二下：万以内数的认识
三上：分数的初步认识
三下：小数的初步认识
四上：大数的认识（亿以内数的认识）
四下：小数的意义和性质
五下：分数的意义和性质
六下：负数的认识

螺旋式课程组织与“逐步深入课程”课程的组织都是为让学生获得深刻的体验而设计的。希望通过这两种类型的课程安排，让学生体验到学习的乐趣，上述“数的认识”中“十进制”“计数单位”等相关知识是互通的，整数意义的学习为区分分数、小数、负数的意义学习提供了孕伏，满足螺旋课程的连续性和预先规定的特征，但是需要区别的是并非“一步一步”就一定为螺旋上升的课程。

组织教材内容的过程中，线性组织和螺旋组织各有利弊。优点是直线式避免了不必要的重复，可以逐步深化教学内容，螺旋式可以轻松考虑学生的认知特点，加深学生的理解和熟练程度。教科书的内容，就弱点而言，线性组织的弱点在于它不能帮助学生更深入地了解他们正在学习的内容，而螺旋组织的弱点在于它会导致学习内容速度减慢。教科书的内容是按照学科的内在逻辑编排，还是按照学生的心理秩序编排，是教育史上争论不休的问题。① 所谓学科逻辑，是指根据系统与学科本身的内在联系来组织教材内容，所谓心理秩序，是指根据学生心理的秩序和特点来编排教材内容，一般情况下需要结合教学目的不同加以选择。

2. 纵向与横向组织

所谓纵向组织，是指按照按纵向的发展将各种课程要素有序列地组织起来。主课内容呈直线排列，逐步重复和深化。例如，一些重要的课程内容应该在教科书的不同部分重复引用和强调，而不是在某些部分只出现一次。由于人的身心有一系列的发展阶段，学科知识有一系列的逻辑演化，有一系列简单而高难度的技能形成，所以有必要对教材的内容进行纵向组织。“顺序”是纵向组织原则的核心概念。例如，孩子在学习家乡后需要了解国家和外国的区别。

---

① 李森，陈晓瑞．课程与教学论［M］．北京：北京师范大学出版社，2015：77-78.

横向组织的原则是教科书内容的组织应打破传统的格式和结构，采用跨学科的方式组织教科书内容。也就是说，横向组织打破了固定学科和传统教材内容的界限，强调广度而不是深度，考虑知识的应用而不是知识的形式，通过整合将学科联系起来。课本内容与个人兴趣和需求、课程与校外经历和社会需求之间的关系。为了帮助学生掌握一个统一的概念，他们可以统一自己的观点、技能和态度，并将所学的知识融入个人的行动中。例如，当一个人遇到问题时，他可以将他在各个领域所学的知识联系起来，并综合运用。

应该承认，教材内容的纵横构成并不完全相反，在教科书的编辑过程中，两种方法各有优势，应合理使用。在杜威看来，教科书应该从学习者已经经历过的准备开始，利用学习者的本能需求和兴趣。对于年轻的学习者，教科书“应尽可能将学生的直接个人经验作为感知的基础，将新事物和事件与以前的经验在智力上联系起来。”如果教学一味地强迫孩子按照学科的逻辑系统去学习一般性和抽象性的知识，结果就是学科的知识脱离孩子的本能需求或兴趣，孩子很容易从现有的社会中被掏空，变得毫无用处。杜威所说的“教育中最大的浪费”是孩子在学校的时候，不能在学校里完全自由地利用在校外获得的经验，造成学校和生活隔离的现象。

（三）教科书内容的呈现

（1）**内容上融入生活**。教材内容在组织过程中应遵循生活原则。也就是说，教材的内容需要与社会习俗和学生的日常生活有机地联系起来。陶行知评价说，传统教科书不是编制，而是以“生活”为中心联系起来的，作为一个中心，这本教材应该非常便于教师讲解和学生聆听。因此，讲书、听书、读书等同于正规教育，占用大部分时间和空间。

（2）**呈现上利于知识建构**。课本呈现的内容应该更加开放和具有可塑性，避免面对绝对权威和绝对真理。教科书的内容不是让学生不加思索地被动接受的教条，而是为学生提供思考和分析的必要材料，向学生介绍该学科的知识。因此，教材的内容可以让学生提问、反思和批评，教材内容还应提供更多自由的问题和活动供学生思考和探索。探究活动的指导不需要在课本中详述，但学生自己制订计划和探索。但是，这并不意味着教科书就可以避免教学和支持学生的责任，相关的背景材料、提示和建议仍然需要，并且应该仔细设计。这样，学生就可以通过学习课本内容和自主探究活动来实现知识的自我构建。

（3）**语言上恰当与生动**。教材内容不仅要好，语言也要好。好词，最重要的是“有意义”的词。陶行知以20世纪20~30年代的汉语教材为例，对当时教材的部分内容进行了批判。另外，为教科书选择合适的语言，必须考虑该语言的“美”，“美”的语言必须简洁、诙谐、幽默和艺术。

教学案例

题目一：新课程出现了“三维目标”这样的提法，其中一条是“情感态度和价值观”。谈到这条目标，有老师认为“情感态度和价值观”其实就是过去谈到的“思想道德、文本的情感思想、社会价值观”，说白了，就是“文以载道”的“道”。而有的老师则认为这里的“情感态度价值观”，不单单是传统教学中的“道”，还应包括对学科本身的“知识特点、知识结构”的情感态度和价值认识。

问题：请结合课程标准的基本理念和课程目标的设计等内容谈一谈两种观点，你认同哪一种？并说明你的理由。

题目二：在一节数学课上，张老师准备给同学们讲授“三角形”这个概念。张老师走进教室，对同学们说：“同学们，今天我们要学习的内容是‘三角形’，那么什么是三角形呢?”说完，张老师拿出一块三角板，说：“这就是三角形，同学们观察一下，看看它有多少个角，几条边。”很快，同学们就算出了三角形有三条边，三个角。接着，张老师又问：“三角形的三条边是什么关系呢？提示一下啊，我们已经学过了直线与直线之间有两种关系：平行、相交。”“相交！”几位学生异口同声地说。张老师点头笑了，于是在黑板上写出了三角形的本质特征——“有三个角”和“有三条相互连接的边”，接着再导出三角形的定义。最后，张老师对同学们说：“现在我们已经学习了解了什么是三角形了，那么请同学们想一想在我们自己的家里有什么是三角形状的?”过了一会儿，林红首先站起来说“我家的旧自行车中间的架是三角形的。”接着，小冬也站起来……同学们争先恐后，课堂气氛更加活跃了。

在上述教学片段中，教学内容呈现了怎样的课堂组织形式，遵循了什么课程组织原则?

课后测验

1. 谈谈课程计划的发展趋势。
2. 请结合一门学科，谈一谈如何解读《课程标准》。
3. 分析教育内容的影响因素。
4. 分析教学内容的组织原则与方式。

第六章　课程组织与教学实施

章节概述

本章节结合课程组织中有关课程组织的含义、基本取向、课程类型对课程组织的基本理论知识进行探讨，学习本章节内容能够帮助学生理解教学内容编排方式及为后续的教学组织提供相关依据。本章节后一部分的内容是教学实施部分的内容，包括教学过程本质及规律、教学组织形式、教学模式、教学方法、教学手段等教学工作的基本环节内容。学习此部分内容，能够帮助理清教学实施的逻辑体系，进而更好地进行教学。

知识导图

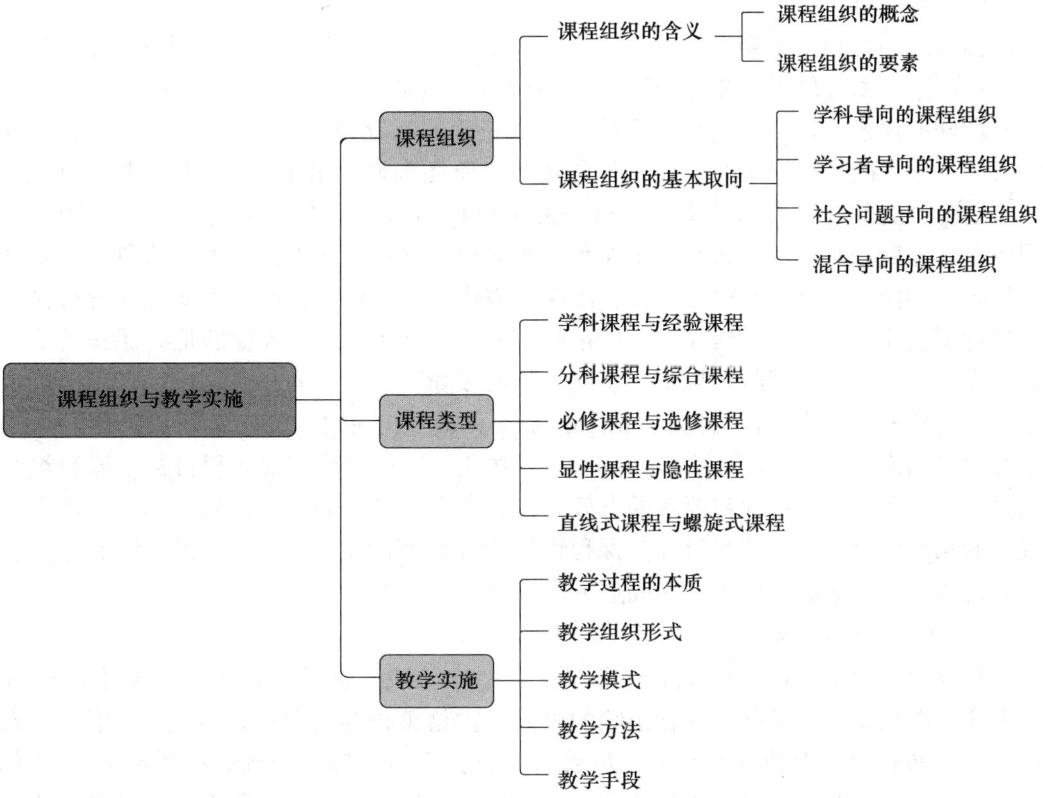

学习目标

1. 理解课程组织的概念及其要素。
2. 理解并区分不同的课程组织取向。

3. 理解并区分课程类型的含义、特点及其优缺点。

4. 理解教学过程的本质及规律。

5. 理解教学组织形式、教学模式、教学方法、教学手段等相关教学构成要素。

6. 能够在理解教学实施的相关要素的基础上，结合自身的教育教学工作经历或身边的教学案例进行反思，并不断尝试提升自己的教学能力。

第一节　课程组织

一、课程组织的含义

课程组织的形态是每一个时代的社会力量、有关人的发展理论、对学习本质的认识和有关知识本质的观念等这些课程基础共同作用的结果。课程内在要素的协调与统筹，能使课程内容的实施效果更加合理和高效。① 如果不加以组织，课程将是支离破碎、凌乱不堪、不易学习的，也难以产生教育意义。

（一）课程组织的概念

课程组织问题是由泰勒在“八年研究”及后来的实际工作中，将课程组织作为研制过程的一个环节，麦克默于1923年第一次系统地提出课程组织的含义：“用一种方式呈现这个世界最好的要素，以便激发儿童活动的自然正确的问题。”这时候课程组织的含义还在泛泛与学生学习的功能联系在一起，其含义的本质还未显露出来。② 国内对课程组织的研究起步较晚，受苏联教育思想影响，过分强调学科的独立属性，21世纪才逐步融入综合课程体系，随后一些学者正式开启了课程组织的探讨之路，其中，黄永和从科学范式转型的角度研究如何构建整体有机的课程，汪霞从现代与后现代比较的角度研究课程理论，安桂清进行了整体课程理论的研究。③ 虽角度不同，但最终产生一致性的是，课程组织的含义是指在一定教育价值观的指导下，将各种课程要素（curriculum element）合理地进行排列组合，妥善地组织成课程结构（curriculum structure），使之在动态运行中产生合力，增进学习效果的累积学习（cumulative learning）功能，以有效地实现课程目标。课程组织具有两种功能：其一是通过课程要素的有效安排，激发学习者的学习动机；其二是使学习产生最大的累积效果，达成课程目标。课程组织恰如智慧的“编织机”，将零散的课程要素编织成课程智慧的彩缎，以更好地促进人的发展。

（二）课程组织的要素

课程要素（curriculum elements）即课程的基本构成，也是课程组织的基本线索或脉络，因此，课程要素也可称为课程组织的要素。古德莱德等人曾打比方说：“组织要素可以比作一座高楼大厦中的钢筋结构，尽管看不见，但对大厦的强固是极为必要的。”④ 为了使各种学习机会联系起来，必须使这些学习机会之间有某些共同要素。要素是主线，是

---

① 钟启泉，汪霞，王文静．课程与教学论［M］．上海：华东师范大学出版社，2008：130-137.

② Lewy A. The International Encyclopedia of Curriculum Advances in Education［M］. New York：Oxford Pergamon Press，1991：342.

③ 刘亚楠．我国中学地理课程组织研究［D］．南京：南京师范大学，2014.

④ 钟启泉，汪霞，王文静．课程与教学论［M］．上海：华东师范大学出版社，2008：130-132.

课程组织的经和纬，需要把它们编织或组织在一起。

从课程目标上对课程组织要素进行划分，课程的组织要素通过教学内化为个体的学习结果，因此可划分为概念（concepts）、技能（skills）和价值观（values）三个方面。课程目标的认知领域目标对应概念要素，动作技能领域目标对应技能要素，情感领域目标对应价值观要素。

（1）**概念**。概念是指陈述具有共同特征的事、物或理念的名词。概念是人脑对客观事物共同的本质特征的反映。例如文化、生长、空间、演化、化学作用、力等，都是建构课程的重要概念。[①] 某些概念，例如社会、变迁、改革、发展、对立、合作、经济资源、环境保护、化学变化、因果关系等都适用于不同的学科领域，可通过各种学习加以发展。[②]许多课程也都是围绕上述概念或诸如文化、生长等关键概念来组织的。当然，每一概念的作用不同，其抽象程度也因年级、科目和单元而异。例如，小学的社会科学课程的构成主要以“差异”“相互依存”“社会统制”三个概念作为组织要素。但是，概念的一般性、复杂度以及抽象化随着年级水平的加深，为了说明这些而使用的例证也是不同的。

（2）**技能**。技能是指在练习的基础上形成的按某种规则或操作程序顺利完成某种指挥任务或身体协调任务的能力。[③] 技能包括技巧、能力与习惯。技能不仅使课程具有连续性，也有助于课程的相关和统整。基础教育时期有时会围绕词汇识别或理解技能、基本算术技能和数据解释技能来组织课程。例如，小学数学的基本运算、作图和测量技能；自然学科实验技能；数据收集技能和社会学科解释技能；职业学校要求学生掌握的职业技能，在不同的时期学生获得的技能是需要侧重培养的。

（3）**价值观**。价值观是对某些价值观念、趋势、命题和态度的系统看法。价值不是一个实体本身的片面存在或属性，而是人类生活中的一种特殊的关系现象，是主体与客体统一的一种特定的定性状态。例如，不论性别、种族、阶级、宗教、年龄，平等价值观和民主信仰都可以作为学校课程的组成部分加以组织。在每一所学校和每一年的课程学习中，都必须强调和重视这种组织因素，这种重视不仅体现在社会学科中，而且体现在其他学科的组织和学习中。此外，课程组织要素的选择应以课程目标、以目标和预期结果为导向。如果课程目标是技术性和专业性的，那么重点是技能。如果课程目标强调伦理和道德的综合领域，那么关注价值观的组织要素是很重要的。

总之，课程组织的经纬度等基本组织要素是概念、技能和价值观。为了有效地组织项目，它们就像高层建筑的钢结构，虽然看不见，但这座建筑急需加固。在实际的课程组织中，项目的选择和定位不是静态的，可以根据课程目标、学科特点和预期的学习成果来确定。

从要素的载体上进行划分，其中“四大要素说”是比较成熟的观点，将课程组织划分为四大要素，即学习者、教师、教材和教育环境。[④]

（1）**学习者与教师**。学习者与教师（组织者）对组织要素的理解是课程研究的重要

---

① 袁慧芳，彭虹斌．课程组织的要素及其分类［J］．武汉市教育科学研究院学报，2006（12）：22-26.

② 钟启泉，汪霞，王文静．课程与教学论［M］．上海：华东师范大学出版社，2008：130-132.

③ 皮连生．智育心理学［M］．北京：人民出版社，1996：40-42.

④ 黄甫全，吴建明．课程与教学论基础［M］．北京：中国人民大学出版社，2019：154-155.

属性。对于学习者来说，课程组织的意识只是学习活动的具体形式，或者是生活中的一部分，形成课程组织独立的概念会随着年级的成长越加清晰，但课程组织者，即课程的设计者、教师必须始终保持深刻的意识，并将他们的想法体现在有效的课程组织中，不仅要看到这种直接的学习活动，而且要看到活动所展示的主要思想和价值。涉及的学习活动内容不仅旨在了解学习者的生活需要，而且在了解的基础上用以解决学习者生活中所遇的问题，在人与人之间的互动中体会课程组织的意义与价值。

（2）教材和教育环境。教材又称课本，它是依据课程标准编制的、系统反映学科内容的教学用书，教材是课程标准的具体化，它不同于一般的书籍，通常按学年或学期分册，划分单元或章节，是课程组织的呈现载体，对学习者成长和教师的组织课程能力具有促进作用。[①] 教育环境一般指学校环境教育，学校环境教育又称正式环境教育，是指各级各类学校中的环境教育。教育环境中的对象是所有水平的学校的学生，可以分为大学、初中、小学、幼儿园，学校环境教育不停留在某一阶段的影响，而是持续学生的一生，目的是为学生进一步发展训练预备的才能，对课程组织起到保障作用。

二、课程组织的基本取向

课程组织不是一个价值中立的过程，不同的价值取向导致不同的组织理念和组织形式。任何课程组织模式都必须体现特定的课程价值观。[②] 因此，根据主导核心价值观的差异，可以区分课程组织的四个基本取向，即学科导向的课程组织、学习者导向的课程组织、社会问题导向的课程组织和混合导向的课程组织。

（一）学科导向的课程组织

学科导向的课程是以课程内容（即学科知识）为主体的课程组织，围绕知识本身所形成的内在逻辑体系组织课程。大多数支持以学科为中心的课程组织研究人员认为，课程的基础应该是学科所包含的知识和调查方法，他们期望通过这样的课程组织，学习者不仅能获得学科知识、求知方法，还能领略文化传统的精华，接受前人创造的伟大思想。

学科课程组织的形成有着悠久的历史。最早的萌芽可以追溯到古代中国的“六艺”课程，古希腊和古罗马的“七艺”课程和中世纪教育课程，现代学科导向的概念起源于19世纪美国的哈里斯先生，他强调课程应该由许多独立的学科组成，每一个学科都有意识、有目的地表达出专业化、同质化的知识体系。认为这种课程组织有利于学生掌握知识，有利于促进学生的成长。典型的课程理论流派包括永恒主义（Perennialism）课程流派、要素主义（Essentialism）课程流派和结构主义（Structuralism）课程流派，其中，永恒主义认为真理具有普遍性和永恒性，人的不变本性是理性，教育的任务是传授理性知识；元素主义主张以人类文化遗产的永恒和共同的“元素”为组织方案的基础，所谓“元素”是人类文化遗产的本质，并因此提出巩固学科型课程组织的地位，强化核心知识和核心能力才是课程道德主要使命；结构主义主张以“主体结构”为课程组织的基础，这里的“主体结构”即“学科结构”是指学科在课程的基本原则、概念和范畴下帮助学生解决课内外遇到的问题和事件或未来生活中遇到的问题和事件。

---

① 全国十二所重点师范大学联合编写．教育学基础［M］．北京：教育科学出版社，2013.

② 钟启泉，汪霞，王文静．课程与教学论［M］．上海：华东师范大学出版社，2008：130-132，133-137.

学科课程的设置有利于学习者系统地学习人类文化遗产，掌握丰富的学科知识，促进智力发展，开展语言活动；有利于知识和想法更好地交流和储存在言语中。但这种以学科为导向的组织方式存在明显的缺陷，这在一定程度上限制了知识的范围；阻碍了对目标的追求；过分强调学科逻辑而不是知识的理解，使学生在社会、心理和身体方面的全面发展变得困难。

（二）学习者导向的课程组织

以学习者为中心的课程组织是围绕学习者、学习者的兴趣、需求、心理逻辑等来组织课程的。这一课程组织方向强调学习者的经验和发展，学习活动也是以学生的需要和兴趣为基础的。大多数支持以学习者为中心的课程组织的学者认为，有效的课程组织应该体现学生的主体作用，学生的学习动机是内在的，学习目标和任务不是外在强加的。学生可以积极探索和获取学习内容。

这种课程价值观尽管从未在实践中占据过主导地位，但其支持者却从未中绝。学习者导向的课程组织理念始源于卢梭在《爱弥尔》中提出的观点：教师的任务在于为儿童提供学习机会，让他们自发地发现和掌握知识。其后，不同的学者，如裴斯泰洛齐、福禄培尔、杜威等人均赞同并支持学习者导向的课程组织。如裴斯泰洛齐观点认为："在儿童降生之前就在他身上存在着他一生中应当发展的禀赋的萌芽。"强调只有当教育与教养的作用同人的成长的永恒法则一致时，人才能在实际上受到陶冶和教育，人的教养与教育的手段一旦同这个永恒的法则相矛盾，犹如树木受到外力的作用，树木的各个部分的物质有机体被搅乱、被扭曲了，那样人也会被损伤、被扭曲。① 如果课程、教学违背儿童的发展法则，这是一种严重错误的形式，所以必须进行改革。福禄培尔认为："从人的本质开始，教育应该在各个方面持续促进学生的成长。"杜威将以学习者导向的课程组织提高到了极限，他从主观意识形态的经验论开始作为教育的出发点，作为学生获得"经验"的基础，思考了学生的本能，他相信决定学习质量和数量的不是教材，而是学生。所以必须改革教育转移重点，教育是以学生为中心，教育措施应该在学生周围组织起来。在这种思想的引导下，学校课程的组织与编排既不是科学，也不是文学，既不是历史，也不是地理，而是学生自己的社会活动。

以学习者为中心的课程组织确认了教育的根本目的是教育人，而知识只是教育的手段，而不是目的。这种形式的课程组织，容纳和培养学习者的性格差异，鼓励学习者主动学习，构建自己的知识结构；但它珍惜学习者的同时却忽视了教育所必需的社会目标；过分强调以学习者为中心的课程设置，不鼓励学生建立逻辑严密的知识体系和掌握所需的各种技能是此种导向容易产生的弊端。

（三）社会问题导向的课程组织

以社会问题为重点的课程组织旨在围绕社会的重大问题组织课程。② 这种课程组织导向认为，课程旨在让学生适应或改善社会状况，课程内容必须来源于社会或全球的条件和状况。学生通过课程来研究社会的特性，特别是社会制度的功能、社会生活的主要活动等他们所生活的社会的特性。教育通过课程组织作为形式工具予以改变社会秩序以及社会问题。

---

① 佐藤正夫．教学论原理［M］．钟启泉，译．上海：上海教育出版社，1996：11.

② 张华．课程与教学论［M］．上海：上海教育出版社，2001：11.

社会问题导向的课程组织理念最早可以追溯到18世纪的斯宾塞，他首先提出了教育应为生活作准备，从而引起人们对社会生活问题的关注。20世纪初，斯特里默（B. Stremmer）进而强调教育过程和社会适应的问题，主张教育过程构成要关注社会变化和社会生活问题。20世纪，社会问题导向课程组织的积极倡导者还有博比特、康茨（G. S. Counts）、布拉梅尔德（T. Brameld）、阿普尔（M. W. Apple）等人。其中，博比特主张课程应该关心现实世界中那些有意义的社会活动和社会问题；康茨是改造主义教育的主要代表人物，他认为课程需要担负改造社会的责任；布拉梅尔德也认为课程的组织需本着改造社会的目的，课程要成为培养社会现实的熟练规划者，是完善民主社会的重要工具。以阿普尔为代表的社会批判主义者则走得更远，他们把课程的本质概括为一种“反思性实践”，要通过对社会现实、社会文化的不断反思、批判而创造建构意识，要使课程能为“意识解放”服务。

通过以社会问题为中心的课程设置，学习者可以面对和认识到人类社会面临的许多严重问题，并在实际生活中注意解决问题；将社会目标与课程联系起来，通过对社会问题的批判和对社会现实的反思，提高了教育过程本身的解放意识，充分发挥了教育过程的功能，以谋求社会发展，改善社会秩序。但是，以社会问题为中心的教育课程编制并没有充分体现文化遗产，很难有效区分适当的社会问题，这是不可否认的事实。具体来说，以社会问题为中心的课程编制的组织方式可分为社会行为主义的课程组织、社会改造主义的课程组织和社会批判主义的课程组织。

（四）混合导向的课程组织

混合导向的课程组织旨在围绕学科逻辑、学习者的心理逻辑和社会问题几个方面组织课程。这种课程组织取向认为，学校课程本质上是学科知识、学生经验、当代社会生活经验三方面的统一，因为人的经验本身具有整体性，任何把人的经验的某一部分从整体中人为地隔离出来加以片面强调的做法，都无助于人的经验的健全发展。因此，从本质上说，课程组织既不是简单地规定一些学术科目，也不是随意地积累一些个人体验，更不是零散地堆积一些社会问题，它应是学科知识、学生经验和社会需求的有机统一。

从实践的角度来看，几乎所有课程的构成形式都是以混合为导向的。以学科课程为中心的课程在许多情况下同样强调学生的兴趣和动机，视为课程构成的核心和立足点。随着以学习者为中心的教育课程组织的发展，存在着很多具体的组织方式，其中也不缺乏对课程知识价值的公正待遇，以社会问题为中心的课程结构也不否定学习者的动机、兴趣和热情。多个国家的教育课程组织现状大多采用混合导向的教育课程编制。

20世纪40年代和50年代，基础课程试图整合学科内容、学生需求和社会问题。为了让学习者能够一起接触到人类经验中最重要的领域，从而实现教育平等和卓越的理想，根据美国课程专家古德莱德的说法，共同核心组织有以下特点：学科之间相互联系，学习问题需超出学科分类，为深入参与各种社会互动活动做好准备，学生作为一个整体参与进来，以课程组织为载体，共同创造学习经验。任何课程组织取向都具有混合的性质，学科导向不否定学生兴趣和发展的重要性，也不否定学校课程组织中社会问题的价值。同样，课程组织的核心应该是从学生的兴趣和发展中派生出来的，社会问题的教育是从一般社会生活中的主要问题中派生出来的，它们都没有否定课程的其他方面组织价值。

最典型的混合式教学模式是通过课程理论的发展历史来编排的，最典型的课程模式是杜威的经验自然主义课程，杜威在《我的教育信条》(1897)、《学校与社会》(1900)、《儿童与课程》(1902) 等一系列作品中，基于认知论的持续性原则，将重点放在了孩子和领域上，并保持学校和社会的内部统一，社会生活和学问的统一，提倡课程的组织化，消除孩子、学问和社会之间的中心和周边的对立，根据经验真正实现三个侧面的整合。因此，从本质上讲，课程必须是有机体统一的，包括学科知识、学习者的经验和社会需求。

第二节 课 程 类 型

课程的组织结构 (即课程结构)，是指把学生的在校学习时间分成各部分，在不同的学习时间安排不同的课程类型，由此形成一个课程类型的组织体系。在课程理论与实践中，根据课程类型的对应关系，完整课程类型表述可包括学科课程与经验课程、分科课程与综合课程、必修课程与选修课程、显性课程与隐性课程、直线式课程与螺旋式课程。理解课程类型的含义本质及探究每对课程类型的内部联系是建立理想课程结构的基本前提，以下是课程类型的具体表述。

一、学科课程与经验课程

根据学科的固有属性可以划分为学科课程和经验课程。学科课程和经验课程也是课程教学中存在的显性形式，是课程构成及实施的主要依据。

(一) 学科课程

所谓“学科课程”(the subject curriculum)，是指以文化知识 (科学、道德、艺术) 为基础，按照一定的价值标准，从不同的知识领域或学术领域选择一定的内容，根据知识的逻辑体系，将所选出的知识组织为学科。学科课程是最古老、使用范围最广的课程类型。比如学校内的数学课和语文课，都属于学科课程。总括科目可分为本位课程、学术中心课程、综合学科课程。学科课程具有如下三个显著特征：一是课程知识或文化的发展是课程目标的基本来源；二是课程的发展基于主体知识，课程的组织遵循主体知识的逻辑系统；三是强调每一种科学知识的逻辑性、系统性和完整性。学科课程经过长期的发展后依然处于学校课程的主体形式，主要有以下优势：第一，继承和保留了人类的文化遗产；第二，使学习者获得系统的文化知识、组织教学和评价具有极其重要的意义；第三，有利于提高教学效率和效果。但同时，由于学科课程是围绕逻辑知识体系组织的，容易导致教学组织单调，教学方法单一；轻视学生的需要、经验和生活，忽视孩子的实际需要和经验；知识的综合性被忽视，造成死记硬背的现象等问题，研究者认为不同学科之间存在明显差异，这将阻碍课程改革研究的发展。

(二) 经验课程

“经验课程”(Experience Curriculum) 也称“活动课程”，或“生活课程"，或“儿童中心课程”，是以儿童的主体性活动的经验为中心组织的课程。经验课程以开发与培育主体内在的、内发的价值为目标，旨在培养具有丰富个性的主体。儿童的兴趣、动机、经验是经验课程的基本内容。代表人物是杜威及其学生克伯屈，杜威的新三中心 (学生中心、经验中心、活动中心) 便是提出经验课程的理论基础，杜威的经验课程论用其独特的“经验”理念确立了经验课程的“连续性”和“交互作用”的原则，也标志着经验课程的成熟，杜威经验课程在终极目的观上强调了个人发展与社会发展在交互作用上的动态性，但仅仅强调这种动态性，其结果是使二者都沦为无定的、难以捕捉的“机能”，最终消弭了彼此的独立性。经验课程发展到“体验课程”，体现了时代精神的发展趋势，是课程哲学观的进步。

经验课程的基本特征具有如下四个显著特征：一是经验课程是以当前学习者的直接体验为核心的课程发展的，课程目标的基本来源是学习者的体验和成长需求。学习者在解决各种问题的过程中，通过与自己所处的情境互动，建立自己的经验，发展自己的个性。学科知识的学习和社会生活经验的学习固然重要，但这种学习只有建立在学习者直接经验的基础上，满足学习者的需要和兴趣，才能成为体验式课程的一部分。因此，经验课程必须突破或超越传统的学科分类框架，以学习者为核心重新组织学科知识。二是在经验课程中，学习者是一个积极的、有创造力的人。学习者不仅对学习计划或设计感兴趣，而且对学习结果感兴趣。因此，在体验课程中，学习者需要参与学习活动的设计、规划、实施和评估。三是经验课程的学习过程是学习者整个人格的参与过程，是智力过程与情感过程的统一，是思维与行动的统一。因此，在体验式教学中，培养学生的学习需求和学习动机同样重要，是对学生智力发展的补充；培养学习者的思维能力（问题解决能力）和操作能力（行动能力）也很重要，而且是相辅相成的。四是经验课程重视学习者的个体差异。经验课程尊重学习者在能力、情感等方面的差异，关注学习者的各种特殊障碍和特殊的社会环境，课程的制订和实施必须尊重学习者的个人差异。经验课程同样需要根据学习者的接受能力，组织集体学习，倡导分工协作的学习方式。

经验课程的优点是显而易见的：第一，经验课程主张学习者当下的直接经验的价值，在活动中进行教学和教育。经验课程把学习者的经验及其生长需要作为课程目标的基本来源，充分满足学习者的需要、动机、兴趣，因而在经验课程中，使学习者成为真正的主体。第二，经验课程主张把人类文化遗产以儿童的经验为核心整合起来，强调教材的心理组织，这样儿童在与文化、学科知识交互作用的过程中，人格不断获得发展。这种课程理念真正体现了文化遗产、学科知识的教育价值。第三，经验课程主张将当代社会现实以儿童的经验为核心整合起来，既把儿童视为社会的儿童、生活于社会现实之中的儿童，又不使儿童拘泥于当前的社会现实，被动适应当前的社会现实，而是着眼于儿童的未来，主张基于儿童的人格发展对当前的社会现实进行改造。但实验课程的实践过程往往会导致实施者沉醉于儿童当前的各种偶发性冲动，忽视学科知识的教育价值，走向“儿童中心主义”。所以容易造成其缺点：第一，容易导致忽视系统的学科知识的学习，忽视知识本身的逻辑顺序；第二，经验课程容易导致“活动主义”，在经验课程的实践中，把经验课程误解为让儿童随意地从事一些肤浅的、缺少智力价值的操作活动，从而忽略了儿童深层的心理品质的发展；第三，经验课程的组织要求教师具有相当高的教育艺术，对于习惯了班级授课制和讲解教学法的教师而言，这点很难适应。由于儿童总是生活在特定的社会和文化之中，所以，为了提高儿童的经验和价值，经验课程还将当代社会生活中的问题和儿童感兴趣的学科知识转化为儿童的体验作为课程的内容。经验课程的基本目标是儿童的兴趣和动机，动机是课程和教学组织的核心。

（三）经验课程与学科课程的关系

根据对儿童心理经验和教科书中具体的逻辑经验之间关系的独特讨论，可以得出基本结论，即不能对经验课程和学科课程采取任何完全结合的态度，经验课程和学科课程是两个不同的课程类型。经验课程是基于学生现在的生活心理经验，学科课程是基于对象的逻辑经验。但是，经验课程和学科课程有固有的统一性，经验课程不是排除理论经验的教育价值，被排除的是理论经验从学生的心理经验中分离出来，从而妨碍学生的发展。经验的课程不排除学生的心理经验，排除在外的是盲目地沉溺于学生现在的经验发展水平，从而阻碍学生的经验进一步发展。

二、分科课程与综合课程

根据课程内容编制和结构的不同可以划分为分科课程与综合课程，并同属于学科课程。分科课程与综合课程的关系在课程发展中由来已久，实现分科课程与综合课程的整合是各国课程改革的共同追求。

（一）分科课程

分科课程，也叫科目课程，是根据各级各类学校的培养目标和科学发展水平，从各门科学中选择出适合一定年龄阶段学生发展水平的知识，组成各种不同的教学科目，比如，目前我国中小学开设的语文、数学、英语、物理、化学、生物、地理、音乐、美术等。[①]

（二）综合课程

对综合课程含义的界定至今说法不一，国内外几种有代表性的观点从不同角度、不同侧面对综合课程进行了诠释。比如，韩骅（1991）认为，综合课程是由一系列相邻学科中有代表性的概念、研究方法、个别课题、研究综合性复杂问题完成某些设计等组成。[②] 张人杰（1995）认为，综合课程是指打破了传统的分科课程的知识领域，组合了两个以上的学科领域构成一门学科。[③] 一般认为综合课程是把有内在联系的不同学科、不同领域的内容或问题统整成一门新的学科，其内容既可以包括交叉学科、综合学科的概念、原理和方法，也可以包括复杂的社会综合性问题，具有培养学生综合解决问题能力的功能。

（三）分科课程与综合课程的关系

综合课程以分科课程为知识背景，在分科课程的基础上对其内容进行重构。可以将二者的关系概括为：二者的联系是绝对的，独立是相对的。也可以认为，分科课程与综合课程是一种并存关系，而不是非此即彼的关系。首先，分科课程和综合课程是相对独立的。分科课程的产生和发展经历时间内系统掌握科学知识，满足社会发展的需求。综合课程侧重于各学科内容的综合，宗旨在于帮助学习者形成整体看问题的思维方式，促进学生综合素质的发展。其次，分科课程与综合课程是相互联系、补充的。分科课程总包含着知识之间某种程度的综合，一门学科既然能形成一个完整的逻辑体系，它总是建立在一定的知识综合的基础之上的。而开发出一门综合课程并作为课程计划的一部分之后，综合课程总是呈现出某种分科的形式，分科课程的深度决定了综合课程的广度和深度，只有在具有一定

---

① 陈旭远．课程与教学论［M］．北京：高等教育出版社，2012：118-122.

② 韩骅．西方诸国80年代普教课程改革［J］．外国教育研究，1991（1）：1-5，23.

③ 张人杰．大教育学［M］．广州：广东高等教育出版社，1995：403.

深度的分科基础上形成的综合课程才能够有较高的层次。综合课程也必须遵循分科课程的逻辑体系、课程特点等，不能以牺牲分科课程的体系为代价。分科课程与综合课程的整合才是符合人的认知发展的需要和规律的，也反映了科学文化发展的趋势。

三、必修课程与选修课程

从教育者、组织者的角度根据课程管理制度的不同，学生方面主要依据学生对学习内容的选择程度，课程类型可划分必修课与选修课。学科课程与活动课程、分科课程与综合课程都可以有必修和选修之分。必修课程与选修课程相结合是当今世界各国课程结构的一个重要特征，其中对中等教育和高等教育阶段而言，必修课程与选修课程都是必要的。

（一）必修课程

必修课是指由国家或者学校规定，同一学年的所有学生必须修习的公共课程，是为保证所有学生的基本学习而开发的课程。必修课程集中体现了国家对学生培养落实的基本要求，是学生德、智、体、美、劳等全面发展的基础性教育。人的集体性需要每个人都有基本的、共同的文化和心理素质，特别是在科学技术快速发展的信息化社会，需要人们具备一些共同的文化要素，要掌握这些共同的文化要素，需要依靠共性、划一的必修课程来实现。

（二）选修课程

选修课具有广狭两种含义，广义的选修课程实质是指依据不同学生的特点与发展方向，容许个人选择的课程，是为适应学生的个性差异而开发的课程。狭义的选修课程是指为了满足学生的兴趣、爱好需要及其劳动就业需要，可供学生在一定程度上自由选择修习的课程。选修课通常由学校自行决定其内容、课时、形式、要求，学生也可自主选择，增加了课程设置与课程选择的灵活性。选修制度是个性化教育、个性化课程的有机构成，是支撑个性发展的必要条件。对所选择的课程的学习不仅能够促进个性发展，而且对这些课程的选择过程本身也极富个性发展的价值。所以，构筑个性化教育、个性化课程体系，必须将选修制度视为有机构成。

（三）必修课程与选修课程的关系

揭示必修课程与选修课程之间的关系是科学地开发与设置这两种课程的重要基础。可以从三个方面探究二者的关系。

首先，从课程价值观看，必修课程与选修课程之间的关系可以归结到“公平发展”与“个性发展”的关系层面。必修课的“公平发展”的理念是指一切人享有平等的受教育机会，因而应对一切人施以实质上公平的教育。选修课的“个性发展”的理念是指施以适合于每个人的能力、能力倾向和个性特点的教育。在大众主义教育时代，“公平发展”与“个性发展”是对立统一的。“公平发展”只有在适应每一个人的个性差异的时候，才不至于导致“划一主义”，不至于使“公平发展”变成一纸空言。“个性发展”也只有建立在“教育公平”的基础之上，提供教育内容上有本质差别的、分轨式的教育，使教育体制区别于纯粹的“甄选体制”。这充分表明，必修课程与选修课程在根本的教育价值观上具有内在的对立统一性。其次，必修课程与选修课程具有等价性，即二者拥有同等的价值。必修课程与选修课程彼此之间不存在主次关系，选修课不是必修课的附属品，而是一个相对独立的课程领域，必修课与选修课相辅相成，构成有机整体。并且不能认为根据一定的基准向学生提供的必修课和选修课，不同学科的选修课在教育价值上是存在差异的。再次，必修课程与选修课程相互渗透、相互作用，二者有机统一，成为个性化课程体系的有机构成。在古代和现代社会，世界上所有国家一般都采用必修课程制度，所有学生都必须参加规定的完全一样的课程。这个程序系统根据当时的经济发展水平进行调整，训练了具备特定文化资质的多个人才和专家的才能。但是，随着社会的发展和进步，以及个人生活意识的觉醒和强化，对这个统一的程序系统的过度追求，随着时代的发展逐渐脱离，消除了学生个人的发展。同时，在当今社会，高科技成为促进社会进步的重要力量。作为知识的矢量，课程一方面必须敏感地应对社会的变化。另一方面，课程本身有延迟，特别是必修科目的内容比较稳定，延迟更明显，通过其他渠道探索新的教育资源，可以把现代技术的前沿带进教室。从长远看，它是为了学生更好地发展选择能力。在必修课程的学习过程中，同样必须尊重学生的个性差异，鼓励学生发挥个性特长，鼓励学生合理选择学习内容和方法。但同时，必修课不意味着完全的统整划一、抹杀学生的个性发展、剥夺学生的选择权利，而是为了更好地培养学生的个性，在同样的课程内容上鼓励多样化的学习方法，尊重个体自由发展。因此，必修课与选修课不存在二者择其一的关系，它们对优化课程体系都有重要作用。

四、显性课程与隐性课程

根据课程呈现形式的不同，课程类型可划分为隐性课程与显性课程，二者在性质、特点、功能等方面各不相同。最明显的区别是，显性课程主要是计划性和预期性的教学影响，而隐性课程主要是非计划性的和非预期性的教学影响。

（一）显性课程

显性课程也叫显在课程、正规课程、官方课程、公开课程，指的是为实现一定的教育目标而正式列入学校教学计划的各门学科以及有目的、有组织的课外活动。显著特征之一就是计划性，我们平时所学的课程都属于显性课程。

（二）隐性课程

英国课程论专家巴罗（R. Barrow）曾指出，隐性课程“从柏拉图时期开始就有记载，其实，孔子的教育思想中也有丰富的隐性课程思想。这不难理解，人类与教育共生共在，教育与课程共生共在，有了课程也就同时诞生了隐性课程。早在 20 世纪初，杜威就曾深刻指出，学生学习的不只是正规课程，还学到了与正规课程不同的东西。[①] 杜威因而提出“附带学习”（Collateral Learning）的概念。所谓“附带学习”，就是伴随具体内容的学习而形成的对所学习的内容以及学习过程本身的情感、态度，如忍耐的态度、喜欢或不喜欢的情感等。可以说，杜威的“附带学习”的提出为后来隐性课程的研究提供了很多理论支撑，并为隐性课程的深入研究打下了基础。

由隐性课程研究渊源可知，人们对隐性课程的认识存在颇多歧义。但一般认为，“隐性课程”（Hidden Curriculum）是与“显性课程”相对应的范畴。如果说显性课程是学校教育中有计划、有组织地实施的“正式课程”或“官方课程”，那么隐性课程则是学生在学习环境（包括物质环境、社会环境和文化体系）中所学习到的非预期或非计划性的知

① 陈伯璋．潜在课程研究［M］．台北：五南图书出版公司，1985：71-73.

识、价值观念、规范和态度，是非正式的、非官方的课程，具有“潜在性”（Latent）。显性课程（有计划的学习经验）与隐性课程（非预期的学习经验）共同构成学校课程的全貌“实际课程”。隐性课程具备的特点根据众多研究，可以归纳为：其一，隐性课程的影响具有弥散性和普遍性；其二，隐性课程的影响具有持久性；其三，隐性课程的教育影响既可能是积极的，也可能是消极的；其四，隐性课程的内容既可能是学术性的，也可能是非学术性的。

（三）隐性课程与显性课程的关系

隐性课程与显性课程之间也存在内在联系。一方面，显性课程的实施总是伴随着隐性课程。因为课程的实施者是教师与学生，他们是以自主性、能动性、创造性为特征的两类主体，这就决定了课程的实施过程绝非机械地执行既定课程方案的过程，课程实施过程具有不可预期性，必然存在非计划性、非预期性的教育影响，所以必然存在隐性课程。另一方面，隐性课程也在不断转化为显性课程。当人们认识到显性课程中存在的积极的或消极的隐性课程影响的时候，在后继的课程开发与实施中，会有意识地对隐性课程加以控制，这样，原来的隐性课程也就转化为有计划的、预期性的显性课程，而这些显性课程在实施过程中又会产生新的隐性课程影响。所以，显性课程与隐性课程的动态转化过程是永恒的、无止境的。

五、直线式课程与螺旋式课程

根据课程内容的编排方式的不同可以分为直线式课程与螺旋式课程，这种课程类型在第六章课程组织的方式中已对概念进行了解读，所以这部分重点谈及二者之间的关系。两种课程类型最大的区别在于对学生认知特点的把握程度。

（一）直线式课程

所谓“直线式课程”（Linear Curriculum），是指将一门学科的内容按照逻辑体系组织起来，其前后内容基本上不重复。直线式课程组织在我国学科课程的组织中依然占主流。这种课程组织的优点是能较好地反映一门学科的逻辑体系，能够避免课程内容的不必要的重复，其缺陷是不能恰当体现学生认知发展的特点，也不利于将学科发展的前沿成果尽可能早地反映在教学中。

（二）螺旋式课程

所谓“螺旋式课程”（Spiral Curriculum），是指在不同学习阶段重复呈现特定的学科内容，同时利用学生日益增长的心理的成熟性，使学科内容不断拓展与加深“螺旋式上升”。螺旋式课程组织的优点是能够将学科逻辑与学生的心理逻辑较好地结合起来，其缺陷是容易造成学科内容的臃肿和不必要的重复。

（三）直线式课程与螺旋式课程的关系

直线式课程与螺旋式课程是两种不同的课程组织，二者各有优缺点，彼此具有相对独立性，与直线式课程相比，螺旋式课程是一种更高级的课程组织形式。直线式课程主要以学科知识的逻辑体系为基础，对学生认知发展的特点重视不够。螺旋式课程不仅反映了学科的逻辑体系，而且将学科逻辑与学习者的心理逻辑有机地结合起来。对于不同的学科，这两种组织模式具有不同的适应性。同时，必须认识到，这两种方案组织形式之间有着内在的联系和互补性。螺旋式课程是在线性课程的基础上发展起来的。在课程组织过程中，这两种组织方式很难截然分开，常常交替存在。在我国的课程实践中，怎样适当采用螺旋式课程组织以更好地促进学生的心理发展，是教师在实践教学中需要预先构想的。

第三节 教 学 实 施

一、教学过程的本质

关于教学过程的探讨，源远流长。孔子认为，教学过程是学思习行统一的过程；墨子认为，教学是“自学、自得、自省、知耻、改过”；韩愈认为，教学是传道授业解惑的过程等。国外相继出现的发现学习、程序学习、范例学习、暗示学习等，都是对教学过程的认识。不同论者从不同的角度提出了教学过程的本质，并进行了理论论证和实践分析。其中典型的有代表性的观点有特殊认识说、认识发展说、多本质说、实践说等。一般认为，教学过程的本质是在特定的情境下，教师和学生的交往活动。

教学过程本质是按照一定的社会目的和要求，在特定的教育情境下，通过教师和学生之间的交往，一方面，教师有计划、有组织、有系统地传递知识信息，以此来影响学生的生理和心理发展过程和社会化进程。另一方面，学生也通过种种方式反过来影响教师的生理和心理的发展过程和社会化进程。总之，教学过程是一种教师和学生在交往中实现上述目的的实践活动。

一般认为交往是教学过程的本质，理由在于：

第一，交往是教学活动具有的最一般、最普遍和最稳定的共同属性。教学交往包括教师与学生的交往、教师与教师的交往以及学生与学生的交往。其中，教师与学生的交往是最基本、最重要的交往形式。教学活动就是交往活动。自从教学诞生之日起，就与交往相伴相随。从古到今，教学总是在师生之间的相互交往中进行的，无论采用何种教学方法，运用哪些教学媒介，都离不开交往。千百年来，尽管教学形式不断变化，从古代的口耳相传、个别教授、班级教学；近代的道尔顿制、文纳特卡制；到现代的分组教学、特朗普制、程序教学等，无一不渗透着师生之间的交往。即使在科学技术高度发达、各种教学媒体日渐增多，同时日趋强调学生自我发展、自我意识的今天，也离不开师生之间的交往。世界上从来都不存在脱离了师生交往的教学活动。可以预料，不论将来教学形式和内容发生多大变化，只要教学依然存在，那么交往就将永远存在下去。

第二，教学交往是教学固有的特殊矛盾决定的，是教学区别于其他事物的特有属性。日本学者柴田义松认为：教学是作为对立物的统一而存在发展的，教师与学生双方彼此处于相互独立、相互依存的关系，这种关系是一种矛盾关系，是存在于教学中的以“教师”“学生”为矛盾主体、教材为中介的内部矛盾，这同时也是教学固有的特殊矛盾，即是以教师为代表的“有”“多”与学生为代表的“无”“少”之间的矛盾。教学之所以能够产生并进行下去，就是根源于这一内在矛盾，它同时也决定了师生交往关系的产生，只有通过交往，才能化解矛盾，才能化无为有，由少变多。正因为教学固有的特殊矛盾决定了教学交往的产生，从而使教学交往成为教学区别于其他事物的特有属性。

第三，交往规定和影响着教学过程的进行及其结果。大量的教学实践表明，教师与学生的交往状态，在很大程度上决定了教学质量的高低、教学效果的好坏。教师只有在与学生亲密而友好的交往状态中，才能对学生产生积极有效的影响。而处于疏远轻视状态中的教学交往状态，将使教学效果大打折扣，甚至使教学难以进行。因此，交往规定和影响着教学过程的进行及其结果。通过交往，使学生认识客观世界，发展智能，形成世界观，培养道德意识；通过交往，能够把教学过程的认识功能、发展功能和实践功能联系起来，而交往的状态则制约着教学过程上述功能的发挥程度。

必须要强调的是，教师与学生的交往可以多种形式，在各种情境下发生，但只有在特定的教育情境下，如课堂内的交往，才属于教学过程。一般来说，教师与学生的交往并不都是教学，只有当教师与学生的交往具备了教学的基本要素和特征，交往双方相对特殊化，并形成一种以传递经验、影响人的身心为直接目的的活动时，交往才转化为教学交往。此外，教师与学生在教学过程中的交往形式，随着时代的变迁以及科学技术的发展，尤其是传播媒介、视听媒体的兴起，教学已不再是直接的、面对面的即时现场性交往，而有可能是跨时空的间接交往，但无论采取什么样的形式，教学过程都仍然是一种教师与学生的交往，只不过交往媒体在性质和方式上有所不同而已。

二、教学组织形式

（一）教学组织形式概述

教学组织形式是教学活动中师生相互作用的结构形式，它是教学论中的一个重要问题。它是指为完成特定的教学任务，在教学目的的指导下，怎样把一定的教学内容传授给学生，教师和学生如何加以组织，教学时间空间以及其他条件如何妥善安排和有效加以利用，这些都是教学组织形式要解决的问题。

从教学组织形式的变化过程和研究现状看，应该说各种教学组织形式的出现都是为了适应生产力的发展、科学技术的进步、社会对教学的需求等，都有其历史背景。而在各种教学组织形式中都有其自身的合理或不合理因素。教学组织形式的总体发展是从个别教学到班级教学制，在这条主线的基础上呈现出多样化的发展轨迹，即表现为：个别教学—班组教学—导生制—班级教学制—道尔顿制—能力分组教学—开放教学—小队教学—自学。而在多种教学组织形式的研究中，所需要解决的根本性问题就是如何摆正教学关系、师生关系、理论和实践关系，如何搞好教学的结构和程序，如何处理好社会、生产、科技发展和个人对教育教学的要求之间的关系。具体表现在传授知识与发展人的个性能力以何种教学组织形式为佳；既要整个班级质量提高，又要因材施教，以何种教学组织形式为佳；尊重学生个性，使学习成为儿童的乐园，以何种教学组织形式为佳；在缺乏师资的情况下，要充分发挥现有的人力和物力的作用，以何种教学组织形式为佳等问题。

（二）制约教学组织形式的因素

关于制约教学组织形式的因素，学界主要有这样两种看法：其一，教学组织形式随着社会政治经济和科学文化的发展，以及对人才要求的提高而不断发展和改进；其二，教学组织形式决定于教学任务和内容，并为完成特定的教学任务服务。第一种看法是从教学组织形式的历史变革角度进行思考而得出的，第二种看法则是着眼于教学组织形式的选择和采用。两种论述和探讨各有意义。需要聚焦探讨如何能够更全面、更深入地思考制约教学组织形式的因素。

对教学组织形式发生制约作用的既有客观因素，也有主观因素。客观因素包括师生数量、学校的物质资源、课程的性质或教学的内容、学生间的差异、完成某一课程和课题所给定的教学时间、教师的教育技能水平和素养、学校管理的整体格局等；由于客观因素的存在，教育者必须对教学组织形式做出相应的抉择。否则，教学活动会遇到种种困难，或影响教学成效。然而，教学组织形式由人掌握，人们的观念思考等会指导和左右抉择行为的结果。主观因素的影响表现在对多种可以采用的教学组织形式进行抉择，也表现在对原有的教学组织形式进行合目的性的改造和创新。主要包括所持有的关于教学过程的认识论心理学的见解、教育者的社会价值取向、教育者已有的教育经验和教育视野、对诸多客观因素的理解等。

（三）常见的教学组织形式

1. 现代教学基本形式——班级授课制

班级授课制，又称课堂教学，是指把学生按年龄和程度编成有固定人数的教学班，由教师根据教学计划中统一规定的课程内容和教学时数，按照学校课程表进行分科教学的一种组织形式。

班级授课制以班级为单位进行集体授课，按照年龄阶段和知识水平分别编成固定的班级，学生人数固定；课程设置和教学内容也是按照学科和学年进行划分；教学在规定的课时、固定的教学场所按照教学进度和学习年限统一进行分科教学，确保学生获得系统、连贯的知识。

公元一世纪的罗马教育家昆体良最早在教学理论方面提出了精辟的见解，其中就有授课制思想的萌芽。捷克的大教育家夸美纽斯从理论上对班级授课制加以系统总结与论证，使其逐步走向科学，并在17世纪的资本主义国家普遍应用起来，从而确立起班级授课制在学校教育工作中的地位，极大地推动了资本主义工业发展对人的素质的要求，多快好省地培养大量人才，强有力地推动了资本主义国家工业化的进程，并在全世界范围内逐渐推广开来。19世纪德国教育家赫尔巴特在他的基础上又从心理学角度提出教学过程形式阶段理论，使班级授课制的过程以及对这一过程的安排更加具体明确。继夸美纽斯、赫尔巴特之后的许多教育家对班级授课制给予了补充与完善，从而使班级授课制的理论体系得以最终形成。到19世纪中叶，班级授课制已经成为西方学校普遍采用的教学组织形式。在我国，1862年清政府在北京设立京师同文馆，开始采用班级授课制。自1905年清政府废科举、兴学堂，班级授课制也由于自身的高效性逐渐成为我国学校普遍采用的教学基本组织形式，不断得到发展和完善。到目前为止，班级授课制是我国及世界各国中小学常用的教学基本组织形式。

班级授课制的优越性表现在：（1）能够大规模的面向全体学生进行教学，效率较高；（2）学习活动循序渐进，学生能够系统地获取科学知识；（3）有助于教师主导作用的发挥；（4）有利于发挥班级集体的教育作用。

局限性在于：（1）学生的独立性和自主性会受到很大的限制；（2）教学内容固定化、程序化，以间接经验为主，不能很好地反映学生的实际需要，容易脱离学生的现实生活；（3）教学时间和教学内容制度化，不能及时吸纳一些新的必要的科学成果；（4）不能很好地照顾学生的个性发展。

2. 现代教学组织的辅助形式——个别辅导与现场教学

（1）**个别辅导**。个别辅导是指教师针对不同学生的情况给予引导、启示、咨询和指点，以帮助学生完成学习任务的教学组织形式。个别辅导根据其内容的不同可分为两方面：一是对教材的复习和预习过程中发现的问题的辅导，目的是让学生打下坚实的基础；二是对学科内容相关学习中的疑难问题的辅导，目的是拓宽学生的视野，发展学生的思维。

个别辅导的意义在于，辅导学生要从学生实际的问题与需要出发，具体解决问题，有的放矢；同时要便于因材施教、促进学生全面提升；最后要结合班级授课过程中存在的问题及时进行改进。

在实施个别辅导时，要注意个别辅导教师要了解每个学生的学习情况，便于有效进行指导；个别辅导要以学生自己独立学习为基础，强调学生自己发现问题，教师予以针对性解决；在个别辅导的过程中，同时要指导其获取正确的学习和思考的方法；最后一定要注重平等地对待学生。

（2）**现场教学**。现场教学是指根据一定教学任务，组织学生到生产现场或社会生活现场进行教学的组织形式。学生组成单位的形式多样，可以组成小组进行学习。教学可以由教师进行主讲，也可以由现场工作人员配合。现场教学是与课堂教学相联系、相补充的一种教学组织形式。

现场教学按照具体学习的内容可分为两类：一是根据某学科知识的需要，组织学生到现场进行学习观摩；二是学生为了从事某种实践活动，到现场学习相关的知识和技能。

组织现场教学时首先要明确教学目的，到现场要进行什么，完成何种任务务必要明确；在进入现场之前，要进行充分的准备，引导学生做好相应的各方面物质和精神的准备；在进入现场时，要重视现场的指导，引导学生从多角度充分的感知现场学习材料；在从现场教学回归后，要及时适当地进行总结，进一步让学生在课堂上系统地感知在现场学习到的知识，从而起到巩固作用。

（3）**现代教学特殊组织形式——复式教学**。复式教学是指把两个或两个以上年级的学生编在一个班级里，由一位教师分别用不同的教材，在同一节课里对不同年级的学生采取直接教学和自动作业交替的办法进行教学的组织形式。复式教学对于师资力量、教学设备的节省等使得其出现在特定的外部环境中，即在一定地区教育或经济条件落后的条件中。我国部分农村地区采用复式教学模式。

复式教学保持了班级教学的一切本质特征，但其特殊性在于当教师给一个班级上课时，其他年级的学生根据教师的指示进行预习、复习、练习或做其他作业。在进行复式教学时，要正确处理好一个年级的直接教学和另一个年级的自动作业之间的关系；要正确处理教学内容与教学时间的关系；要注意照顾全体学生，尽量避免相互间的干扰，发挥教育机制处理偶发事件。

三、教学模式

（一）教学模式概述

1. 教学模式的概念

对于教学模式概念的理解，概括起来有以下几种：

第一种，认为教学模式是在教学实践中形成的一种设计和组织教学的理论，这种教学理论是以简化的形式表达出来的，可称其为“理论说”。

第二种，认为教学模式是在一定的教学思想或理论指导下建立起来的各种类型的教学活动的基本结构和框架，可称为“结构说”。

第三种，认为教学模式是在一定教学思想指导下建立起来的完成所提出教学任务的比较固定的教学程序及其实施方法的策略体系，可称为“程序说”。

第四种，认为常规的教学方法俗称“小方法”，教学模式则俗称为“大方法”。它不仅是一种教学手段，而且是从教学原理、教学内容、教学目标和任务、教学过程直至教学组织形式的整体、系统的操作样式，这种操作样式是加以理论化的，可称其为“方法说”。

综合上述的理解，认为教学模式是指在一定的教学理论指导下，通过相关教学理论的演绎或对教育教学实践经验的概括和总结所形成的一种指向特定教学目标的比较稳定的基本教学范型。

2. 教学模式的特点

（1）**整体性**。教学模式强调对于与教学相关的各要素之间的整合，一般由理论基础、教学目标、教学程序、教学手段、教学方法、教学内容、教学评价等各要素共同构成，形成一个有机整体后，又形成完整的结构和机制。在运用时，要从整体上进行把握，综合考虑，整体安排，切实掌握教学模式的具体运行方式。

（2）**可操作性**。相对于其他的教学概念而言，教学模式并不是浮于表面的理论思辨，它是直接为解决特定的教学任务和教学目标服务的，其重点在于教育工作者对其的理解、把握与应用。因此，教学模式既能够体现教学理论的指导作用，又能发挥教学实践经验的实际操作作用。

（3）**指向性**。任何教学模式都具有明确的应用范围，以及具体的使用条件和作用范畴。每种教学模式都是为了实现特定的教学目标而设计的，它不是万能法则，只有选择和应用得当，才能够有效地解决问题。

（4）**简约性**。教学模式是对教学理论和实践经验的概括和浓缩。在表现形式上，它采用精练的语言、象征的图形和明确的符号来表示其构成要素之间的复杂关系，具有简约性质。

（5）**发展性**。教学模式并不是一成不变的，它随着教学实践、教学观念和理论的变化不断发展。人们在学习、模仿和运用教学模式的过程中，会根据自己的新经验和掌握的新理论，对现有模式予以修正充实，使其日益完善。

（二）典型教学模式

我国的主要教学模式总结起来有五种：

（1）**传递—接受式**。在我国中小学教学实践中，传递—接受式是使用最广泛、历史最悠久、影响最大的教学模式。这一模式主要用于系统知识、技能的传授和学习。传递—接受式教学模式的最大特点是能够使学习者比较迅速有效地在单位时间内掌握较多的信息，有利于学生掌握完整的、系统的科学文化知识和技能技巧，充分发挥教师的主导作用。

（2）**自学—辅导式**。自学辅导式是一种以学生自学为主、教师的指导贯穿学生自学过程始终的教学模式。这种模式主要是针对传递—接受式的弊端提出来的。自学—辅导式教学模式有利于培养学生自觉学习的习惯，提高学生学习的主动性和积极性，加速学生创造性思维的发展，也有利于适应学生的个别差异，针对学生不同的知识基础、能力水平、性格特征进行个别指导。

（3）**引导—发现式**。引导—发现式是根据杜威、布鲁纳等人倡导的“问题—假设—推理—验证”等程序，教育工作者在教学实践中总结的教学模式。它以问题解决为中心，注重学生独立活动，着眼于培养学生的创造性思维能力和意志力。这种以问题解决为中心的教学，要求教师所提供的言语引导是最精炼的。

（4）**情境—陶冶式**。情境—陶冶式是吸取了洛扎诺夫暗示教学的理论，并参照我国教育工作者积累的有效经验加以概括而成的教学模式。情境—陶冶式教学模式从人的认识是有意识心理活动和无意识心理活动的统一、理性活动和情感活动统一的观念出发，强调个性发展。它强调不仅要重视理性活动，更要通过情感的陶冶，充分调动学生无意识的心理活动潜能，使他们在思想高度集中、精神完全放松的情况下进行学习。

（5）**示范—模仿式**。示范—模仿式是最古老也是教学中最基本的模式之一。它多用于以训练行为技能为目的的教学。通过这种教学模式所掌握的一些基本技能，如读、写、算以及各项运动技能，对人的一生都是十分有用的。

国外的主要教学模式总结起来有四种：

（1）**探究式教学模式**。探究式教学依据皮亚杰和布鲁纳的建构主义理论，以问题解决为中心，注重学生独立活动的开展，注重学生的前认知，注重体验式教学，有利于培养学生的探究能力和思维能力。探究式教学的优点是有利于提高学生的创新能力、思维能力和自主学习能力，有利于培养学生的民主与合作精神。它的缺点是教学需要的时间比较长，需要较好的教学支持系统。

（2）**抛锚式教学模式**。抛锚式教学要求建立在有感染力的真实事件或真实问题的基础上，所以有时也被称为“实例式教学”“基于问题的教学”或“情境性教学”。抛锚式教学的理论基础是建构主义。它要求情境设置与产生的问题一致，问题难易适中且要具有一定的真实性，在教学中要充分发挥学生的主体性。抛锚式教学有利于培养学生的创新能力、解决问题能力、独立思考能力及合作能力。

（3）**非指导性教学模式**。又称“以学习者为中心”模式，是由美国著名的人本主义心理学家罗杰斯提出的。他认为，人具有先天的优良潜能，教育的作用就在于使这种先天潜能得以实现。在这一模式中，教师的角色不是权威，而是“助产士”与“催化剂”。非指导性教学的核心和关键就是要促进学生的学习和自我实现。在罗杰斯看来，“自我实现”既是人的最高价值，又是人的一种本能需要，根植于人的先天潜能之中。“自我实现的人”是人的潜能和价值得到充分发展的人，是人格完善的人，即“完整的人”。

（4）**程序教学模式**。程序教学模式是斯金纳根据行为主义学习理论提出来的。程序教学模式是根据程序编制者对学习过程的设想，把教材分解成许多小项目，并按一定顺序将其排列出来，每一项目都提出问题，通过教学机器和程序教材及时呈现，要求学生做出反应，然后予以及时的反馈，进行核对。

（三）教学模式的选择与应用

任何的教学模式都要在一定的条件作用下才能发挥作用。教师进行教学模式的选择时，首先要依据教学目标和教学任务明确相应要求，基于课程性质和教材特点选择恰当的教学模式；同时要依据学生的年龄特征、知识水平等选择符合学生身心发展规律的教学模式；另外，教师的特点也是教学模式能否顺利操作的重要条件，教师要尽量考虑自身的能力、经验，选择适合自己的教学模式。除了上述的软件条件之外，外部硬件条件，如资金、环境、设备等，都会影响对于教学模式的选择。综合以上因素，选择恰当的教学模式，以促进学生的全面发展。

在选择了恰当的教学模式之后，对于教学模式的运用应该注意以下几个方面：(1) 作为教师要树立正确的教学观念，在符合师德规范的要求下，进行教学模式的运行；(2) 在具体操作时，要注意克服教学模式的单一化，注重多种教学模式的综合运用；(3) 在运用教学模式时，要针对具体的教学实践，并在原有的基础上加以创造，形成教师个人的特点和教学风格。

四、教学方法

(一) 教学方法的概念

古今中外，对于教学方法的界定数量繁多，而且不尽相同，但有一些共同特点。其一，教学方法是为实现教学目的服务的，与教学目的紧密相连；其二，教学方法体现了教学活动的双边性；其三，教学方法由一系列的教学方式组成，从大的方面来说有教师的教授方式和学生的学习方式。人们对教学方法的各种探索，丰富了教学方法的内涵，为进一步深刻理解和体会教学方法的含义奠定了基础。

教学方法是为完成教学任务而采用的办法，包括教师教的方法和学生学的方法，是教师引导学生掌握知识技能、获得身心发展的方法。

(二) 教学方法的类型

教学方法多种多样，主要介绍我国中小学常用的五种教学方法。

1. 以语言传递为主的教学方法

以语言传递为主的教学方法，顾名思义，以言语表达为主，包括以下四种具体方法。

(1) **讲授法**。讲授法是指教师通过口头语言系统连贯地向学生传授知识。它是最古老的一种教学方法，也是迄今为止在世界范围内应用最广泛、最普遍的一种教学方法，其他各种教学方法在运用中常常要与讲授法结合。

讲授法主要有讲述、讲解、讲读、讲演四种方式。讲述是指教师运用具体生动的语言对教学内容做系统叙述和形象描绘的一种讲授方式。这种方式一般在人文学科教学中运用得比较多。讲述又分为科学性讲述和艺术性讲述。讲解是指教师运用通俗易懂的语言对教材内容进行解释、说明、论证的一种讲授方式。这种方式一般在自然学科教学中运用较多。讲读是指教师把讲述、讲解同阅读教材有机结合，是讲、读、练、思相结合的一种讲授方式。这种方式一般用于语文、外语教学中，也可用于数、理、化学科教学中。讲演是指教师以报告或者其他形式在较长的时间里系统地讲授教材内容，旁征博引，科学论证，从而得出科学结论的一种讲授方式。

(2) **谈话法**。谈话法也叫问答法，是指教师按一定的教学要求向学生提出问题，要求学生回答，并通过问答的形式来引导学生获取或巩固知识的教学方法。就谈话法的优缺点而言，一方面，谈话法能充分激发学生的主动思维，促进学生独立思考；对学生的智力发展有积极作用；有利于学生语言表达能力的锻炼和提高。另一方面，如在完成相同教学任务时，使用谈话法会需要更多的时间；并且学生人数较多时，很难照顾到每一个人。教师在运用谈话法时要准备好问题和谈话计划，保证提出的问题明确、具体，能引起学生思维兴奋。问题的难易要因人而异，符合学生已有的知识程度和经验。谈话过程中，教师要善于启发诱导学生思考。结束后，教师要做好归纳、小结，使学生的知识系统化、科学化，并注意纠正学生错误的认识，帮助他们准确地掌握知识。

（3）**讨论法**。讨论法是指学生在教师指导下为解决某个问题而进行探讨，辨明是非真伪，以获取知识的教学方法。在运用讨论法时，教师要选择有吸引力的讨论题目，做好充分准备。同时，要善于在讨论中启发、引导学生，让学生围绕中心议题发言，切勿偏离主题。讨论结束后，教师要做好讨论小结，概括、总结正确观点和系统知识，纠正错误、片面或模糊的认识，肯定学生各种意见的价值。

（4）**读书指导法**。读书指导法是指教师指导学生通过阅读教科书和其他参考书以获得或巩固知识的教学方法。教师通过读书指导法，教给学生读书的方法，组织学生交流心得，让学生学会按照一定的方法来读懂课文，感受语言。

2. 以直观感知为主的教学方法

除了以语言传递为主的教学方法之外，第二种主要方法是以直观感知为主的教学方法，包括演示法和参观法两种。

（1）**演示法**。演示法是指教师通过展示实物、直观教具，运用示范性实验或现代化视听手段，指导学生获得知识或巩固知识的教学方法。演示法可采用实物、标本、模型、图片的演示；也可是图表、示意图、地图的演示；还可以是实验演示；或是幻灯片、电影、录像等的演示。

（2）**参观法**。参观法是指教师根据教学目的和要求，组织学生对实物进行实地观察、研究，从而在实际中获得新知识或巩固、验证已学知识的方法。

3. 以实际训练为主的教学方法

以实际训练为主的教学方法，包括练习法，即学生在教师指导下，运用所学知识反复地完成一定的操作，以形成技能、技巧的教学方法。实验法是指学生在教师的指导下，使用一定的仪器和设备，在一定条件下引起某些事物和现象发生变化，并对其进行观察和分析，以获得知识和技能的教学方法。实验法一般在物理、化学、生物等自然科学的教学中运用得较多。实习作业法又称实习法，是教师依据学科课程标准的要求，指导学生运用所学的知识从事一定的工作或操作，将书本知识运用于实践的教学方法。实践活动法是指让学生参加社会实践活动，培养学生解决实际问题的能力和多方面实践能力的教学方法。

4. 以情感陶冶为主的教学方法

以情感陶冶为主的教学方法，包括欣赏教学法，欣赏教学法是指教师在教学过程中指导学生体验客观事物的真、善、美的一种教学方法。它把教学内容渗透于各种具体的、生动的、形象的、有趣的活动之中，以唤起学生的想象，加深他们对事物的认识和情感上的体验。欣赏一般包括对自然的欣赏、对人生的欣赏和对艺术的欣赏等。情境教学法是指在教学过程中，教师有目的地引入或创设以形象为主体的，具有一定情绪色彩的，生动、具体的场景，以引起学生一定的情感体验，从而帮助学生理解教材，并使学生的心理机能得到发展的教学方法。情境教学法的特点在于重视学生的主体作用，使认知与情感、活动与环境、学习与应用有机地结合起来。教师创设的情境一般包括生活展现的情境、图画再现的情境、实物演示的情境、音乐渲染的情境、言语描述的情境等。

5. 以探究为主的教学方法

以探究为主的教学方法是指教师组织和引导学生，通过独立的探索和研究活动，掌握知识、培养能力、开发潜力、形成研究意识和探究精神的方法。这类方法的特点是学生具有较大的活动自由，学生积极主动地研究问题、探索解决问题的方法，学生的主体性得到充分彰显，学生的独立性得到较大程度发挥。美国教育学家布鲁纳倡导的“发现法”就是以探究为主的教学方法。

(三) 教学方法的选择与运用

和对于教学模式的选择与运用一样，教师在进行教学方法的选择时，也要综合地考虑各方面的因素，只有这样才能选择出更具有适切性和有效性的教学方法。教师在运用教学方法时，要依据教学目标和教学任务明确相应的要求，对于教学内容的知识体系、重难点等进行明确的把握；另外，对于教学最重要的主体学生，教学方法的选择是否恰当，最终是通过学生的变化反映出来的，因此，教学方法的选择必须要考虑学习者的特点，包括身心发展水平以及知识基础等；在教学中的另一个主体，教师的特点也不可忽视，不同的教师拥有不同的教学观、教学能力和教学风格等，教师在选择教学方法时要与自身的能力特点相匹配，发挥自身的优势；除了上述软性因素之外，外部的硬性条件，如教学环境、教学设备、资金等也在教学方法的选择中起到重要作用。

在具体运用教学方法时，要遵循综合性、灵活性、创造性的原则，将教学方法的功效发挥至最大化。

五、教学手段

(一) 教学手段概述

1. 教学手段概念

教学手段是指为了达成教学目标，师生在教学交往过程中所采取和使用的传递信息的工具、媒体或者设备。教学手段的目的在于为教师和学生的教学活动提供中介桥梁和支持辅助作用，既包含有形的教学手段，又包含无形的教学手段。有形的教学手段是以教师身外之物为载体，具体是指教师在教学过程中必须借助的、存在与教师自身之外的操作工具和方法，对于学生的视听感官起直接作用。无形的教学手段是指以教师为载体，凭借教师自身，包括身体以及人格等方面发挥作用，进而传递教学信息。无形的教学手段不需要外部特定物质的支撑，在操作过程中看不见、摸不着，简便经济。

2. 教学手段的功能

教学手段对于教学活动而言不可或缺，其重要性也是不言而喻。

作为重要的教学媒介，教学手段承载着呈现和传递教学内容的重要功能，直接影响着教学效果。但必要的是要将有形的教学手段和无形的教学手段加以结合，才能发挥出教学手段传递教学内容功能的最大值。比如，作为有形手段的课本、标本等，有助于从外在帮助学生建立起具体的形象化概念；而在其中，单纯呈现有形教学手段是不够的，要配合无形教学手段，如教师的操作、演示等，极大地拓展教学内容的呈现容量及效果，实现教学手段功能的落实。

教学手段对于教学活动环境的构建是非常重要的。教学活动环境既包含物质环境，又包含心理环境。这也与教学手段的有形与无形相对应。比如，有形的教学手段扩音器，可以构建大规模授课的物质教学环境，使教学能够实现共享；同时，无形教学手段，如教师的人格所传递出的教学形式、方法等，能够帮助学生在人格心理层面成长，这也就塑造了心理层面的教学环境。由此，又实现了教学手段多方面地构建环境的功能。

教学手段的应用对于学生的全面发展起到重要的作用，这尤其体现在无形教学手段中，如教师教学语言，在教学过程中，教师的教学语言承担着传递教学信息、促进师生情感交流、完善学生人格等的重要功能；除了教师教学语言之外，教师的非教学语言也在育人方面发挥着重要的作用，教师的一个眼神、一个动作都会在一定程度上让教学手段的功能发挥到最大化。

（二）教学手段的选择

1. 影响教学手段选择的因素

首先，选用教学手段的主要目的是能够有效地完成教学任务，并能够顺利实现教学目标，因此，教学任务会影响着教学手段的选择和应用。在教学过程中，要在教学任务的具体要求之下，选择恰当的教学手段，不能为了教学效果的呈现而忽视教学深处的具体要求。

其次，学生的特点也在教学手段的选择中起到重要的作用，学生的特点包括学生年龄、学习基础、学习态度等。如在进行教学手段的选择时，对于理解力比较高的学生，教师可以采用一些逻辑思路清晰的教学材料进行教学，根据不同学生的特点来选择教学手段。

再次，教师自身的情况和条件也能够直接影响教学手段的选择与使用，教师的条件主要包括教师的教学能力、专业素质等。教师在进行教学手段的选择时，要充分考虑自身的实际情况，不要勉为其难。

最后，外部的硬件条件等也起着重要的作用，如教学时间、教学资源、教学设施等。这一点尤其对于有形教学手段而言，影响巨大，比如在资源相对匮乏的农村地区，一些有形教学手段的使用就会相对受限。

2. 选择教学手段的主要原则

（1）**发展性原则**。是教学手段选用的根本原则。在进行教学手段的选择时，要最大限度地考虑它为教学带来了多大程度的影响和作用，多大程度上促进了学生的全面发展，选择这样的教学手段最终是否让学生获得了最大程度上的发展。

（2）**教学最优化原则**。在选择教学手段的过程中，要综合考虑教学的各方面因素，协调教学手段与教学其他各个方面之间的关系，使教学效果实现最大化。在选择教学手段的时候，要将影响教学手段选择的各方面因素考虑在内，包括教学内容、教师、学生、外在条件等。

（3）**互补性原则**。在进行教学手段的选用时，要避免单一，要综合多样地选择教学手段，将有形手段与无形手段相结合，实现教学手段功能发挥的最大化。

（4）**健康和安全原则**。这一原则，是所有教学活动的首要原则。在教学过程中，不可避免地可能会出现一些与健康和安全相关的问题，如疫情之下的线上授课模式，其所选取的教学手段就是依靠屏幕来进行教学内容的传递，由此，学生的视力大受影响。因此，教学手段在进行选择时，对于学生健康与安全的保障也是十分重要的。

教学案例

古希腊神话中的塞浦路斯国王皮格马利翁善于雕塑，他倾注了心血雕塑了一个美丽的少女并爱上了她，结果雕像变成了活生生的人。美国心理学家罗森塔尔在实验研究中发现，教育过程也会发生类似现象，称为“皮格马利翁效应”。他们在一所小学进行“预测未来发展的测验”：把“最佳发展者”的名单交给老师，要求绝对保密。8 个月后他们重返这所学校，发现名单上的儿童智力都得到了很好的发展。然而名单却是从点名本上随意抄录的。为什么会产生如此的结果？他们认为，权威的暗示唤起了教师的爱和期待，于是孩子们以勤奋地学习、规范的行为作为对老师的回报，从而出现了“皮格马利翁效应”。

请用教学实施中的相关要素，对材料中的案例进行分析。

课后测验

1. 请分析影响教学方法选择的因素。
2. 请结合教育实际，谈谈如何进行教学方法的改革。
3. 谈谈自己对班级授课制的理解。
4. 分析个别化教学组织的发展趋势。

第七章　课程与教学评价

章节概述

课程与教学是学校教育的中心工作，是促进师生全面发展和健康成长的主要承载体。课程与教学的效果如何，相关活动是否达到了预期目的，还存在哪些问题等都必须通过评价来加以检验、判断。评价是人类进行价值判断的过程，是一个有意识活动的表征，其实质在于按照既定的目标，发现活动过程中存在的问题，进而不断促使相关活动趋于完善。对于课程与教学评价而言，学界如何定义？其研究历史发展如何？进行具体评价的原则是什么？对于教育教学的主体学生及教师在具体进行相关评价时又有哪些具体操作方法？本章将从课程与教学评价概述、教师教学评价、学生学业评价三个方面展开讨论，相信通过本章节的学习，能够有助于帮助我们更好理解上述问题。

知识导图

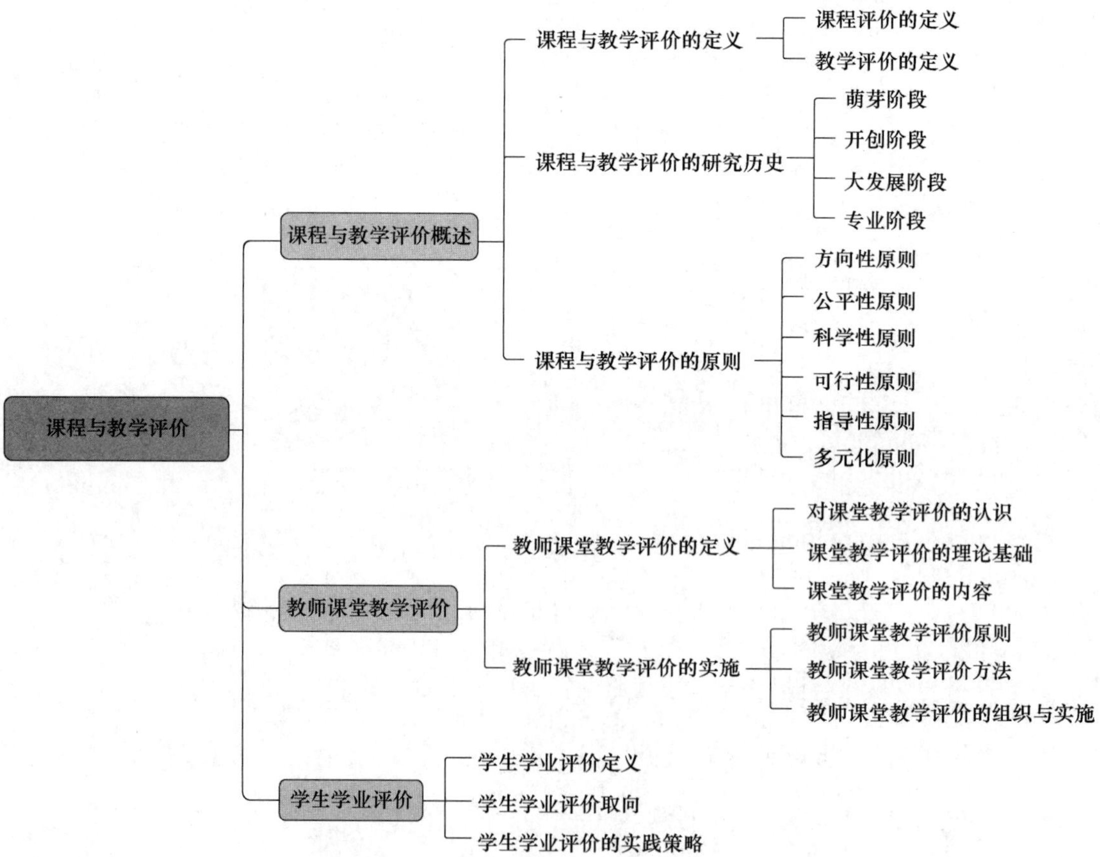

学习目标

1. 了解课程与教学评价的基本原则。
2. 掌握教师进行课堂教学评价的主要步骤。
3. 了解学生学业评价的价值取向。

第一节　课程与教学评价概述

课程与教学是学校教育的中心工作，是促进师生全面发展和健康成长的主要承载体。课程和教学的有效性、活动是否达到了预期目的、还存在哪些问题，都必须通过评价来检验和判断。评价是人的价值判断过程，是有意识活动的体现，其实质是根据设定的目标，找出活动过程中存在的问题，进而促进相关活动的改进。事实上，自人类社会发展以来，评价活动已经广泛存在并渗透到人类所有的有意识活动中，成为人类活动的组成部分。在教育活动中也是如此，正如泰勒所说："评价过程基本上是确定课程和教学计划在多大程度上实现教育目标的过程"。其根本目的是保证课程开发的合理性、教师教学的合理性和学生学习的合理性。

一、课程与教学评价的定义

（一）课程评价的定义

课程评价的概念最早是由美国课程评价之父泰勒提出的，后来在课程理论和实践中得到了广泛的应用。对课程评价概念的理解和认识，会随着对"课程"这一高级概念定义的理解而变化。由于国内外学者对课程的认识不同，对课程评价的概念也有不同的理解。概括起来，不同学者对课程评价的理解，可以分为以下几类：

（1）**将课程评价定义为行为结果与既定课程目标之间的一致性程度。**泰勒认为，"课程评价过程是确定课程和教学计划在多大程度上实现了教育目标的过程"，是后世著名的目标评价模式。

（2）**确定课程评价，为相应的课程决策提供依据。**美国学者克隆巴赫说，课程评价是关于课程的决策以及收集和使用相关信息。

（3）**将课程评价定义为价值判断和决策的过程。**坦布林克将课程评价分为准备、资料收集和评价三个阶段，评价是获取信息并利用这些信息形成判断和决策的过程。

综合各方对于课程评价的概念的理解定位，认为课程评价是根据一定的课程价值观或者课程目标，运用一定的科学手段，通过系统地搜集信息、资料，分析、整理，对课程方案、实施过程以及结果等进行价值判断，继而为课程决策提供可靠信息的过程。

（二）教学评价的定义

与课程评价的概念类似，学术界对教学评价的定义也没有形成共识。国外学者对教学评价的理解与课程评价相似，主要有四种理解：第一，教学评价是将教学评价等同于教学测验，其代表人物是桑代克；第二，教学评价是一个系统收集信息、进一步做出价值判断的过程；第三，教学评价是以泰勒和普罗沃斯为代表的将实际绩效与理想目标进行对比的过程；第四，教学评价是系统地收集信息，以帮助决策。

在李秉德看来，教学评价是指通过各种测量手段，系统地收集证据，通过教学来确定学生的变化。罗明基认为，教学评价是指教学人员根据一定的教学教育目的，运用一切可行的方法和手段，对教学工作的质量进行衡量、分析和评价。吴也显认为，教学评价是指根据一定的客观标准，收集教育系统各方面的信息，对教学及其影响进行客观衡量和科学判断的过程。王汉澜认为，教学评价是指根据一定的教学目标，运用科学、可行的评价方法，放大教学过程和教学成果的过程，为改进教学提供可靠和科学依据。

总的来说，虽然有不同的观点，但学者们一致认为，教学评价的实质是一个价值判断过程。此外，教学评价是指根据一定的标准和收集到的相关资料，采用科学合理的方法对教学活动及其教学效果进行价值判断的程序。教学评价的目的是改进教学提供依据，提高教学质量。

二、课程与教学评价的研究历史

（一）萌芽阶段——测验与测量时期（19世纪末至20世纪30年代）

教育评价的萌芽时期是测验和测量阶段。这一时期的评价认为，它基本上是对学生记忆状况或其他知识特征的测验或测量。20世纪初，随着自然科学的发展，出现了各种统计和智力测量量表技术，一批教育家和心理学家开始将这些测验工具应用于教育领域。这一时期测量系统的发展和完善，为评价的正规化和系统化创造了条件。与此同时，外部社会的发展也往往是通过测量来实现的，第一次世界大战后达到顶峰的工商业“科学管理运动”，对学校教育产生了深远的影响。学校工厂化、学生产品化，学生这一“产品”能否符合需求？作为“加工者”的教师的教学是否卓有成效？作为“工厂”的学校，其教育是否成功？都可以通过外部测量这一工具加以检验，成为课程与教学评价发展的外部助推器。

萌芽时期的课程与教学评价的基本特点是将评价等同于测量，评价者的工作即是测量统计的工作。由此教育评价的萌芽时期被认定为是测验与测量的时期。

（二）开创阶段——描述时期（20世纪30~50年代）

教育评价作为一个科学的概念，在20世纪正式诞生于美国进步主义教育联盟的一项为期八年的新教育课程改革实验中。教育评价思想起源于对中国古代教育的考试，产生于西方对教育测量的批评，形成于“八年研究”的改革实践中。

美国进步主义教育联盟的一些教育家以新教育理论为指导，以促进人的全面发展为目的，提出了一套关于新教育课程的实验研究。泰勒教授主持并设计了教育实验评价方案，结合实验进行了评价研究，这就是所谓的“八年研究”。八年的研究工作取得了成功，教育评价的实施也卓有成效。《史密斯—泰勒报告》对教育评价进行了总结，被誉为“划时代的教育评价宣言”。泰勒系统总结了教育评价思想体系，首次提出了科学的教育评价观，阐述了教育评价工作的指导思想、宗旨和原则。至此，教育评价正式诞生。教育评价方法论的实证化非常明显。这一特点体现在目标导向的评价模型中。泰勒认为，开展评价的依据是把所要评价的内容分成具体可见的、可操作的学生行为目标，以便在评价中能够围绕这些行为目标进行观察和测定。其次，在评价模式中，泰勒非常重视对学习和教育结果的客观衡量和统计。

泰勒的观点对评价领域产生了重大影响，形成了以描述为标志的课程评价和教学评价的开创时期。也正是在泰勒的努力下，“评价”一词取代了评价领域的“考试”和“测验”，为评价工作提供了新的指导思想。这一时期主要认为评价过程是将教育结果与预定目标进行比较的过程，是对教育目标进行客观描述的过程，与萌芽时期的课程和教学评价相比，这一阶段的评价开始进入科学化的过程。

（三）大发展阶段——判断时期（20 世纪 50~70 年代）

1958 年，联邦议会通过了《国防教育法》，政府和公众都要求对教育工作进行科学评价。1963 年，美国政府正式要求对教育的效能和质量进行评估，并为此提供了专款和专业人员。在此背景下，教育评价的理论、方法和手段有了长足的发展。在此期间，出现了 40 多个评价模式。它们适用的范围不同，采取的方法也不同。教育评价呈现蓬勃发展的态势。这一时期的特点是实证化倾向仍然占主导地位，人文化倾向已经开始萌芽。

这个阶段把评价看作是一个价值判断的过程，评价不仅要按照预定的目标来描述结果，而且要进行价值判断，这就超越了预定目标的限制，实现了对第二阶段描述阶段评价的超越，确认了评价的本质，确认了评价的过程性，许多新的评价理念，如“形成性评价”“目标游离评价”“内在评价”等在这一阶段产生。

（四）专业阶段——建构时期（20 世纪 60~70 年代）

20 世纪 60 年代末、70 年代初，随着课程改革运动的深入反思，传统的评价方式受到了猛烈的冲击，人们迫切希望发展出新的评价理论与方法。在这一时期，教育评价方法论的人文化特点迅速发展，并有超越实证主义的趋势。一系列新型教育评价模式不断涌现。在评价中，不仅从评价者的角度，而且从所有参与者的需要的角度出发，强调个人经验、活动和主观认识的作用，不要过分追求客观性，不要试图抛弃数量特征，而是从人的观点出发，注重在评价中应用人文社会科学方法的方法。在教育评价方法论的人文化倾向迅速发展的同时，实证化特征并没有完全消失，而是以一种新的形式得到了进一步发展。

三、课程与教学评价的原则

教育评价原则是教育评价活动的基本规范，是基于教育目的、教育教学规律和教育评价知识的课程与教学评价的基本规范和要求。课程与教学评价原则是教育活动基本规律在评价工作中的具体运用，也是对评价行为准则工作中积累的经验的高度总结和概括。它能指导课程与教学评价，为衡量教育评价的质量提供一个标准。在课程与教学评价活动中，评价者的评价行为只有符合评估评价行为原则规定的标准，才能做到同步。合理、准确地开展教育评价，一般遵循方向性原则、公平性原则、科学性原则、可行性原则、指导性原则和多元化原则。

（一）方向性原则

1. 定义

教育评价的方向性要求教育评价必须坚持正确的政治导向，体现社会主义教育事业方向，通过教育评价活动，推动学校各项工作沿着正确的轨道发展，避免误导学校管理、教师工作和学生学习。教育评价在教育管理和教育教学活动中起着指挥定向的作用，在教育评价中，对学校管理人员、教职人员和学生提出了一套评价指标和标准。

方向性原则的提出是由教育的社会制约性和教育评价的导向功能决定的。教育社会制约性是指人才培养和思想文化建设受到一定社会政治、经济和文化的限制和影响。教育评价的导向功能是指教育评价本身引导评价对象向理想目标发展的功能和能力。在教育评价中，任何被评估对象的价值判断都是以一定的评价目标和评价标准为基础的。中国是社会主义国家，政治制度决定了教育的价值在于培养全面发展的人才，教育为社会主义建设服务。

2. 贯彻此原则的基本要求

（1）**教育评价指标的制订应体现正确政治方向和教育目的。**在制订教育评价指标时，要明确教育部门教育方针相关要求，把握政策的精神实质，根据国家的教育目的和政策，明确评价方向。同时，要认真学习教育理论，把握教育规律，使评价指标和评价标准在科学的基础上，符合国家有关要求，体现时代精神，有明确的方向性和前瞻性。

（2）**评价人员应具备良好的政治素质和正确的教育价值观。**教育评价人员应当深入学习党和国家的教育方针政策、法规和教育理论，树立正确的教育价值观和评价观，明确国家教育的方向和要求，准确把握评价过程中方向性原则，促进学生全面发展，培养社会主义事业建设者和接班人，是教育评价的根本目的。

（3）**评价过程要体现正确评价方向，真正实现评价目的。**教育评价活动应符合我国的教育目的要求，通过评价活动调动被评价人的积极性，提高教育活动的效率，促进学生体质健康的发展，加强办学方向。

（二）公平性原则

1. 定义

公平性原则是指以公平、公正的价值标准，不受社会因素、主观情感的影响，进行教育评价活动。公平性是教育评价的核心文化价值，要坚持实事求是、人人平等的评价理念，使评价活动体现客观、公正、公平的原则，即评价指标制订要体现公平性，评价过程要体现公平性，评价结果的解释和处理要体现公平性。

教育评价的鉴定功能决定了公平性原则，即教育评价可以按照一定的标准，根据评价对象的优劣程度，确定和判断被评价对象的资格，具有评价、区分、排名、晋级和资格审查的功能。鉴定功能是教育评估的基本功能，只有所有的评估者采用相同的评估评价标准、相同的评估环境和方法，才能实现公平的教育评估。

2. 贯彻此原则的基本要求

（1）**评价指标体系的制订应遵循公平性原则。**教育评价指标体系的建立是教育评价的核心内容，评价指标体系的结构和内容将与各评价对象采集的数据类型、评价结果密切相关。因此，教育评价指标体系应尊重地方差异和个体差异，教育评价指标、标准、权重、分值的确定应合理、合规、适当。

（2）**评价程序按照公平、公正的原则进行。**教育评价是一个系统的过程，每一个环节都有明确的顺序、活动内容和实施标准。在评价过程中，要保证评价程序的公正性，严格规范评价程序，做到评定等级一以贯之。

（3）**评价活动应按照公平性原则进行。**对同类评价对象进行教育评价时，评价标准应保持一致性，不要此时一个标准，彼时一个标准。在相同的范围内，对不同评价对象的教育评价必须采用相同的标准，不要此人一个标准，他人一个标准。

（4）**提高评价活动透明度，建立监督检查制度。**在教育评价过程中，要坚持群众性和民主性原则，鼓励建立监督机制，在加强评价主体职业道德建设、最大限度减少心理因素和外部因素干预的同时，把民众参与和群众监督作为公平性的保障机制。

（三）科学性原则

1. 定义

科学的教育评价原则是指教育评价过程的每一个环节（包括指标体系的建立、评价方案的制订和评价的实施）都要符合科学的标准，教育评价活动不能单靠经验和直觉来进行。所谓科学标准，就是评价的过程和结果要符合客观实际，尊重客观事实，实事求是，以真实资料为基础，对教育活动过程和结果进行准确的价值判断。这一原则体现在评价过程中，评价结果要符合客观实际、尊重客观事实、实事求是；评价过程中的各个环节都要符合科学要求，遵循评价活动客观规律。为了使评价客观、真实地反映评价对象的实际情况，在进行价值判断时，要力求准确，不应主观臆测和掺杂个人情感。只有这样，评价对象才能令人信服地接受评价结果，明确自己的努力方向，从而激发工作学习的动力；只有这样才能为教育管理部门的科学决策提供有效依据，只有科学合理的评估才能对教学起到指导作用。

科学的评价原则是由教育评价本身的性质决定的，教育评价的科学化是一个反复实践、不断完善的过程，教育评价作为一种价值判断活动，必须坚持科学的评价原则，才能对判断对象进行客观评价，促进教育事业发展。科学性不仅要求评价目标标准的科学化，更重要的是评价程序和评价方法的科学化。

2. 贯彻此原则的基本要求

（1）**评价要有科学、一切从实际出发、实事求是的评价标准。**要以严谨的科学态度和不畏艰险、一丝不苟的工作精神，认真对待考核过程中的每一个细节。只有遵循教育评价活动的客观规律，根据教育评价活动的客观规律开展评价活动，才能得出科学的评价结论。

（2）**要有科学的评价指标体系，制订科学的评价指标体系的依据、结构和内涵界定。**构建科学合理的评价指标体系，按照科学的科学实施程序设计教育评价方案，正确、熟练地掌握科学评价的方法、手段和技巧。科学组织设计评价标准和方法。

（3）**评价要求有科学的技术方法。**无论是评价方案的制订、评价信息的收集和整理，还是评价结果的确认，都需要有一定的理论依据和实际的可靠性、有效性。定性分析与定量分析相结合，静态评价与动态评价相结合，他评和自评相结合，终结评价与过程评价相结合，使评价结论更加全面、合理。

（四）可行性原则

1. 定义

教育评价可行性原则是指根据现实的需要和可能，制订和实施教育评价方案，即评价指标和标准具有现实性、具体性、可接受性和可行性。由于评价对象的复杂性、评价环境的差异性以及评价条件和评价环境的不同，评价方案设计和评价活动的实施必须符合实际情况，在一定条件下具有较强可执行性和可实施性。

2. 贯彻此原则的基本要求

（1）评价方案的总体设计要综合考虑人力、物力、财力、时空、技术等各种因素，方案实施前需要进行可行性分析，评估不确定性，可在较小范围内进行测试，试行成功后在更大范围推广。

（2）评价指标体系不应过于烦琐，评价计算体系应简便易行，不能失去整体重点，评价指标越多，重复的内容越多，列入指标的次数越多，评价运作的耗能就越大。因此，评价指标应少而精，简明扼要，重点突出，便于评价。

（3）评价指标应具有直接可测性或可操作性。指标的直接可测性，就是指标作为具体的目标，它应该能够用描述具体行为的语言加以定义，具有清晰明确的测量范围和项目，而那些描述心理或思想状态的语言表述缺乏鉴别力和可达性。

（4）评价标准不应该太高，而应该是评价人员的努力所能达到的效果和评价者的努力所能达到的效果。评价的总体要求是实事求是的，如评价的范围、评价的尺度、评价结果的准确性等，不能脱离现实。

（五）指导性原则

1. 定义

教育评价的指导性原则是指不能为了评价而评价，评价不是目的，而是手段，评价与引导相结合，认真分析评价结果，从不同角度找出评价结果的原因，评价过后的信息反馈能够引导评价对象提高成绩或学习状态，调整行为，更好地实现目标，这样的评价活动是一个持续性的行为过程。因此，在进行评价之前，必须明确评价的根本目的。美国学者格兰特·威金斯说，如果不能对学生、教师、学校以及教育管理者有所教益，评价也就失去了价值。因此，在实际工作中，为了防止评价理念的倒置，评价者要平等对待评价对象，通过评价，帮助评价对象找到问题，找到正确的原因，为其今后的发展方向服务。

传统的教育评价强调诊断性功能的实现，倾向根据评价标准对评价对象的表现做出价值判断，分析教育的优势和不足，指出问题，找出原因，提出改进的方法和措施，这种教育评价强调的是对最终目标实现情况的判断，强调的是发现问题，而不是纠正或改进问题。指导性原则要求教育评价学会教育功能，强调运用评价过程和评价结果，帮助评价人员明确评价目标，查找差距，及时改进和完善，使评价过程成为一个“学习控制、规范改进和完善”的过程，有利于提高评价对象的自我认识，自我完善，自我提高。

2. 贯彻此原则的基本要求

（1）**指导工作必须以评价为依据，不能脱离评价。**教育评价不仅要注重对评价对象现状和水平的判断，更要关注评价主体过去的存在，从纵向、整体、发展的角度看待评价对象的变化。聚焦目标进度，在原有的基础上，注重对个体差异的评价，以激发学生的自信心，增强学生效能感，调动学生的工作和学习积极性。指导性原则应更好地反映评价是比较过去、诊断现在和预测未来，不仅要了解评价人员的评价对象所知所能，还要了解评价人员的"可知可能"，提高可预见性，并为评价人员的未来发展提供支持性指导。

（2）**指导意见要明确方向、明确标准，不能含混不清、模棱两可。**教育评价，一方面帮助被评价人认识自己，正确客观地看待自己的表现和他人教育活动的结果，另一方面也为个人的发展提供了明确的方向和切实可行的改进方案，对个人的成长和进步有指导意义。因此，在教学评价活动中一定要用清晰明了的语言表达评价者的意见，指出评价活动中发现的问题，分析产生问题的原因，并提出解决问题、修正不足的方向与建议。

（3）**指导性原则要体现教育评价的稳定性和差异性。**评价稳定性是指教育评价内容、评价标准在一定时期内、一定情况下的相对稳定性，不能随意改变，以确保评价结果公平性、公正性。为促进评价对象的自我认识和自我提高，可适当调整评价内容和标准，最大限度地适应每个评价对象，避免"一刀切"，为评价对象的进一步发展提供更加有效的信息，增强后续发展的动力。

（六）多元化原则

1. 定义

教育评价的多元化原则是指教育评价主体、评价内容、评价标准和评价方法是具有多样性的，而不是单一的。多元化原则体现了现代素质教育的发展和新一轮基础教育课程改革的理念。由这一原则所指导的多元评价在本质上是鼓励评价对象不断肯定自我、超越自我。告别以完全统一的标准进行分等和奖惩的评价，不再鼓励评价对象之间的横向比较和竞争。在教育评价中，单一的权威主体评价会使评价的内容和结果不能全面反映被评价者的整体素质，多元评价的价值观是鼓励人的多元发展、全面发展。

2. 贯彻此原则的基本要求

（1）**评价主体的多元化。**评价主体是指那些参与教育评价活动的组织与实施，按一定的标准对评价客体进行价值判断的个人或团体。让需要评价信息的各方面人员都参与到评价中来，请他们提出对评价的建议和要求，以便使评价结果更好地满足使用者的需求，这就是评价主体的多元化。在现有的教育评价活动中，评价主体主要有以下四类人员：第一类是教育决策者，指在制订政策时起决定作用的人，包括学校校长以及教务管理人员；第二类是教育教学活动的实施者，包括评价中各项具体工作的负责人和第一线的教师；第三类是教育的接受者，包括正在接受教育的学生或已毕业的学生；第四类是评价信息的使用者，包括各级教育行政管理部门、接受学生工作的用人单位及家长等。评价主体多元化可以改变评价者与评价对象之间的关系，拓展评价者的角色内涵，提高评价的质量，也体现了评价过程的民主性和公平性。

（2）**评价内容的丰富性和评价标准的差异性。**美国心理学家加德纳的多元智能理论认为，人类的智能至少可以分为八个范畴：语言智能、数理逻辑智能、音乐智能、空间智能、身体运动智能、人际交往智能、自我认识智能和认识自然智能，每个人都有属于自己的智能强项。基于多元智能理论的评价主张考查学生更为广泛的智能，而不仅仅是对学生的语言智能和数理逻辑智能的关注。"多一把衡量的尺子，就会多出一批好学生"，多元智能理论给现代教育评价的重要启示就是评价内容要具有丰富性、评价标准要多元。

（3）**评价方法的多样性**。评价方法的多样性主要是指在评价中将量化评价和质性评价相结合。量化评价追求评价过程与结果的客观性，并以评价结论数量化作为客观性的标志，具有简明、精确、便于统计处理等优点。目前全球许多学校范围内普遍采用的标准化测验、常模测验等就是典型的量化评价方法。质性评价方法是指确定评价对象主流是否积极、方向是否正确，而对某些细节和小的利弊得失采取模糊评价的方法，如课堂行为记录、项目调查、书面报告、作业等方法，能够较全面地反映学习者的变化及特征。量化评价与质性评价并不冲突，两者的整合是对教育对象的一种全面考察。

（4）**注意多元评价的适用范围**。多元评价不是万能评价，它有自己的适用范围。从评价的目的来看，多元评价更适合于形成性、发展性评价，这种评价的主要功能在于诊断、反馈和改进。而对于以鉴定或选拔为主要目的终结性评价，因为必须坚持严格、明确的评价标准，一般应由专业人士按统一的方法来实施，以保证评价结果的权威性。因此，在什么情况下使用多元评价，应视评价的具体情况而定，要从评价的主要目的出发，避免盲目追求形式。

第二节　教师课堂教学评价

一、教师课堂教学评价的定义

（一）对课堂教学评价的认识

评价是主体根据事实判断客体价值的一种判断活动。因此，评价是由价值判断者在预先存在的价值信念和目标的指导下进行的，这些信念和目标在评价活动中起着核心作用。一般来说，不同的价值信念会产生不同的评价结果。评价活动的开展深深植根于对评价对象的认识。此外，从人类活动的先后顺序来看，评价是更接近实践活动的认识活动，其强烈的实践导向性对人们的实践活动起着明显的导向作用。

具体到课堂教学活动，持有不同的课堂教学观会形成不同的教学评价，产生不同的教学评价结果。反之，课堂评价活动也是不同的，会有相应不同的课堂评价理念和教育学作为指导。教师的课堂教学评价活动本质上是教师深刻的教学思想的具体化。总之，我国中小学课堂教学评价活动总体上呈现出两个特点：第一是数量不多，师生并不注重在课堂上教学评价的作用；第二是质量不高，许多课堂评价仅限于对简单的陈述性知识展现好坏的评判。具体情况是，只有教师在课堂上认真上演“独角戏”，教师往往更加注重自己教学计划是否实现，对学生的参与、过程和学习效率重视不够。对于学生的评价主要通过问答的方式进行，大部分问题都是低质量、不实用的机械重复式的无效提问。这种评价深深植根于中国教师的传统观念中。在过去的 20 年里，虽然我国的课堂教学改革和经验很多，也取得了可喜的成绩。但是不容忽视的是，由于缺乏有效的措施，许多改革没有取得预期的效果。通过对这些改革的考察，可以得出许多有益的经验：课堂教学改革和实验必须找到切实有效的切入点，才能取得令人满意的效果。传统教学评价的弊端是不能正确认识课堂评价的作用，因此，应重视和强化课堂评价的诊断、导向、激励和教学功能，树立新的课堂评价观，将课堂教学的重心从完成教学任务的教师转移到学生身上，促进学生发展。

（二）课堂教学评价的理论基础

1. 多元智能理论

长期以来，对智力的理解仅限于智商理论和皮亚杰认知发展理论的研究。这种传统的智力理论认为，智力是一种以语言和数理逻辑能力为核心的综合生存能力。随着智力知识的不断进步，出现了新的智力理论，如美国心理学家 R. J. Stermberg（1985）和美国心理学家 S. J. Celi（1990）的智力理论，但在教育教学改革领域引起特别注意的是哈佛大学教授和发展心理学家加德纳在 20 世纪 90 年代提出的多元智能理论。加德纳认为，人类智力由八种密切相关但又相互独立智力构成：语言智能、数理逻辑智能、音乐智能、空间智能、身体运动智能、人际交往智能、自我认识智能、认识自然智能。这八种智力显然比智商理论所认为的语言智力和数理智力的逻辑智力更广泛，更有价值的是加德纳提供了一种多维的人类智力视野和方法，加德纳相信，随着研究的进展，它可以被增加或减少。多元智能理论的广泛性和开放性，对于正确理解和全面理解学生具有重要的借鉴价值。所有的智力都是不一样的，只是在各自的领域里，没有好坏之分，没有轻重之别。所以每个学生都有发展潜力，但在不同的领域表现不同。这就要求教师从不同的角度来看待每一个学生，把促进学生的发展作为根本的关注，并促进其智力优秀品质向其他优势智力领域的转移。

2. 建构主义的教育思想

20 世纪下半叶，西方建构主义教学观在对哲学、心理学和教育学的新认识基础上，针对传统草药教育的弊端和社会发展的需要而兴起。今天，建构主义教学观仍然深刻影响和指导着现实教育教学。与传统的赫尔巴特“三中心”不同，建构主义强调人的主体能动性，即学习者在与客观教学环境互动的过程中主动参与教学，积极构建知识框架。“人认识自己就像认识世界一样，人在创造世界的过程中创造自己”。著名教育家杜威教育哲学的精髓，还在于阐释了主体的主观改造必须以对象的有目的选择为基础。皮亚杰的结构与建构观也认为，人类的知识是建立在知识范畴与感性材料相结合的基础上的，没有主体的建构活动，就不可能产生知识。皮亚杰理论的同化和顺应解释了主体学习活动的能动性。维果茨基的“最近发展区”理论认为，学生的学习是在教师的有效引导下逐步发展的过程，它揭示了教学的本质特征不是行为主义者认为的“刺激—反应”，而是激发学习者不成熟的心理机能。美国教育家布鲁纳主张在原有知识结构的基础上建立新的知识结构，并在此基础上进行发现法学习。这些奠定奠基建构主义的先驱者，为我们上了一堂有益的现代教育教学课：教学从来不是教师向学生传授知识和技能的过程，而是学生通过能动的机制主动建构知识的过程。

3. 后现代主义

从后现代主义的观点来看，世界是开放、多样和可改变的，五彩缤纷的现实世界应该包容每一个学生的奇思妙想。在具有创新时代精神的今天，科学技术日新月异，各种新事物层出不穷，创新已成为社会和个人发展的动力源。通过认识的开放性，也为充分展现生命的真谛提供了舞台。后现代主义以包容和尊重个体主体性的宽广胸怀，为生活在这个世界上的每一个人开辟了生活空间。后现代主义以过程思维为核心，目的与手段相统一的思想认为个体在活动过程中不断发展。后现代主义为课堂教学评价提供了新的视角：每个学习者都是独特的个体，教学不能绝对统一地衡量学生的学习水平和发展程度水平，而必须为学生的不同意见留有余地。世界本身是多元的，为什么不承认多元呢？教学不应该把学习者仅仅看作是知识的接受者，而应该把他们看作是知识的探索者和发现者。所以，课堂教学既要注重结果，也要注重过程。从教学本体论的角度来看，活动才是教学的基础。基于师生共同活动的课堂教学评价，既是对当前形势的价值判断，也是下一次学习活动的逻辑起点和生长点，其作用是在促进学生充分发挥主体能动性，积极参与教育教学活动的基础上促进下一次教学活动的有效开展。因此，课堂教学评价的目的是教学，而不是选择和评判。

（三）课堂教学评价的内容

1. 课堂教学设计

课堂教学设计支撑起教师的整个课堂教学，教学设计包括教学目标、教学内容、教学方法、教学重难点、教学过程、教学结果等多方面的内容，由此，课堂教学设计评价也包含如上内容。正如前文所述，教师课堂教学更多的要将学生的发展考虑在首要的位置上，由此，分别来看，对教学目标的评价首先要明确其确定的目标是否符合国家教育方针和教育目标，同时，目标的确定还要与课程标准、教材、学生特点相结合，看其是否恰当；对教学内容的评价最为首要的是考察教学内容的科学性、可教性等；对教学方法的评价要综合考虑所选取的方法是否符合学生的身心发展需求、是否与教学内容的展示相适应、是否在教师能力范畴之内、是否能够有足够完善的硬件条件来进行支撑等；教学重难点的评价要看重难点的选取是否合适、是否适应了多数学生的发展需求、是否能够为教学目标进行服务；对教学过程的评价则更多地要将侧重点置于教学环节的完整度上，以及教学安排的合理性、科学性；对教学结果的评价要重点关注在学生能力的提升以及在整个教学过程中存在的问题，进而为后续的反思提供方向。

2. 课堂教学过程

课堂教学过程中包含的两大主体，教师和学生，既有教师的教，又有学生的学。教师的教学活动过程包括教学过程开始前的备课，教学过程中的上课，教学过程结束之后的课外辅导、作业批改等各环节。在备课环节，教学的评价重点在于教师是否将学生置于教学的主体地位，是否从学生的需求出发进行对教学的相关设计；上课的过程中，评价要始终关注的是，教师和学生作为课堂教学参与者的状态，师生是否全程参与了课堂教学的开展，对课堂教学实施过程中的各个环节和细节都要予以关注；课堂教学之后的课外辅导、作业批改等也是课堂教学的有效辅助形式和手段，是否对课堂教学产生了有效的辅助作用，是教学评价在教学过程中也需要考虑的问题。

3. 课堂教学组织与方法

课堂教学的组织是在前期的课堂教学设计基础上，在教师的主导作用发挥下，集中和保持学生学习状态，进而完成课堂教学任务的重要手段，是课堂教学的重要组成部分，贯穿于课堂教学的始终。对于课堂教学组织的评价，要从组织前、组织过程中、组织结束后全过程进行，从教师和学生两个角度切入考察课堂教学组织的成效。

课堂教学方法正如教学设计中的教学方法一样，是依据教学目标设计，并为教学目标服务的，因此，在教学方法的选取过程中，教师要从教学内容的实际需要以及学生的身心发展特点来综合考量，选取合适的方法，在对教学方法进行评价时，要注重考察其与学生之间的关联度。

4. 教师教学素质

课堂教学中教师的教学素质集中体现在教师的教学思想、教学态度、教学知识与教学能力等方面，可以从教师应该具备的基本素质来进行讨论。首先，教师要具备基本的思想道德素质，对于教师思想道德素质的评价，主要评价教师的教学道德意志是否坚定，是否具备基本的师德素养，有没有正确的教师观、学生观；其次，教师要具备作为教师的基本教学知识来支撑教学活动的展开，对于教师教学知识的评价，要从文化知识的掌握情况，包括本体性知识以及条件性知识判断；再次，教师除了掌握基本的教学知识之外，还要有足够的教学能力，能够自然地将教学知识展示出来，能否发挥教育机制解决教学过程中遇到的各种问题、妥善处理偶发事件等。

5. 课堂教学评价

课堂教学过程不单纯是教师的教与学生的学的过程，整个教学过程也从始至终贯穿着教学评价，教学评价中包含着教师对学生学习过程的评价，包括学生与学生之间的评价，还包括学生对于教师的评价。而教学评价的评价则是将课堂教学过程中的评价作为被评价对象来进行评价，即元评价。课堂教学结束后，课堂教学评价随之结束，课堂教学评价的评价继而开始，即对整个课堂教学过程中的教学评价的实施、过程、结果进行价值判断，为后续课堂教学更好地开展奠定基础。

二、教师课堂教学评价的实施

通过近几年的教学管理实践，发现教师注重课堂教学质量，有利于教学管理的有序化、规范化和科学化，对教学改革起到了积极的作用。教学评价可以使学校教学管理各部门掌握教师教学的实际情况，及时发现教学中存在的问题，并反馈给教师本人，帮助教师提高教学质量，促进教师不断成熟和发展；也可以促进对教学管理中存在的问题的认识，找到解决问题的相应措施，从而提高教学管理的效率和效果。教师课堂教学质量评价是课堂教学质量管理的重要组成部分。它遵循一定的指导原则，具有一定的价值。

（一）教师课堂教学评价应遵循的原则

1. 评价目的是促进教师发展的原则

从目标来看，评价不是肯定或否定什么，而是通过肯定或否定来激励，以促进被评价者的发展和成功。因此，我国教育行政部门明确了教育评价的指导原则：“以评促建、以评促改、以评促管、评建结合，重在建设。”这一建构理念对教师教学质量评价有一定启示。倡导发展性教学评价，旨在促进教师的发展，旨在提高教育教学质量。教师发展性评价不注重教师之间的比较，而是强调评价为教师的可持续发展服务。学校管理层、学校服务部门和教学单位必须在开学时将评价标准告知全体教师，让教师自我管理，主动接受评价。教师教学评价有助于教师加强管理，树立科学全面的管理理念，更重要的是能够及时告知教师自己的优缺点，明确自己的教学水平，从而促进和提高教师的教学能力。每个老师的考核结果基本遵循保密原则，不做横向比较。把分数及时反馈给教师本人，让教师了解自己所处的位置。学校管理者（或教学团队）要加强与教师的沟通，交流思想，帮助教师反思、总结评价情况，关注教师的自我提升和发展。

2. 评价主体多元化原则

教师教学质量的评价不属于单一某一个评价机构的管辖范围，因为教师的教学质量与很多因素有关，涉及很多利益相关方。学校领导和专家、教师同伴、学生和教师本身应该是教学质量的评价主体。同时，根据不同的评价对象，实施考核、互评、自评等全员参与的评价，从多方面、多角度进行全面、准确的考核，有利于提高教学质量。

3. 全面化原则

评价必须是全面的。影响教师课堂教学质量的因素很多，因此，在评价过程中不应该犯有偏见的对冲错误，以免产生晕轮效应。要全面反映教师的教学质量，必须从多个角度进行全面系统的评价。

同时，信息收集也必须是完整的。首先，将深入教学现场的第一手资料与学生座谈会相结合，保证信息的客观性和准确性。其次，教师的教学工作不应局限于在某一点上，而应根据统计规律的原则，对每位教师不同阶段的课堂教学进行交叉评价，形成综合结论。所以无论是展开评价的专家组还是同行组，都必须坚持每个老师每学期不同时间对每位教师听课 2~3 节。再次，学生对教师教学质量的评价应在学期末进行，以便学生根据长期的学习情况，对教师的课堂教学做出全面、准确、客观的评价。

4. 定量评价与定性评价相结合原则

量化评价更加客观公正，但指标的制订更加烦琐，往往缺乏重要的相关信息。定性评价相对广泛和全面，但由于人为因素的干扰，这些干扰是主观的，往往会失之公允。因此，不应该过分依赖于某一项具体的评价，而应该将定量评价和定性评价作为一个整体来应用，并将它们有机地结合起来，以实现互补。在具体实施时，量化部分（有相对准确的量化评价指标和分值）和开放式问题（侧重于细化具体的意见和建议），尽可能地使定量、定性评价有机结合。

5. 特色原则

教学评价的特色原则可以从两个方面来理解：一是评价要关注教师自身的教学特色；二是评价应侧重于被评价者的具体特点。众所周知，教学既是一门科学，也是一门艺术，这就意味着教师的教学既要遵循一定的教育规律、范式，又要有自己的特色和风格。教风是教师教学质量的保证，是教学魅力的基本体现。因此，在评价教师的课堂教学时，要有一定的倾向性、鲜明的风格、创造性和有效性。

（二）教师课堂教学评价的方法

教育评价方法是人们为了认识教育活动的价值，以教育活动的某一要素或者全部活动为对象，进行价值判断所采取的活动方式、程序和手段的总称。教育评价的方法是达到评价目的、实现评价目标的手段。教育评价的方法很多，按照不同的分类标准可以分成不同的类型，在此讨论几种常见的课堂教学评价方法。

1. 量化评价方法

所谓量化评价方法，是一种运用数学、统计学工具，收集、处理评价对象资料，通过数量化的分析和计算，进而对评价对象做出价值判断的评价方法。教育中的量化评价方法力图把复杂的现象简化为数量，然后从数量的分析与比较中推断评价对象的成效。科学合理的量化评价方法可以全面、客观、准确地描述评价对象的现象与规律，最大限度地发挥数据资料的效能，进而挖掘隐藏在复杂教育现象后面的带有规律性的东西。

量化评价的主要过程包括提出问题、设定评价、定义变量、抽样、分析、结论等。它具有标准化程序，是自上而下、从一般到特殊的演绎过程。它先进行假设，然后使用一定的数学方法对评价对象特征进行量化，如用数学语言表示对象的状态、关系和过程，在此基础上，再收集大量的资料进行统计和运算，抽取并推导出对评价有价值、有意义的数据资料，然后将事实与假设加以分析比较，并不断修改和完善假设，最终得出结论。

量化评价方法强调精确度、信度、效度，强调方法是为达到目标而使用的技术。它主要用观察、实验、调查、统计等方法进行评价，对评价的严密性、客观性、价值中立提出了严格的要求，力求得到较为客观的事实。

2. 质性评价方法

质性评价方法又称定性研究，是指评价者通过具体方法（观察、记录、实物分析和对话、交流等）收集反映评价对象发展状况的丰富信息，通过分析、分类、提炼等方式组织信息，对评价结果进行书面描述和评价。质性研究是社会科学和教育学中常用的一种研究方法，一般与量化研究有关。质性研究在认知上与科学实证主义的基本思想相对立，与将复杂的教育现象和课程现象简单化的做法相对立，只能提供扭曲的教育信息，有可能造成重要信息的丢失。它认为，评价应全面反映教育现象和课程现象的现实，并为改进教育与课程实践提供真正可靠的依据。质性研究方法强调不同的人在不同的情况下对现象的不同理解，不将研究者与研究结果分开，在资料分析和解释结果时易受到研究者的影响。质性评价包括两个层面的含义：一是利用定性的方法开展评定活动；二是指对学生学习特点的定性评价。质性评价主要考查学生学习的总体情况和运用知识的能力，注重对知识的深刻理解，问题比较开放或非结构化，难以找到标准答案。质性评价需要学生、教师、家长和同学共同参与评价过程，评价方法是动态的、多元的、情境化的。

质性研究的主要特点是：第一，强调评价的宗旨是促进被评价人的整体性发展；第二，强调了评价方式的情境性，认为评价方式有多种可能性，具体操作方法往往因具体情况而异，难以通过预设具体程序来确定不变性；第三，重视教育，教学是不断重复的需要。

3. 学业成就测验

学业成就测验是指检查学生在某种教学方法下的学习成就水平的一种评价方法，反映的是在一定标准或规范化经验的影响下，被评价者完成一个阶段的训练任务后的表现。通常用于检查某项学习计划的具体效果，是学校教育中最为常见的一种教育评价方法，可用于教育评估及学生的录取和淘汰，如学校的期中、期末及毕业或升学考试等。

4. 表现性评价

表现性评价是指在一定真实情境中完成某项任务的过程中真实地表现出来的展示学生能力及学习成果的评价方法，是对内在能力或倾向的行为表现进行评价。在教育活动中，一般通过客观测验以外的行动、表演、展示、操作、写作等更真实的表现来对学习者多方能力进行评价的方法。表现性评价强调内在的能力和倾向要通过外在的行为表现展示出来，通过行为表现可以推论出所习得的能力或倾向及个体的发展水平。

表现性评价法的形式包括口头表达、问题讨论、写简单的研究报告，以及解决实际问题的能力表现等。在表现性评价法中，过程与结果一样重要，主要是测量那些不能被客观性测验很好测量的学习结果。在明确评价目标的基础上，依据表现性任务的不同，可以将表现性评价法分为限制任务表现性评价法和扩展任务表现性评价法。

（三）教师课堂教学评价的组织与实施

教育评价方案的实施是按照教育评价方案的要求开展教育评价活动的过程，也就是教育评价方案的执行过程，一般包括四个基本步骤：准备工作、评价的实施、评价结果的处理、评价的总结。

1. 准备工作

准备工作主要有思想准备、材料和工具准备、组织准备三项。

（1）**思想准备**。任何评价活动的开展，都有其特定的目的和指导思想，因此，在开展教育评价时，首先要明确评价的目的和意义，明确评价导向和标准，确定好评价方向。学习有关文件，掌握有关文件政策和原则。其次，要明确评价的对象，了解评价对象的整体特征和基本属性，以便在开展教育评价时可以有效地获取信息和分析信息。再次，充分考虑评价的各种因素，并估计可能出现的各种情况，要能够估计评价过程中可能出现的新问题，并做好充分的思想准备，必要时要有预案。

（2）**材料和工具的准备**。材料和工具的准备工作主要包括评价方案、评价表格等材料及各种工具的准备。如教育评价方案的设计和制印，各种问卷和调查表格的设计和制印，制订工作指导文件和有关文字规定，撰写开展评价活动的宣传资料，计算工具、办公用品的准备等工作。

（3）**组织准备**。组织准备主要是根据不同的评价目的、对象和内容，成立不同的组织机构，以此来组织和实施教育评价工作、宣传工作纪律，对评价活动进行组织和监督。成立不同类型的评价小组，负责对不同类别的评价项目开展评价活动，同时做好评价人员的分工，组织相关人员开展相关知识及技术的学习和培训。常见的评价组织机构有管理部门与社会力量结合的评价组织机构，地区和社会民间团体的评价组织机构，同行评价的组织机构，自我评价的组织机构。在评价地组织准备阶段可多方吸纳社会力量，有利于提高评价质量，提高评价的客观性和准确性。

2. 评价的实施

为了充分发挥评价的作用，增加评价结果的有效性和可信度，一般将评价的正式实施过程分为两步：第一步称为预评期；第二步称为再评期。

（1）**预评期**。预评期的评价也称自我评价，是指评价对象根据评价准则进行自我预评，自评尊重评价对象在评价活动中的主体地位，是评价过程中的一个必要环节，具有无法替代的重要地位。

自我评价可以为整个评价提供初步信息，奠定评价的数据基础，有助于形成高质量的评价结果。在教育评价活动中，能否对教育价值形成准确的判断，很大程度上取决于能否全面收集到评价对象的信息。评价对象对自己的情况最熟悉，由他们所提供的自评材料，既可以作为整个评价材料的一部分，也是扩大和深化评价者对评价对象认识和了解的主要信息来源，对随后的再评价具有一定的借鉴意义。

自我评价过程是自我诊断的过程，有助于评价对象的改进和提高。自我评价是进行自我检查、自我评估，评价不是目的，开展自我评价主要是为了评价对象自己能够发现问题，寻找问题的原因，更愿意去主动解决问题以更好地改进工作和自我提升。由于是自己发现和面对问题，被评价者通常会正视存在的问题并积极改进，较少出现故意隐瞒问题或产生抵触情绪。

自我评价可以减轻评价者的工作负担。在选拔性评价中，自我评价的过程往往也是自我把关的过程，一些明显不符合条件的评价对象通过自评，就不会再申报进入下一环节的评价了。这使得评价者的工作量大大减轻，使他们能集中精力做好其他评价对象的评价工作。

综上可知，自评有利于全面收集信息、准确地形成判断。如果评价对象是个人，自评资料与他评资料可互相印证，为最终做出评价结论提供参考。如果评价对象是学校、班级或单位，自评可作为评价过程的预评阶段，通过自评，收集资料，做出初步判断，积累经验，为下一阶段的他评做准备，有利于减轻评价者的工作负担。无论是个人还是单位，通过自评，自我诊断问题，找出差距，都有利于自我教育，促进各方面工作的深化改革和提高。

(2) **再评期**。再评期的评价也称为“确定性评价”，是在自我评价基础上进行的外部评价，是指他人对被评者进行评价。评价者一般包括校内外有关部门的管理人员、专家、同行等，可以是个体也可以是团队。相对于自我评价而言，确定性评价可以避免弄虚作假现象，结论比较客观、可靠、有权威性，易为大家接受。

确定性评价有助于提高评价的可靠性。在预评期的评价过程中，由于评价工作是被评价者对自己展开的，缺少他人的监督，而评价结果又会涉及自身利益，所以部分被评价者有时会片面夸大自己的成绩，故意掩饰自己的问题，呈现自评结果时“报喜不报忧”、回避问题、避重就轻等。在评价活动中出现这种虚假信息，既干扰了评价管理部门的正确决策，又不利于评价对象自身的进步和工作的改进。而确定性评价是在自我评价基础上的再评价，它借助于科学的评价标准和全面客观的信息，以旁观者的视角看待评价对象和评价内容，保证评价活动的客观性和公正性，使评价结果具有较强的可靠性和科学性。

确定性评价有助于提高评价的权威性。确定性评价小组的成员来源广泛，一般由相关领域专家或业务骨干组成，具有较强的信息收集能力、标准解读能力、数据分析能力和良好的专业背景，具有根据正式信息进行评价判断的素质。另外，评价者之间具有明确的任务分工，可以专注于某一评价项目，也可以进行信息的沟通，使评价信息更全面公开。由他们开展的评价活动，能有效地提高评价的客观性，得出的评价结论也更容易为人们所接受。

在开展确定性评价时要做好以下的工作：

第一，确定性评价要在自我评价的基础上开展，以自评的口头汇报和书面汇报作为评价依据，对自评的结果进行检查核实，同时收集更全面的信息开展更深入的分析和判断活动。

第二，确定性评价要以客观的数据和实际的判断活动为基础，要提供文字和数字资料、证据或实物、组织座谈会和访谈活动作为评价依据。

第三，整理好评价结论、做好评价工作总结、写出评价报告。他评评价报告一般包括评价对象和评价项目的基本情况，他评的组织领导及参与人员，被评者取得的成绩和存在的主要问题，差异性意见的整理和分析，指导意见或建议等部分。

做好他评的关键环节是被评者的合作，为保证被评者能够实事求是、全面准确地提供各种资料和信息，评价者一方面要努力规避不符合评价要求的事情发生，另一方面要做好被评者的心理调控工作，防止拒绝心理、畏惧心理、被审心理、迎合心理、敏感心理等心理偏差的发生以及对评判结果产生的干扰。

（3）**评价实施过程的注意事项**。无论是自我评价还是确定性评价，作为教育评价的必要环节，在评价的实施阶段都应做好如下工作：

正确运用各种评价方法。要评价过程中，评价主体要熟悉各种教育评价方法的特点和使用规程，以科学、公平、公开的态度去选择和使用评价方法，确保评价数据和结果的准确性和可靠性。

做好资料的收集工作。收集信息是整个评价阶段一项具有基础性意义的工作，收集信息的多少和质量的高低直接关系到评价结果的科学性以及对评价结果准确的价值判断。由于教育活动是一项十分复杂的系统工程，在有限的人力和物力下，要把各方面的信息都收集齐全，几乎是不可能的。因此，在尽可能全面收集信息的基础上，要重点收集有关评价准则方面的信息。

充分利用现代化技术手段做好资料的整理和分析工作。对收集到的资料要认真审核，根据评价目的和评价准则，对全部信息逐一审核、鉴别，去粗取精，去伪存真。对于缺乏的信息要想办法及时补充，对于模糊的信息要请评价对象进一步说明。以上信息要在规定时间内汇集归档，列出类别，并建成统一的卡片形式或表格形式，进行归类和建档，为得出评价结论做好准备。

3. 评价结果的处理

处理评价结果是评价活动的最后阶段，其主要任务有三个：综合分析判断被评者达标的程度；做出综合评价的结论；向有关方面反馈有关信息，以便指导和改进今后的工作。

（1）**评价结果的分析判断**。评价结果的分析判断是根据预先制订的教育评价指标体系中的指标，对照自评与他评的资料，逐一分析判断达标的程度并给出评分或等级判断。确定评价结果是评价阶段一项关键性的工作，在某种意义上可以说是实施阶段的核心工作，评价者依据评价准则和评价标准对所获得的信息、资料、数据进行分析综合，要将自评结果与他评结果相结合，综合考量，得出各项评价准则初步的评价结论。在做出结论时，主要应根据他评的资料和自评提供的实况去综合分析，自评结果仅作参考。同时，评价者还要对为什么做出这样的结论进行分析和说明，需向评价委员会或其他专题评价小组汇报。除此之外，此环节还要做好评价结果的检查工作，主要检查评价程序的每个步骤是否合规，检查评价结果是否可靠。

（2）**做出综合评价的结论**。综合评价的结论是在分析判断的基础上，将分项评定的结果进行合成或汇总，并对整体的评价结果进行数量上综合评价和文字上的综合描述，写出综合概括的评语和意见。整合评价结果是一项具有全局性意义的工作，评价工作进行到这一阶段，各个专题收集信息资料阶段已经结束，并且根据分工，各个专题评价小组对于自己负责的评价准则范围内的内容已初步进行了分析判断，有了初步的认识和评价结论。这时，评价委员会通过充分协商，运用教育理论知识和统计方法，把各种分项评定的结果整合成评价对象的综合评价结论。这期间，要求评价者对整合的各类评价结果进行定性、定量分析，形成一致的评价意见。做出结论时，注意评价对象内部的差异比较，即校内各项工作之间的比较，发现问题，找出差距，指出其努力的方向，指导其达标的有效方法。还要注意评价对象间的比较，从单项和总体水平上找差异，发扬成绩，克服缺点。评价的结论要以事实为依据，具有客观性、权威性和正确导向。

（3）**评价结果的信息反馈**。为了发挥教育评价的指导作用，评价活动结果的信息要及时反馈给教育管理部门和评价对象等有关方面，指导相关部门或个体进行问题分析和改正。评价结果的信息反馈主要包括向有关领导部门汇报评价工作的结果，为他们的教育决策提供参考；在一定范围内的同行中公布评价结果和结论，令同行得以借鉴；向被评者反馈意见，帮助被评价者发现问题、明确原因并找到解决问题的思路。在信息反馈过程中，对结论的解释要慎重，因为任何评价结论都不可能绝对客观和准确。因此，要对评价的结果和信息资料加以具体而明确的分析诊断，帮助被评者总结成功的经验，恰当地指出存在的问题或今后的努力方向。

4. 评价工作的总结

评价工作的总结是在本次评价活动的工作流程结束后进行的，主要对本次评价活动的质量和效果进行总结和评价。评价工作总结做完后，要注意保存本次评价的重要资料。

以上教育评价的实施是一个系统的流程，整个实施进程均以评价目的为出发点和归宿，每一个步骤都会对其他步骤的实施产生影响，前面的环节为后面的环节奠定基础，前面的工作质量影响着后面工作的进程和质量，同时，后面的环节又为前期工作的改进和完善提供反馈信息。

第三节　学生学业评价

随着新课程改革的不断深入，基础教育工作者都在这次具有跨时代意义的课程革新中发挥着重要的作用。由于课程与教学评价在课程中所发挥的特殊作用，《基础教育课程改革纲要（试行）》明确提出要将课程评价改革视为课程改革的目标之一。学生学业评价是课程评价的重要组成部分，各个学科的课程标准中也将新的课程评价体系的构建置于课程理念的重要地位，强调“改变课程评价过分强调甄别与选择的功能，发挥评价促进学生发展、教师提高和改进教学实践的功能”。这说明在新课程推进的进程中，课程评价不仅作为帮助其顺利推进的重要保障，同时，课程评价自身也是融合在课程改革中的重要内容，与其一同推进发展。

在传统的普通考试的影响下，我国的课程评价以学生的学业成绩评价为基础。学生学业成绩评价实际上是提前确立了学生学业成绩的社会评价标准来判断学生学习成绩的优势。课程评价实际上是对学生属性和特点的评价，过分强调课程评价的选择功能，对基础教育活动有直接影响。在以“升学”为目的的教育模式中，升学率成为衡量中小学教育质量的“硬杠”，学生成绩成为衡量学生优秀与否的唯一指标。

把考试作为实现教育目的的手段，应试教育愈演愈烈。除了这种课程评价方式对学生和老师造成的伤害之外，还必须提出这样一个问题：如果建立学生学业成绩社会评价标准的依据是对未来社会人才规格的预测，这样的结果能否准确？显然，在当今这个文化和科学飞速发展的时代，学生学习成绩的社会评价标准的可靠性是有疑问的。因此，把课程评价建立在学生学业成绩评价的基础上是没有意义的。应该加强对学生自己学业本身的评价。新课程根据课程的性质和目标重新审视课程评价活动，从评价学生的学业成绩向评价学生的学业转变。

一、学生学业评价定义

(一) 课程评价的本质——学生学业评价

课程评价是指依据一定的社会评价标准和学生个体的反思标准，对学生学习活动及其构成因素的发展变化进行的价值判断。为什么说“社会评价标准”是指课程在某种程度上能被评价为满足社会需求的？这是因为学生的学业活动对未来社会可能预期的贡献。显然，在学生没有参加过社会活动的情况下，按照预测性社会标准（学业成功的社会标准）来判断价值是不科学的。此外，运用哪些指标来判定学生行为的某些预期变化就一定会符合未来社会对于人才的要求，这也是不确定的。而传统课程的学业成就评价就是在用学生学业结果来预期未来社会对人才的要求，以此来完成对学生的评价。

由于对学生的考核，人们往往只看重学生学业结果（即成绩），来作为预期学业成功的主要因素。考评的方式则是从浩如烟海的知识库中选出极少量的知识和技能，检验学生的掌握程度。这些所选知识和技能是否充分代表了未来社会对人才的要求？这些选择的知识和技能真的是未来社会所必需的吗？有了这些知识和技能，学生真的能为明天的社会做出各种贡献吗？答案并不确定。

对于抽象的社会价值主体而言，如何有效预测学生在未来社会活动中对人类文明进步可能做出的贡献？如何正确预测学生应该表现出哪些学习属性或成绩？由于无法预测每个人的生活模式，所以很难回答这些问题。因此，相对而言，考察具有普遍性的、有利于学生终身学习的知识技能和社会公德的掌握情况是正当其时的。那哪些知识是具备这样属性的呢？应该是经过人们的历史经验行之有效的关于“知”“情”“意”“行”的知识和社会道德等。

“知”“情”“意”“行”和社会道德等，是在学生的学校活动中逐渐形成和发展起来的。因此，在进行课程教学评价的时候，除了学生对于以上知识道德掌握情况的考评外，更应该关注学生在学业活动中的表现。事实上，学生在学业活动中的表现，尤其是发展方向，在很大程度上可以预测他们在未来社会生活中的表现和发展。因此，对于课程教学评价而言，要将学生在学业活动中的表现以及发展趋势落实到过程性评价中，对于学生学业活动本身来进行价值判断。

学业活动是指个体不断建构和重构自身经验结构，以提高适应和改造环境能力的活动。有效的学业活动不仅能满足学生个人发展的需要，还能满足社会的要求。有效的学业活动激活学生的主体意识，引导学生发现自我。没有独立的人格，就没有独立的人生，也就没有人生的价值，更谈不上人的最终解放。因此，教育的本质是通过学业活动（不仅仅是传授知识），使主体增强自我意识，成为能够更好地改造生存环境的社会成员。

(二) 学生学业评价的价值标准

1. 两种对立的学生学业评价观

个人本位论者认为，学习只能从学生的本性出发，学业活动的目的是把学生培养成个性充分发展的人。这种观点隐含着对人类生命的肯定。柏格森把生命理解为“原始的生命力量”。他用“生命冲动”和“持续时间”来解释生命现象。他认为生命的冲动是宇宙唯一的现实，现实只能靠直觉去把握和体验。体验是生命之流与生命之流的交流，是自由对自由的“同情”。他说：“至少有一种现实是我们都通过直觉而不是简单地分析从内部把握的。随着时间的推移，这就是我们自己，这就是我们持续的自我。我们可以对其他事物没有理性的经验，但我们确实对自己有经验。”教育的本质是对动态的、向上的、有生命的、持续不断的生命的关怀，并为其完整性、体验性、创造性、超越性、自由性和独特性提供条件。

社会本位论者认为，社会是最基本的，学业活动对社会的价值是绝对的，学业活动对个人的价值必须以社会的进步和发展为基础。学业活动的个性化观强调儿童不仅是学业活动的起点，也是学业活动的落脚点。当然，学业活动对个人的价值也必须取决于社会的进步和发展。社会本位学业活动观忽视了学生的个人需求和兴趣，过分强调学业工作的社会服务功能，这必然会导致把学生当成培养工具，而偏离了教育的基本目标。按照《爱弥儿》中卢梭的说法，这是因为他没有达到“自然人”的教育目的。然而，个人本位学业活动的看法并没有考虑到人的社会性，忽视了个人时刻都生活在社会的大环境中和人不能脱离社会而单独存在这一特点。

2. 学生学业评价的价值标准

学业活动的目的是进一步实现教育目的、培养目标。从学生学业的双重价值主体的观点出发，在确定学业活动目标时，要考虑学生特点、社会需求、学科发展等因素。由于社会本位和个人本位的学业活动观点都有片面性和不足性，因此，应该以“社会评价标准”和“学生个体反思标准”作为学生学业评价的价值标准。这两种学业活动观必须结合起来，才能形成科学的学生学业评价观。学校整合活动观将学生视为需要“生理发展”“心理发展”“社会性发展”的价值主体。学业活动的目标也包括以上三个方面的内容。

首先，生理发展。学生的身心和智力的发展是必不可少的内容。因此，学业活动必须符合学生身体和认知发展的规律。学生的生理发育主要表现在各种器官组织变化，也包含身体的健康程度、灵敏性、动作协调性、反应速度等。在学业活动中，教师要及时关注学生在这些方面的生理发展，通过体育活动、健康教育活动和相关学科的学习活动来促进学生的生理发展。认知能力的发展是以学生的主动性和推理能力等为基础的，因此，在进行学生学习活动的指导时，要通过提出问题或学习任务，从分析问题到假设以及解决问题，从经验上升到原理，进而提升学生的推理、观察、判断以及创造能力。因此，学生的学业活动的评价指标中应包含行动、健康、感知、思维、判断和推理中的知识、技能和方法，这些活动的表现性、参与性、灵敏性、动作协调性、反应速度、灵敏性也应该成为学生学业评价的价值标准。

其次，心理发展。每一个学生都是独一无二的活生生的存在，都有他的价值和意义。因此，教育必须尊重学生的个体差异，根据每个学生的智力优势进行调整，让每个学生都能充分发挥潜能，在快乐中健康成长。有效的学业活动应该具有优化生活、提高生活质量的作用。教育是一项神圣的事业，旨在激发生命的冲动，提升生命的价值。学校教育的主要目标是促进人类生活的发展。必须把学业活动作为学生发展过程的重要组成部分，关注学生的整个发展过程和内容。因此，学生学业评价的价值标准应包括情感体验、人格发展和过程体验。

最后，社会性发展。学生社会化的过程是学生群体适应社会发展，进而逐步实现个人与社会的融合与统一的过程。青少年时期是完成人生社会化的重要时期。在此期间，学生将进一步丰富自己的智力，稳定、提高和内化自己的人生观、价值观、世界观和道德观。每个学生在经历了学校教育之后，最终都要走向社会，成为一个社会存在，对于学生而言，能否适应社会生活对于学生来说是非常重要的。因此，学生学业评价的价值标准中应该包括道德体验与行为、价值观发展与人生态度、世界观形成等方面的内容。

二、学生学业评价取向

在对课程评价本质的思考以及对课程和学生学业活动的价值主体确认的基础上，新课程在课程评价方面进行了改革，从以对学生学业成绩的评价为主转向对于学生学业的评价，提倡评价方式多样化。多元化学生学业评价机制的建立，标志着课程评价或学生评价进入了以促进学生个体生命、激发学生生命冲动为终极价值标准的新阶段，进入了关注学生身心自由地发展和学生社会化的发展的新阶段。学生学业评价是一个复杂的价值判断过程，其关键是要对学生学业活动的价值进行判断，即学生学业在多大程度上满足学生生活和身心发展的需要。

新课程改革对于学生学业评价的主要思想是，要将学生作为课程以及学业的价值主体，有助于促进学生主动完成认知结构的重构，对学生认知系统的建立和运行具有积极意义。新课程中的学生学业评价理念使学生能够有意识地运用认知系统对整个学习过程进行监控、检查和主动调整，有利于构建新的高层次认知图式。新课程中的学生学业评价理念在学生学习中发挥情感的作用，增强学生的内部认知能力，有助于激发学生的成就动机。新课程对学生学业评价的导向主要体现在以下几个方面。

（一）评价理念：从知识、技能到个性化发展

生本取向的学业评价首先要求评价理念从实证主义评价向人本主义评价转变。人本主义评价要求摆脱单纯依靠经验量化的评价方法来衡量学生的发展，不断寻求建立以促进学生发展为目标、以学生发展为核心的发展性评价体系。第二，从目标取向的评价转向主体取向的评价。主体取向评价提倡理解而不是控制评价情境，它的基本目标是人类的自由和解放。它认为对主体性的评价不是外力的推动和控制，而是每个主体对自己行为的“意识和反思能力”。每个人都是自己命运的主人，但对他人也有责任和义务。主体是“自主性”和“责任性”的统一，评价是主体间民主参与、协商沟通的过程。第三，从工具性评价到人本性评价。教育最重要、最基本的目的是培养人的先天能力，因此，评价必须促进有意义的学习，激发学生的学习意识。评价不仅要评价学生的学习成绩，还要评价学生的学习过程。“以学生为本”的发展性评价以个体发展为基础，它主张从每个学生发展的内在需要和实际情况出发，评价每个学生的发展过程，让每个学生都得到应有的发展。

（二）评价功能：从注重甄别、选拔到注重学生的发展

终结性测验具有诊断、开发、筛选、选拔等多种功能。但过去过于重视其筛选和选拔功能，忽视其诊断开发功能，造成诸多弊端。比如在一场考试中，学生由于学习成绩低，

导致学习信心下降；老师和学校领导只关心升学率，继而导致学生的畸形发展。新课改后，学业评价的目的是挖掘学生的发展潜力，帮助他们建立自信，提高自我审视和自我评价的能力。它强调的是诊断和促进检查发展的功能，而不是给学生一个简单的定性。这是一种“以生为本”的发展性评价。这样的功能提倡根据每个学生的内在需求和实际发展情况来评价每个学生的发展过程，努力通过评价使其朝着更适合自身发展的方向前进。生本取向的学生评价以个人发展为基础，真正体现了尊重学生个性的精神。

（三）评价维度：从关注结果到结果与过程并重

过去对学生的评价主要是以结果为导向的，即主要是对学生所学知识的理解、掌握和简单运用。课程与教学改革把“为了每一个学生的发展”作为改革的核心，强调为学生的全面、和谐、健康发展服务，因此，学业评价既重视对学生学业成绩的评价，也重视对学生学习过程的评价。成绩评价主要通过终结性测验来完成；过程性评价表现为对学生的学习风格、态度、情感和价值观等方面的评价。生本取向的学生评价，特别关注学生的“生命全域”，既关注学生的学习成绩，又重视学生思想品德以及人格全面的发展。注重学生的创新能力和实践能力，从知识与能力、过程与方法、情感态度与价值观等全方位、多维度地对学生进行评价。

（四）评价方法：从注重“量”化评价到“质”与“量”的评价结合

在我国，学生的学业评价方式长期以来主要是笔试式经典的量化评价，主要考查学生认知能力和表现能力中层次较低的方面，这样就容易使教师和学生对于学习结果的理解和追求流于表面，过于肤浅和狭隘，这与新课程理念和教学理念不符。对于生本取向的学生学业评价而言，要坚持“以生为本”的理念，这就要求教师在良好的人际氛围中互相爱护、信任、尊重，充分体现对学生人格的尊重。生本取向的学生学业评价侧重于将有血有肉的、有情感、有价值的、有发展能力的学生视为对象。因此，评价时要关注学生的学习过程，关注学生的成长，诊断学生成长中的问题，调动学生内在的发展动力，重视评价过程本身，让学生看到自己的进步和被评价结果，使评价活动成为学生自我展示的平台和机会，发挥评价的积极导向作用。

（五）评价主体：从单一到多元

以往对学生学业的评价纯属是学校内部活动，评价者是学校的管理人员和任课教师。但由于学校管理者与教师、教师与教师之间缺乏必要沟通，使得学生家长和社区人员会出现对于评价者所指定的评价标准不了解的情况，得到的往往只是单纯的评价结果，而对于结果的意义并不理解。新课程观念和教学观倡导评价主体的多元化。多元的评价主体能够使评价主体在参与评价的利益相关方中就评价目标、程序、评价指标等方面达成共识，这样就能够让家长真正地了解孩子的学习水平。另外，如果评价主体为外部社会评价者，那作为第三方评价者进行的评价则会给学校以及被评价者带来更多的启示。如果学生作为评价者呢，则会让学生更加意识到自己在学业活动中的主体地位，进而改变过去的消极态度和对评价不敢质疑的状况。

三、学生学业评价的实践策略

（一）确立发展性的学生学业评价主导取向

新课程提出了“以发展为导向的学生评价思想”，其基础是素质教育的目标和不同学科的课程标准，首先，从每个学生已有的发展水平出发，面向学生未来发展方向，确立发展性的评价目标。其次，发展性的学生学业评价主张学生的发展是一个过程，对于学生发展的促进也应该也是一个过程，因此，要关注学生的学习成长过程，发挥过程性评价的作用。再次，尊重每个学生的发展差异，根据学生的背景和特点，正确评价每个学生的不同发展特点和潜力，并针对每个学生的发展提出具体的建议。发展性理念下的学生评价既要关注被评价主体的过去和现实表现，又要关注被评价主体的未来发展；不仅注重结果，也要注重学习过程；不仅要评价学生基础知识和技能的掌握情况，还要综合评价学生的学习能力、探究精神、情感、态度、价值观等方面，从而创造出适合学生发展的教育，使每个人都能得到应有的发展。

（二）拓展评价的内容和范围

传统对于学生的评价，内容和范围的缩减，不利于学校教学在促进学生全面发展方面的可持续发展。比如，在认知领域过分强调对学生知识掌握情况的评价，忽视了对情感态度的评价，在知识掌握情况的评价中只关注学生的“双基”掌握情况，忽视学生发展，以及与社会、与自然的和谐发展方面知识的掌握。生本取向下的学生评价，从学生个体生命的成长与发展的视角来评价学生。从评价内容和范围来看，评价不仅仅涉及对于各科知识掌握情况的考评，更重要的是对于学生学习态度、实践能力、创新精神，以及正确三观的突出。在考查学生学到了什么的同时关注对学生是否学会做人、学会认知、学会劳动、学会生活等进行考察和综合评价。尊重个体发展的差异性和独特性，在综合评价的基础上实现评价指标的多元化。

（三）强调多元主体的参与、合作

长期以来，教师是学生评价的唯一评价者，没有家长、社区和学生自身的参与。学生只是被动的评价主体，很少参与评价过程。评价者与评价对象之间是自上而下的“单向评价”关系。整个评价过程没有考虑学生知识、技能、素质的多样性和发展性。生本取向的学生评价，倡导学生评价是一种“以生为本”的发展性评价，以学生为中心，将学生视为民主评价的主体，注重启发和提高学生的主体意识，增强学生对评价的参与感和自我体验，培养学生自我分析、自我评价、自我调节的习惯和能力。只有从学生自身发展的角度出发，与教师共同确定评价内容，及时分析和解释评价结果，才能及时正确的获得自己的发展状况，进而为后续进一步的发展确定计划和方案，促进学生朝着更加正确且合理的方向发展。同时，在评价过程中，实行多方评价，注重多渠道信息交流，鼓励学生相互评价，加强学生、教师和学校的自评互评，听取家长和社会的意见，畅通各种反馈渠道，丰富信息来源，使评价结果更全面。同时，提倡由学生选择评价者，这意味着学生逐渐从被动接受评价转变为主动参与评价，使评价活动成为一个主动参与和反思的过程。这是教育过程民主化和人的发展的渐进过程的体现。

（四）倡导评价方式的多样综合

生本取向的评价需要灵活使用不同的评价方法和工具。第一，定量评价，是指以数量化的标准对学生进行的评价，在定量评价的同时，强调定性评价的方法和技术以及评价的标准化。清晰、全面地记录个体成长中的点滴，不仅能更准确全面地反映每个学生的实际发展状况，还能揭示学生行为对自身发展的独特意义。使得每个学生都在评价中得到激励，享受自己的教育和成长。第二，质性评价，质性评价是指在特定背景下，通过现场观察甚至亲自参与，或者是与有关人员进行深入交谈，以及查阅有关书面材料等方式，对评价对象的属性在概念或程度上做质的规定，然后进行分析评定，以说明评价对象的性质和程度。第三，成长记录评价，是指通过收集反映学生成长轨迹的变化、过程和个体差异，能够让教师及时、准确地获得与学生发展有关的信息，进而提出适当的学习目标，选择有效的教育教学策略，为学生创造和提供适合其自身特点且卓有成效的教育。第四，表现性评价，即通过考察一系列活动或完成任务的过程，不仅可以评价学生知道了什么，还可以评价他们能做什么，特别是他们的创新精神、创新能力和在实践活动中的实践能力。综合多种评价方式，能够弥补某种单一评价方式的弊端，进而提升评价的质量。

教学案例

智慧阳光评价，赋能广州教育——广州市中小学生综合素质评价

为贯彻落实中共中央、国务院《深化新时代教育评价改革总体方案》，加大改革经验总结和宣传推广力度，广东省教育厅面向全省征集典型案例，选树一批有代表性、可复制、可推广的教育评价改革典型案例（首批 17 个），努力营造积极探索、创先创优的改革氛围。

2013 年，广州市被教育部确定为中小学教育质量综合评价改革实验区，全面启动中小学生综合素质评价改革。广州市教育局加强组织指导，着力在这一特大型城市破解“唯分数”顽疾，实现学生综合素质评价向智慧评价的升级转型，为区域教育质量监测提供新视角，为政府完善教育决策提供新支撑，为深化教育评价改革提供鲜活案例，形成了教育评价广州方案。

广州市破除顽疾抓住两个关键点：一是理念引领，落实立德树人，促进学生全面发展；二是技术创新，解决指标单一、观测点模糊、工具单一、常模缺失、方法落后、报告单薄、结果运用简单等难题。从评价实测、科学统计、结果运用三方面形成教育治理的闭环逻辑（图 7-1）。

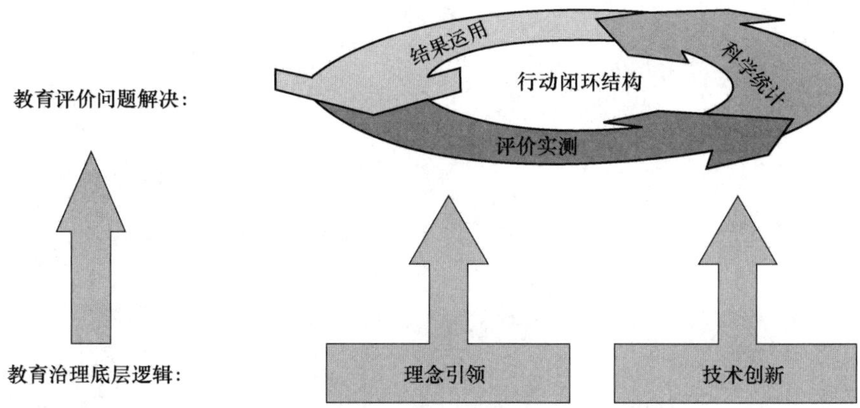

图 7-1 “阳光评价”逻辑结构图

按照以上思路，广州市中小学生综合素质评价历经研发体系→创新应用→升级转型三阶段，成为具有区域特色的评价品牌。加强了破除“唯分数”顽疾的改革设计，形成了区域层面中小学教育质量综合评价的一揽子解决方案（图 7-2）。

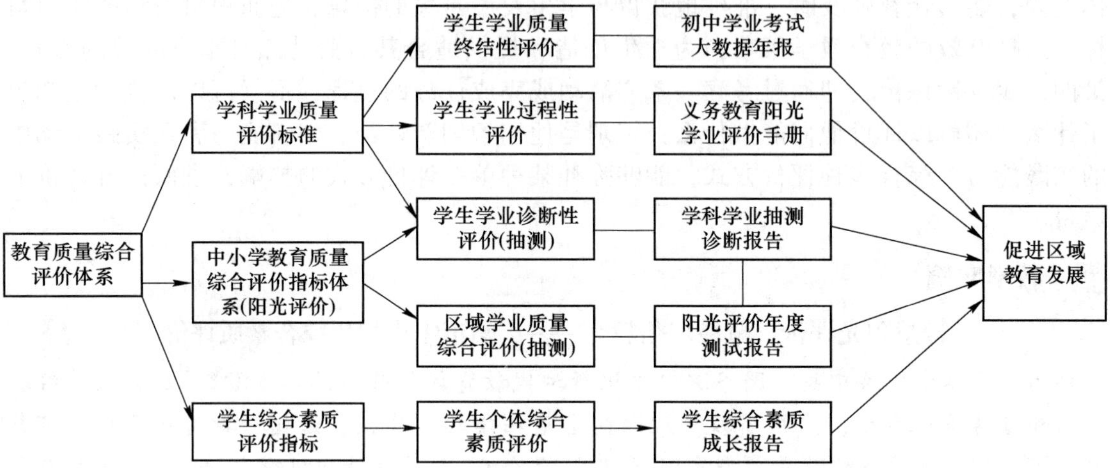

图 7-2　中小学教育质量综合评价实施方案

该评价改革方案被广州市人民政府采纳，写入市教育事业发展“十三五”规划，成为广州市创建全国智慧教育示范区的重要建设项目之一。

请结合《深化新时代教育评价改革总体方案》，分析案例中“广州市中小学生综合素质评价”的价值取向。

课后测验

1. 请结合教育实际，谈谈你对于课程与教学评价原则理解。
2. 请从中小学教师专业发展的角度出发，设计一份课程教学质量教师自评方案。
3. 请结合教育实际，分析学生学业成就评价和学生学业评价的区别。

第八章　课程与教学的改革

章节概述

本章简洁地阐述了课程改革与教学改革的含义，并从社会宏观系统角度出发，探究了影响课程与教学改革的诸多因素，总结了课程与教学改革的特点。在系统梳理新中国成立后基础教育课程改革的历史进程基础上，详细阐述最近一次课程改革及教学改革的核心理念、内容及改革目标和趋势。

知识导图

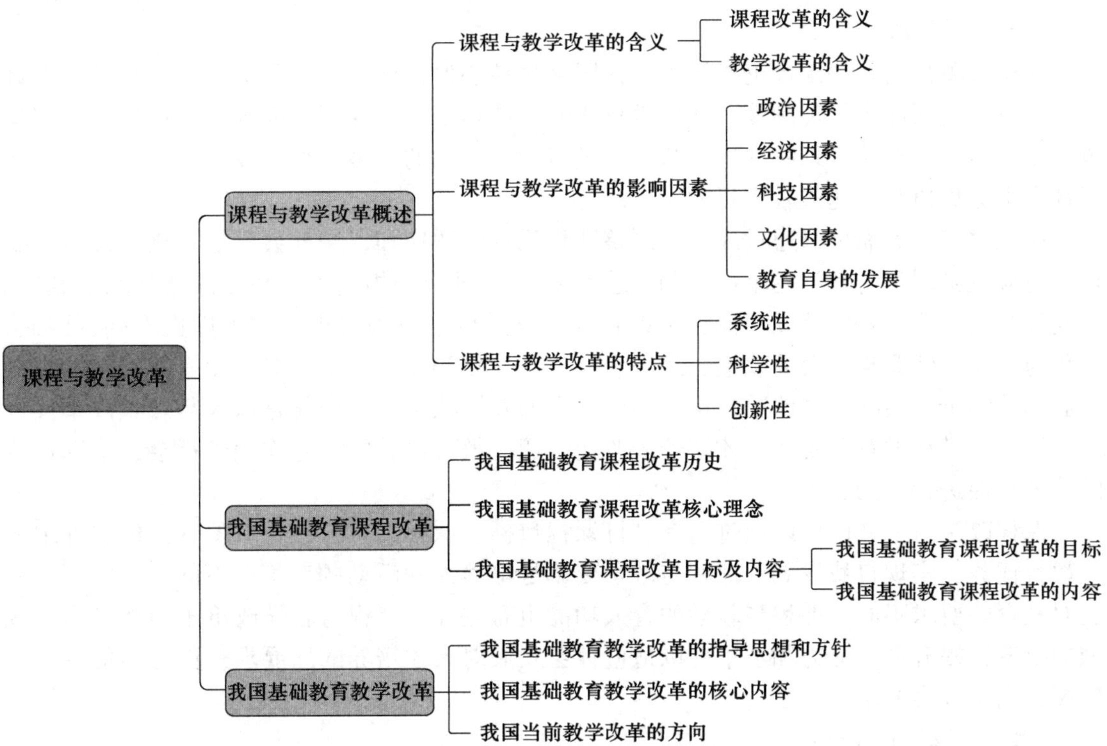

学习目标

1. 明确课程改革与教学改革的具体含义。
2. 掌握课程与教学改革的特点。
3. 了解我国基础教育课程改革各历史阶段及内容。
4. 掌握我国基础教育课程改革核心理念、目标及内容。
5. 掌握素质教育的含义及特征，明确我国基础教育教学改革方向。

第一节 课程与教学改革概述

21 世纪是以知识的创新和应用为重要特征的知识经济时代，科学技术迅猛发展，国际竞争日趋激烈，国家的综合国力和国际竞争能力越来越取决于劳动者的素质，这对教育提出了严峻的挑战。为培养高质量的创新人才，课程与教学的改革势在必行，这也是教育改革的重中之重。因此，各个国家都纷纷加快课程改革，优化教学过程，确立适应时代要求的课程与教学体系。

一、课程与教学改革含义

改革（Reform）通常指对旧有的生产关系、上层建筑作局部根本性的调整，制定新目标、新政策，其实质是对未来的预见与反应，是推动社会发展的强大动力。教育领域的改革包括课程改革（Curriculum Reform）和教学改革（Teaching Reform）。

（一）课程改革的含义

课程改革是指在一定理论指导下，按照某种核心价值观念对课程进行的有目的、有计划的改造，包括课程管理制度、学校教育体制、课程结构、课程标准等的全面修正。课程改革在本质上是对课程系统中理论与实践进行的有计划的、多层次的改革，使其更好地体现社会主流价值观、达成教育目的。

课程改革一方面可以通过改革、调整课程系统以适应和促进社会其他系统的发展新要求。适应就是课程与教学变革必须与社会变革的一般趋势相一致，并受社会状况的制约。不同社会的政治、经济状况不同，对课程与教学的要求及为之提供的条件也不同，因此，课程与教学必然要与社会的政治、经济、科技、文化等发展水平和要求相一致。同时，其发展也受制于社会的资源状况，难以超越社会的发展状况；促进就是课程与教学改革反作用于社会，带动教育系统及人才培养的改变，通过教育培养的人才作用于社会，推动社会的发展，促进社会的变革。

课程改革另一方面可以通过重新制订课程目标、课程内容、教育对象等，创造性地完成教育任务，实现自我发展。课程与教学变革是培养人的活动的变革，不同时代、不同社会对教育的要求不同，课程与教学的育人功能也有差异。课程与教学改革不断促进自身领域的改变，提升育人能力和水平，以适应社会发展对人才培养的新要求，更好地促进人的发展，满足社会要求。

（二）教学改革的含义

教学是学校教育最核心任务，随着社会的发展，原有的教育机制、教学方法、教学手段等不能适应人才培养的需要，需要进行革新育人方法的探索。因此，教学改革是一个持续渐进的过程，是一段时期内所开展的教学改进和优化。教学改革是教育实践领域的重要内容，是旨在促进教育进步，提高教学质量而进行的教学内容、方法、制度等方面的变革。

教学改革按照改革的内容可分为单项改革和整体改革。单项改革指仅就某门学科内容、某一制度（如考试制度）、某一原则或方法进行改革，一般由学校组织或者学科教师在教学活动中进行，如某些学校为了鼓励教师运用信息化手段进行教学改革，对教师进行微课制作的技术培训，鼓励应用翻转课堂进行教学改革；整体改革指对有关教学的计划、任务、内容、方法、制度等进行总体的协调改进，可由教育行政部门、学校等组织在一定范围内进行，如黑龙江省为弘扬冰雪文化，推进冬季体育运动发展，提高青少年体质和健康水平，培养其勇于探索的精神、坚强的精神和不畏困难的品格，对冬季冰雪教学活动提出了明确的政策要求，包括教学内容、教学形式、考核方式等，促进冬季体育课程教学因地制宜、有效开展。

教学改革按照改革的范围可以分为三类：一是全面性改革，指在新的教育理论和教育政策指导下，经过长期、系统的规划、论证，形成教学改革方案，在全国或一定区域范围内有计划、有步骤地进行教学改革。如 1985 年，邓小平同志在全国教育工作会议上指出："我们国家国力的强弱，经济发展后劲的大小，越来越取决于劳动者的素质，取决于知识分子的数量和质量。"同年发布的《中共中央关于教育体制改革的决定》中明确指出："在整个教育体制改革过程中，必须牢牢记住改革的根本目的是提高民族素质，多出人才，出好人才。"这是素质教育最初的思想源头。1993 年，教育部发布的《中国教育改革和发展纲要》中指出："中小学要从'应试教育'转向全面提高国民素质的轨道，面向全体学生全面提高学生的思想道德、文化科学、劳动技能和身体心理素质，促进学生生动活泼地发展，办出各自的特色。"全国开始进行全面的素质教育教学改革。二是实验性改革，是指在一定理论指导下，以某一地区或某一学校为样板进行整体或单项教学改革试验，是一项积累经验教训的实验性改革。如清华附小在窦桂梅校长带领下开展的语文主题教学，通过重构语文课程内容，将核心价值观和优秀传统文化嵌入学习全过程，促进学生精神成长。这个在清华附小实施的教学改革获得了首届基础教育国家级教学成果奖。三是推广性改革，指对经过长期实践检验的优秀教学经验或改革实验成果进行精选、优化之后，有计划、有步骤地在较大地区和范围内推广，带动更大范围的教学改革。

课程与教学的改革涵盖了课程的改革和教学的改革，改革的主体涉及国家层面、地方层面、学校层面、教师层面，改革的内容包括课程与教学观念、目标、内容、组织结构、实践形式、学习结果评价等各个方面，是推进国家教育事业发展的必然途径。

二、课程与教学改革的影响因素

教育系统是社会重要子系统，不断与政治、经济、文化、科技、家庭等社会其他子系统产生联系并互相影响，课程与教学改革的产生与推进也必然会受到政治变革、经济发展、科技进步、文化变迁等相关力量的作用。

（一）政治因素

从社会系统的宏观角度看，教育与政治作为子系统各自发挥着自己的功能，处于良好的平衡状态。一方面，教育不能超越特定的政治范畴而独立存在，需要体现某一时代、某一社会的政治要求和政治理想。另一方面，在不同时期，社会对人才的需求是有差别的，决定了教育培养什么样的人、学校的课程与教学的目标和形式。因此，课程与教学的变革与社会政治有着极为密切的关系。例如，政治体制影响课程与教学变革的目标。政治体制是一个国家的组织结构和管理体制及相关法律的制度，是国家意志的表现，教育的重要功能是为国家培养所需要的人才，也是国家意志的体现。因此，课程与教学改革的方向和目标必然要反映和体现国家政治体制的要求。

（二）经济因素

经济因素对课程与教学变革有着直接的决定性影响。经济是一个包括众多要素的领域，其发展变化影响着学校教育教学工作。人类从农业社会发展至知识经济社会，生产力水平不断提高，生产力的发展改变着社会上各行各业及新的职业发展，需要更多的人员从事与之适应的工作。经济领域出现的新工艺、新技术对未来人才的发展提出了新的要求，学校需要将这些内容纳入教育体系，为社会培养这些方面的人才。这将引发课程与教学内容的改变，带来课程与教学手段的革新。比如，20 世纪 50 年代末 60 年代初，美苏争霸使得世界经济呈现出高技术化的特点，由此也引发了美国在课程与教学领域的全面改革。美国开始重视数理化等科学学科的课程，加强了理论知识的系统性教学，提倡用发现法开展课堂教学，培养学生的合作研究能力。

（三）科技因素

科学技术是人类认识自然和改造自然的智慧成果，它不断地促进社会变革、经济变革和教育变革。这种变革在课程与教学领域体现在两个方面：一是课程结构的变革。随着科技进步，人类开辟出许多新的技术和学科领域，并在学校教育中增开相关课程，同时，一些学科知识也会随着社会的发展而退出学校课程体系。因此，学校的课程结构会随着科技发展呈现动态调整的状态。比如，我国 2011 年的新课程改革将信息技术教育作为综合实践类必修课程开设，加强信息技术教育，培养学生利用信息技术的意识和能力。二是课程内容的变革。科技的不断发展使已有的学科领域知识不断的更新和扩展，学校教育的教学内容需要反映新的科学技术发展水平，使培养的人才能够适应社会发展和经济建设要求。所以，课程内容要与时俱进，根据科学技术的发展而不断除旧纳新，反映学科新成果。

（四）文化因素

文化是人类社会特有的现象，是由人所创造、为人所特有的。文化是智慧群族的一切群族社会现象与群族内在精神的既有、传承、创造、发展的总和，包括物质文化、制度文化、精神文化。教育是文化传播主渠道，是精神文化传承的主阵地，对文化创新与发展起到了积极的推动作用。同时，文化作为社会因素，其主流思潮也影响着教育领域的变革。一方面，长久以来形成的文化模式会影响学校课程的类型和教学的形式。文化模式一般指在一定区域内的人们所选择的共同的、一致的、相对稳定的精神价值和行为方式，不同的民族、不同的地域都会有自己独特的文化作为根本特征。学校的教育就需要根据不同的文化特质设置与之相适应的课程，开发乡土教材、民族教材，利用地域文化资源进行有特色的教学活动等，从而更好地完成文化传播与传承的职责。另一方面，文化的变迁会给教育带来冲击和影响，引起课程与教学的变革。如新世纪提倡的创新文化思想促进了我国新课程改革中人才培养目标的变化，强调了学生创新精神与能力的培养。民主文化的弘扬引发了课程与教学重视个体差异的变革，促进教学中师生关系向着互相尊重、平等、协作的方向变化。教学的形式也由讲授法、演示法等以教师为主体的方式方法向小组合作、发现探究的学生主体的方式上改变，强调师生的积极互动和共同发展。

（五）教育自身的发展

教育作为独立的系统，其自身内部也在不断地发展变化。课程与教学活动本身就是在一定的教育理论指导下进行的，教育理论又是在丰富的教育实践推动下不断地革新、完善，形成教育研究的新成果，这些新理论帮助教育工作者以更新的视角、更科学的理念、更有效的方式指导教育活动，促进课程与教学的变革。如在行为主义学习理论指导下，教学更强调反复的练习和积极的强化作用。在认知主义学习理论指导下，教师在教学中有意识地加强了新旧知识的联系和学生内部学习动机的激发。人本主义心理学理念使尊重学生个性和需求成为课程与教学设计的重要参考内容……作为课程与教学变革的思想基础，教育自身的发展始终在推动着课程与教学不断改进和变化。

三、课程与教学改革的特点

课程与教学变革作为社会变革的一个有机组成部分，有着自身独有的特点。这些特点集中表现在系统性、科学性、创新性三个方面。

（一）系统性

系统性是指课程与教学改革是一项系统工程，不是对某一环节或因素的小修小补，而是对课程与教学系统中的课程与教学目标确定、课程方案制订、课程与教学内容选择、教育资源利用、教学方法使用、课程与教学评价等各个环节的革新，也是对这些因素之间、教育与社会环境之间关系的重新确定。从外部来看，社会政治、经济、文化、科技的发展会对学校教育产生直接影响，与课程与教学的改革具有必然的联系。从内部来看，课程与教学相关的诸多因素不是独立存在的，而是相互联系、协调统一的，会从不同的角度发挥作用，以达成共同变革的效果。课程与教学的变革，既要与社会大变革保持步调一致，也要协调好课程与教学各组成要素之间的关系，发挥整体的变革合力。

（二）科学性

科学性强调课程与教学改革是有计划、有目的开展的，不是盲目、随意进行的，它需要遵循教育科学的规律，在科学的规划下进行严谨的实验实践研究工作。学校的主要职责是教书育人，培养社会所需要的合格人才，因此，课程与教学的改革必须确保教育职能的有效发挥。相对于其他领域的改革而言，课程与教学改革更要体现科学性，主要体现在以下几个方面：一是改革必须在科学的理论指导下进行，脱离理论指导的改革实践是盲目的，更可能是无效的，会增加教育的风险；二是课程与教学的改革应该符合主流的社会文化，体现先进的教育理念，而这些文化思想和教育理念都是在一定程度上被验证是正确的、可推广的、具有一定科学性的；三是课程与教学改革的预期的目标必须能够使师生获得更好的发展，教师可以在改革中完善个人能力，加快个人的专业性发展。同时，通过改革可以更好地促进教学中基础性目标和发展性目标的达成，有利于学生的全面发展和个性化发展。

（三）创新性

课程与教学变革是一个探索、创新的过程，是一个改变和革新的过程，这个过程会产生观念创新、行为创新、制度创新等诸多领域成果。对于变革的对象而言，它是一个全面的转变或更替，不是简单的增删，是质的飞跃，不是量的积累。因此，课程与教学的变革必须有创新、有进步。

第二节　我国基础教育课程改革

一、我国基础教育课程改革历史

新中国成立以来，我国依据特定的社会背景，出于特定时期的需要，面临需要解决的教育问题，对基础教育共进行了八次课程改革，具体情况如下：

（1）**1949~1952 年第一次课程改革，对旧中国中小学课程进行全面改造。**新中国成立后，国家极为关注教育的发展，1950 年 8 月教育部颁布了《中学暂行教学计划（草案）》，是新中国第一份教学计划，计划中取消了国民政府规定的“党义”“公民”“军训”等课程，开设了政治、语文、数学、生物、物理、化学、历史、地理、外语、体育、音乐、美术、制图等课程。1950 年 12 月，人民教育出版社成立，由国家统一供应全国中小学教学用书，开始了统编统管的课程体制。1952 年 3 月，教育部颁布了《中学教学计划（草案)》，同年 10 月，教育部颁布了第一份五年一贯制的《小学教学计划》。

（2）**1953~1957 年第二次课程改革，建设新中国中小学课程体系。**这一阶段中小学课程变动比较频繁，在系统地总结解放初期课程设置经验的基础上，着眼于探索和构建以学科为中心的中小学课程体系。国家先后颁布五个教学计划，在精简课程的时数和内容的同时，首次在教学计划中设置劳动技术教育课程，如小学增设手工劳动，中学增设生产技术教育课程。1954 年，人民教育出版社开始编写第二套通用中小学教科书，这套教科书理论性有所加强，特别注意了对学生动手能力的培养，1956 年在全国发行并开始使用。

（3）**1958~1965 年第三次课程改革，尝试构建中国特色的课程模式。**这一阶段是我国经济发展的重要时期，受经济建设和国内政治发展需要，1958 年，国务院在《关于教育工作的指示》中明确了“党的教育工作方针，是为无产阶级政治服务，教育与生产劳动相结合。”并运用这一教育方针指引课程和教学改革实践。同年，教育部颁发新的《中学教学计划》，对现行教学计划作了必要的调整，同时要求除语文、数学、社会主义教育和生产劳动等学科需要开设，其他学科可以根据条件开设，各地可以酌量删减科目或缩减某些科目的教学时数。这导致一些地区在“大跃进”思想的影响下无计划地大量缩短学制、砍减课程，削弱了对基础知识、基本理论的学习和基本技能的训练，甚至随意停课，让学生参加过多的政治运动和生产劳动。1960 年，人民教育出版社在中宣部和教育部领导下编写了第三套全国教材，把原来 12 年学完的内容压缩到 10 年内完成。1963 年，国家重新修订中小学的教学计划、教学大纲，强调在基础教育阶段对基础知识和基本技能的培养，增加语文、数学、外语和物理、化学的教学时数，减少历史、地理的课时。

（4）**1966~1976 年第四次课程改革，课程改革与发展停滞。**“文化大革命”时期，中小学正常的教学秩序被打乱，学校教学活动遭到破坏，课程与教学的改革全面停滞。1966 年，人民教育出版社组织修订第四套全国教材，但没有出版发行。

（5）**1977~1985 年第五次课程改革，重建基础教育课程秩序。**“文革”结束后，我国开始了全面拨乱反正的工作。1978 年 1 月，教育部颁发《全日制十年制中小学教学计划试行草案》，统一规定全日制中小学阶段学习年限各五年。小学开设政治、语文、数学、外语、自然常识、体育、音乐、美术八门课程，中学开设政治、语文、数学、外语、物理、化学、地理、历史、生物、农基、生理卫生、体育、音乐、美术十四门课程，从课程体系上恢复了基本学科在学校教育中的地位，课程门类较为齐全，突出了中小学阶段的基础教育性质。1980 年，人民教育出版社组织编写、出版了十年制配套的第五套通用教材。由于 1978 年的教学计划所规定的学制较短，课时较少，1981 年，国家颁布了新的中小学教学计划。小学实行五年一贯制，开设 11 门课程。中学分为五年制和六年制，都开设 14 门课程，并开设选修课。重新修订了十年制统编教材，增加了新设课程教材和六年制高中课程教材。

（6）**1986~1991 年第六次课程改革，基础教育课程改革进一步深化。**20 世纪 80 年代中期，我国基础教育课程改革进入了崭新阶段，改革以实施九年制义务教育为核心，实现了课程观念、课程结构体系、课程管理上的重大突破。1986 年，国家分别颁布了《中华人民共和国义务教育法》，发布了《关于教育体制改革的决定》《义务教育全日制小学、初级中学教学计划》（试行草案）等教育政策文件，明确教育改革的根本目的是提高民族素质，多出人才，出好人才。中小学实施“5·4 制”和“6·3 制”两种学制。课程结构分为学科课程和课外活动（包括自习、班队会、体育活动、时事政策、班团队活动），给课外活动留出固定充分的课时。课程管理方面也开始由中央集权向地方分权过渡，在国家统编教学计划、大纲和教材基础上，北京、上海、浙江等地区开始编写地方通用的教学计划、大纲和教材。1988 年 5 月，国家教育委员会正式确立了“一纲多本”和“多纲多本”的改革方向，初步形成了小学多样化课程方案与教材体系格局，课程改革取得了阶段性成果。

（7）**1992~2000 年第七次课程改革，进行启动素质教育。**1992 年，国家教委第一次将“教学计划”改为“课程计划”，正式公布了《九年制义务教育全日制小学、初级中学课程计划（试行）》（以下简称《课程计划》）和 24 个学科的教学大纲（试用）。新的课程计划突出了“三个面向”（面向现代化、面向世界、面向未来）和五育并举的全面发展的教育方针，立足于现实，面向未来，为培养新世纪的社会主义建设者创造条件、提供保证。1993 年，中共中央、国务院发布了《中国教育改革和发展纲要》，明确提出基础教育要由应试教育转向全面提高国民素质的轨道。① 1994 年 6 月，以实行每周 44 小时工作制的新工时制为契机，对全日制中小学课程计划总体结构不变的前提下，适当调整了各类课程的课时，减少了周课时总量，缓解了中小学生课业负担。

1998 年，面对新世纪的挑战，教育部颁发了《面向 21 世纪教育振兴计划》，该计划要求 2000 年初步形成现代化的基础教育课程框架和课程标准，改革教育内容和教学方法等，拉开了新一轮基础教育课程改革的帷幕。1999 年 6 月，在第三次全国教育工作会议发表了《中共中央国务院关于深化教育改革全面推进素质教育的决定》，在课程管理上继续推进中央和省级政府分级管理制度，明确提出在基础教育设置“国家课程、地方课程和学校课程”三级课程。

（8）**2001 年至今，完善基础教育阶段素质教育体系，确立适应时代要求和我国国情的基础教育课程方案。**2001 年 6 月，《国务院关于基础教育改革与发展的决定》公布，在此文件的指导下，教育部组织相关人员对世界各国课程改革趋势和政策进行比较分析，对

---

① 卫建国，秦一帆．我国中小学减负政策 70 年：回顾与变迁［J］．教育理论与实践，2019，39（22）：5.

我国课程实施现状进行调查研究，总结了改革开放以来我国基础教育课程改革的经验，广泛听取了各方面的意见，于 2001 年 7 月正式颁发了《基础教育课程改革纲要（试行)》(以下简称《纲要》)，同年印发了《义务教育阶段课程设置方案（试行)》和 21 个学科的课程标准（实验稿)，我国进入新一轮基础教育课程改革实验阶段。2001 年 9 月，课改试点试验工作启动，教育部确定了 27 个省、自治区、直辖市的 38 个首批国家级课程改革实验区，之后逐年增加，2005 年，我国义务教育从起始年级全面进入新课程阶段，课程改革的实践和研究不断推进。2014 年教育部颁发了《关于全面深化课程改革落实立德树人根本任务的意见》，指出新时期课程改革面临的新挑战，提出了深化基础教育课程改革的新课题。并提出了制订各学段学生发展的核心素养体系，明确了学生应具备的适应终身发展和社会发展需要的必备品格和关键能力，课程改革的发展方向从“双基”教育开始向核心素养转变。

二、我国基础教育课程改革核心理念

2001 年，《基础教育课程改革纲要（试行)》的发布拉开了我国新一轮课程改革的大幕，“为了中华民族的复兴，为了每位学生的发展”的核心理念为新课程改革指明了方向，明确了新课程改革的价值和意义，体现了“以学生发展为本”的教育价值观念。

(一) 新课程改革要关注学生作为“全人”的发展

基础教育是奠基工程，关系到未来中华民族的整体素质。“全人教育”强调既重视社会价值，又重视人的价值，就其内涵而言，“全人教育”首先是人之为人的教育；其次是传授知识的教育；第三就是和谐发展心智，以形成健全人格的教育。简单来说，全人教育就是在健全人格的基础上，促进学生的全面发展，让个体生命的潜能得到自由、充分、全面、和谐、持续发展，培养学生成为有道德、有知识、有能力、和谐发展的全面发展的人。

(二) 新课程改革要关注学生生活世界与科学世界的统整

现代社会是科技高度发展的社会，科学知识的不断更新使学校教育陷入了对纯粹的科学世界（建立在数理、逻辑结构的基础上，由概念、原理和规则构成的世界）的学习，而忽略了对现实生活世界的探索。科学世界主宰着学校的课程体系和课程内容，生活世界与科学世界的分离使得课程形式枯燥乏味，学生在被动的学习构成中也容易迷失发展的方向。生活世界是科学世界的起点，也是归宿，将两者进行统整，一方面可以体现科学的价值，另一方面可以提高学生发现、分析和解决生活问题的能力。

(三) 新课程改革要关注学生在学习中的主体地位和价值

传统知识观认为知识是普遍的、外在于人的、供人接受的真理，因此，学习的过程是学生对既定的课程知识的被动的获取。建构主义学习理论强调人具有利用已有知识经验进行推理的智力潜能，可以借助以往的生活、学习和交流经验来确定对各种新现象的理解和看法，对各种事物进行复杂、多元的意义建构。这种在认知过程中的主体地位使学习者的个人价值得以充分发挥，使得学习成为一个积极的、主动建设的过程，学生真正成为学习的主人。学校教育要尊重学生在学习活动中的主体地位，尊重学生选择和探索的机会，尊重学生产生的思维和实践成果。

三、我国基础教育课程改革的目标及内容

（一）基础教育课程改革的目标

我国新一轮的课程改革是以邓小平同志关于“教育要面向现代化，面向世界，面向未来”的重要思想为指导，全面贯彻党的教育方针，全面推进素质教育。新课程改革的总体培养目标体现了时代的要求，使学生具有爱国主义、集体主义精神，热爱社会主义，继承和发扬中华民族的优秀传统和革命传统；具有社会主义民主法制意识，遵守国家法律和社会公德；逐步形成正确的世界观、人生观、价值观；具有社会责任感，努力为人民服务；具有初步的创新精神、实践能力、科学和人文素养及环境意识；具有适应终身学习的基础知识、基本技能和方法；具有健壮的体魄和良好的心理素质，养成健康的审美情趣和生活方式，成为有理想、有道德、有文化、有纪律的一代新人。

在总目标的指引下，新课程改革的具体目标体现在以下六个方面的改变：

（1）**转变课程功能**。改变以往课程过于注重知识传授的倾向，强调课程要促进学生形成积极主动的学习态度，在获得基础知识与基本技能的同时，学生能够学会学习并形成正确的价值观。也就是说，知识传授仅仅是课程功能之一，除此之外，还要通过课程促进学生能力提升，帮助学生树立正确的三观。

（2）**优化课程结构**。改变以往课程结构过于强调学科本位、科目过多和缺乏整合的现状。新课程结构是整体设置九年一贯的义务教育课程，小学阶段以综合课程为主；初中阶段分科课程与综合课程相结合，积极倡导开设综合课程；高中以分科课程为主。除此之外，在开设必修课的同时，可以设置丰富多样的选修课程，以适应不同地区、不同学生发展的需求，体现课程结构的均衡性、综合性和可选择性。

（3）**更新课程内容**。改变原有课程内容“难、繁、偏、旧”和过于注重书本知识的现状，加强课程内容与学生生活以及现代社会和科技发展的联系，关注学生的学习兴趣和经验，精选终身学习必备的基础知识和技能。从小学至高中设置信息技术教育、研究性学习、社区服务与社会实践、劳动与技术教育等综合实践活动类课程，并将其作为必修课开设。强调学生要通过实践，增强探究和创新意识，学习科学研究的方法，发展综合运用知识的能力。

（4）**转变学习方式**。改变课程实施过于强调接受学习、死记硬背、机械训练的现状，倡导学生主动参与、乐于探究、勤于动手，培养学生收集和处理信息的能力、获取新知识的能力、分析和解决问题的能力以及交流与合作的能力，积极鼓励自主学习、合作学习、探究学习等学习方法的使用。

（5）**改革考试评价**。改变课程评价过分强调甄别与选拔的功能，发挥评价促进学生发展、促进教师提高和改进教学实践的功能。具体表现在四个方面：第一，通过评价发现和发展学生多方面的潜能，采取灵活多样的、开放性的质性评价体系，促进学生成长；第二，打破“唯学生成绩”论教师工作业绩的做法，建立教师、学生、家长、教育管理者共同参与的评价制度，帮助教师从多渠道获得评价信息，不断提高教学水平；第三，周期性地对课程执行情况进行分析评估，并随时进行调整改进，形成过程性课程革新机制；第四，继续改革和完善考试制度，使考试内容、形式、功能上与新的课改理念相一致。

（6）**完善课程管理**。改变以往课程管理过于集中的状况，实行国家、地方、学校三级课程管理制度，三级管理的课程各有其不同的执行范围，可增强课程对不同地区、不同学校学生的适应性。

基础教育课程改革，是党中央国务院为迎接知识经济时代的到来，应对日益激烈的国际竞争，立足于全面提高国民素质，提升综合国力所做出的重大战略决策。从 2001 年政策出台至今，课程改革已进入全面实施阶段，六项改革目标正在逐步实现，我国的基础教育事业也迈上了新的台阶。

（二）基础教育课程改革的内容

我国新课改以学生发展为本，将学生的发展确定为课程改革的出发点和归宿，具体落实在课程改革以下几方面的内容上。

1. 改革课程结构

（1）**整体设置九年一贯的义务教育课程**。小学阶段以综合课程为主。小学低年级开设品德与生活、语文、数学、体育、艺术（或音乐、美术）等课程；小学中高年级开设品德与社会、语文、数学、科学、外语、综合实践活动、体育、艺术（或音乐、美术）等课程。

初中阶段设置分科与综合相结合的课程，主要包括思想品德、语文、数学、外语、科学（或物理、化学、生物）、历史与社会（或历史、地理）、体育与健康、艺术（或音乐、美术）以及综合实践活动。积极倡导各地选择综合课程。学校应努力创造条件开设选修课程。在义务教育阶段的语文、艺术、美术课中要加强写字教学。

（2）**高中以分科课程为主**。为使学生在普遍达到基本要求的前提下实现有个性的发展，义务教育阶段后，高中各课程标准应有不同水平的要求，在开设必修课的同时，设置丰富多样的选修课程，开设技术类课程。高中阶段可以积极试行学分制管理。

（3）**设置必修的综合实践课**。从小学至高中设置综合实践活动并将其作为必修课程，其内容主要包括信息技术教育、研究性学习、社区服务与社会实践以及劳动与技术教育。强调学生通过实践，增强探究和创新意识，学习科学研究的方法，发展综合运用知识的能力。增进学校与社会的密切联系，培养学生的社会责任感。在课程的实施过程中，加强信息技术教育，培养学生利用信息技术的意识和能力。了解必要的通用技术和职业分工，形成初步技术能力。

（4）**加强学校课程与地方经济的联系**。农村中学课程要为当地社会经济发展服务，在达到国家课程基本要求的同时，可根据现代农业发展和农村产业结构的调整因地制宜地设置符合当地需要的课程，深化“农科教相结合”和“三教统筹”等项改革，试行通过“绿色证书”教育及其他技术培训获得“双证”的做法。城市普通中学也要逐步开设职业技术课程。

2. 改革课程标准

（1）国家课程标准是教材编写、教学、评估和考试命题的依据，是国家管理和评价课程的基础。应体现国家对不同阶段的学生在知识与技能、过程与方法、情感态度与价值观等方面的基本要求，规定各门课程的性质、目标、内容框架，提出教学和评价建议。

（2）制订国家课程标准要依据各门课程的特点，结合具体内容，加强德育工作的针对性、实效性和主动性，对学生进行爱国主义、集体主义和社会主义教育，加强中华民族优良传统、革命传统教育和国防教育，加强思想品质和道德教育，引导学生树立正确的世界观、人生观和价值观；要倡导科学精神、科学态度和科学方法，引导学生创新与实践。

（3）幼儿园教育要依据幼儿身心发展的特点和教育规律，坚持保教结合和以游戏为基本活动的原则，与家庭和社区密切配合，培养幼儿良好的行为习惯，保护和启发幼儿的好奇心和求知欲，促进幼儿身心全面和谐发展。

义务教育课程标准应适应普及义务教育的要求，让绝大多数学生经过努力都能够达到，体现国家对公民素质的基本要求，着眼于培养学生终身学习的愿望和能力。

普通高中课程标准应在坚持使学生普遍达到基本要求的前提下，有一定的层次性和选择性，并开设选修课程，以利于学生获得更多的选择和发展的机会，为培养学生的生存能力、实践能力和创造能力打下良好的基础。

3. 改革教学过程

（1）教师在教学过程中应与学生积极互动、共同发展，要处理好传授知识与培养能力的关系，注重培养学生的独立性和自主性，引导学生质疑、调查、探究，在实践中学习，促进学生在教师指导下主动地、富有个性地学习。教师应尊重学生的人格，关注个体差异，满足不同学生的学习需要，创设能引导学生主动参与的教育环境，激发学生的学习积极性，培养学生掌握和运用知识的态度和能力，使每个学生都能得到充分的发展。

（2）大力推进信息技术在教学过程中的普遍应用，促进信息技术与学科课程的整合，逐步实现教学内容的呈现方式、学生的学习方式、教师的教学方式和师生互动方式的变革，充分发挥信息技术的优势，为学生的学习和发展提供丰富多彩的教育环境和有力的学习工具。

4. 改革教材开发与管理

（1）教材改革应有利于引导学生利用已有的知识与经验，主动探索知识的发生与发展，同时也应有利于教师创造性地进行教学。教材内容的选择应符合课程标准的要求，体现学生身心发展特点，反映社会、政治、经济、科技的发展需求；教材内容的组织应多样、生动，有利于学生探究，并提出观察、实验、操作、调查、讨论的建议。

积极开发并合理利用校内外各种课程资源。学校应充分发挥图书馆、实验室、专用教室及各类教学设施和实践基地的作用；广泛利用校外的图书馆、博物馆、展览馆、科技馆、工厂、农村、部队和科研院所等各种社会资源以及丰富的自然资源；积极利用并开发信息化课程资源。

（2）完善基础教育教材管理制度，实现教材的高质量与多样化。实行国家基本要求指导下的教材多样化政策，鼓励有关机构、出版部门等依据国家课程标准组织编写中小学教材。建立教材编写的核准制度，教材编写者应根据教育部《关于中小学教材编写审定管理暂行办法》，向教育部申报，经资格核准通过后，方可编写。完善教材审查制度，除经教育部授权省级教材审查委员会外，按照国家课程标准编写的教材及跨省使用的地方课程的教材须经全国中小学教材审查委员会审查；地方教材须经省级教材审查委员会审查。教材审查实行编审分离。

改革中小学教材指定出版的方式和单一渠道发行的体制，严格遵循中小学教材版式的国家标准。教材的出版和发行试行公开竞标，国家免费提供的经济适用型教材实行政府采购，保证教材质量，降低价格。

加强对教材使用的管理。教育行政部门定期向学校和社会公布经审查通过的中小学教材目录，并逐步建立教材评价制度和在教育行政部门及专家指导下的教材选用制度。改革用行政手段指定使用教材的做法，严禁以不正当竞争手段推销教材。

5. 改革课程评价

（1）**建立促进学生全面发展的评价体系**。评价不仅要关注学生的学业成绩，而且要发现和发展学生多方面的潜能，了解学生发展中的需求，帮助学生认识自我，建立自信。发挥评价的教育功能，促进学生在原有水平上的发展。

建立促进教师不断提高的评价体系。强调教师对自己教学行为的分析与反思，建立以教师自评为主，校长、教师、学生、家长共同参与的评价制度，使教师从多种渠道获得信息，不断提高教学水平。

建立促进课程不断发展的评价体系。周期性地对学校课程执行的情况、课程实施中的问题进行分析评估，调整课程内容、改进教学管理，形成课程不断革新的机制。

（2）**继续改革和完善考试制度**。在已经普及九年义务教育的地区，实行小学毕业生免试就近升学的办法。鼓励各地中小学自行组织毕业考试。完善初中升高中的考试管理制度，考试内容应加强与社会实际和学生生活经验的联系，重视考查学生分析问题、解决问题的能力，部分学科可实行开卷考试。高中毕业会考改革方案由省级教育行政部门制订，继续实行会考的地方应突出水平考试的性质，减轻学生考试的负担。

高等学校招生考试制度改革，应与基础教育课程改革相衔接。要按照有助于高等学校选拔人才、有助于中学实施素质教育、有助于扩大高等学校办学自主权的原则，加强对学生能力和素质的考查，改革高等学校招生考试内容，探索提供多次机会、双向选择、综合评价的考试、选拔方式。

考试命题要依据课程标准，杜绝设置偏题、怪题的现象。教师应对每位学生的考试情况做出具体的分析指导，不得公布学生考试成绩并按考试成绩排列名次。

6. 改革课程管理

为保障和促进课程适应不同地区、学校、学生的要求，实行国家、地方和学校三级课程管理。具体如下：

教育部总体规划基础教育课程，制订基础教育课程管理政策，确定国家课程门类和课时。制订国家课程标准，积极试行新的课程评价制度。

省级教育行政部门依据国家课程管理政策和本地实际情况，制订本省（自治区、直辖市）实施国家课程的计划，规划地方课程，报教育部备案并组织实施。经教育部批准，省级教育行政部门可单独制订本省（自治区、直辖市）范围内使用的课程计划和课程标准。

学校在执行国家课程和地方课程的同时，应视当地社会、经济发展的具体情况，结合本校的传统和优势、学生的兴趣和需要，开发或选用适合本校的课程。各级教育行政部门要对课程的实施和开发进行指导和监督，学校有权力、有责任反映在实施国家课程和地方课程中所遇到的问题。

第三节 我国基础教育教学改革

社会的进步、生产的发展、科学知识的更新都在推动着教育的变革，所有关于教育体制、教育立法、教育结构、教育布局等宏观的改革最终都需要落实到学校教学中。教学改革，尤其是基础教育教学改革，对于一个国家教育的发展来说至关重要。

一、我国基础教育教学改革的指导思想和方针

2010年7月，教育部发布了《国家中长期教育改革和发展规划纲要（2010—2020年)》，文中明确了我国教育改革和发展的指导思想和工作方针，具体如下。①

（一）指导思想

高举中国特色社会主义伟大旗帜，以邓小平理论和“三个代表”重要思想为指导，深入贯彻落实科学发展观，实施科教兴国战略和人才强国战略，优先发展教育，完善中国特色社会主义现代教育体系，办好人民满意的教育，建设人力资源强国。

全面贯彻党的教育方针，坚持教育为社会主义现代化建设服务，为人民服务，与生产劳动和社会实践相结合，培养德智体美全面发展的社会主义建设者和接班人。

全面推进教育事业科学发展，立足社会主义初级阶段基本国情，把握教育发展阶段性特征，坚持以人为本，遵循教育规律，面向社会需求，优化结构布局，提高教育现代化水平。

（二）工作方针

（1）**优先发展**。把教育摆在优先发展的战略地位。各级党委和政府要把优先发展教育作为贯彻落实科学发展观的一项基本要求，切实保证经济社会发展规划优先安排教育发展，财政资金优先保障教育投入，公共资源优先满足教育和人力资源开发需要。

（2）**育人为本**。把育人为本作为教育工作的根本要求。教育要以学生为主体，以教师为主导，充分发挥学生的主动性，把促进学生健康成长作为学校一切工作的出发点和落脚点。关心每个学生，促进每个学生主动地、生动活泼地发展，尊重教育规律和学生身心发展规律，为每个学生提供适合的教育。

（3）**改革创新**。把改革创新作为教育发展的强大动力。要以体制机制改革为重点，鼓励地方和学校大胆探索和试验，加快重要领域和关键环节改革步伐。创新人才培养体制、办学体制、教育管理体制，改革质量评价和考试招生制度，改革教学内容、方法、手段，建设现代学校制度。

（4）**促进公平**。把促进公平作为国家基本教育政策。保障公民依法享有受教育的权利，重点是促进义务教育均衡发展和扶持困难群体，根本措施是合理配置教育资源，向农村地区、边远贫困地区和民族地区倾斜，加快缩小教育差距。

（5）**提高质量**。把提高质量作为教育改革发展的核心任务。树立科学的质量观，把促进人的全面发展、适应社会需要作为衡量教育质量的根本标准。树立以提高质量为核心的教育发展观，注重教育内涵发展，鼓励学校办出特色、办出水平，出名师，育英才。建立

① 佚名．国家中长期教育改革和发展规划纲要（2010—2020年）［M］．北京：中国法制出版社，2010.

以提高教育质量为导向的管理制度和工作机制，把教育资源配置和学校工作重点集中到强化教学环节、提高教育质量上来。制订教育质量国家标准，建立健全教育质量保障体系。加强教师队伍建设，提高教师整体素质。

以上指导思想和工作方针为我国新世纪教育教学改革指明了方向、划定了范围、明确了标准，成为各级各类学校进行改革创新的依据，为基础教育的高质量发展提供了良好的政策支持。

二、我国基础教育教学改革的核心内容——素质教育

新世纪伊始，我国公布了《基础教育课程改革纲要（试行）》，对基础教育的课程体系、结构、内容等进行调整和改革，构建符合素质教育要求的基础教育新课程体系。我国基础教育教学改革开始了以全面推进素质教育为目标，构建以素质教育为指导的教学新体系。

（一）素质教育的的内涵及特性

教育是人才培养的基础，发展教育，对提高中华民族素质，促进经济和社会发展具有战略性、全局性、先导性的作用。1993 年，中共中央、国务院印发了《中国教育改革和发展纲要》，文中在全面分析了我国教育面临的形势和任务的基础上，明确指出中小学要由“应试教育”转向全面提高国民素质的轨道，面向全体学生，全面提高学生的思想道德、文化科学、劳动技能和身体心理素质，促进学生生动活泼地发展。《纲要》确立了基础教育以素质教育为中心的根本原则，从此“素质教育”成为我国基础教育的核心词汇和根本任务。

素质教育从本质上讲，是以提高全体国民素质为目的的教育，是以尊重人的主体性和主动性，注重开发人的智慧潜能，注重形成人的健全个性为根本特征的教育。素质教育既是个人发展的实际需要，也是社会发展的实际需要，具有如下特征：

（1）**素质教育的“全体性”**。所谓“全体性”，是指素质教育是面向全体学生的教育。素质教育倡导人人有受教育的权利，强调在教育中是每个人都能够得到发展，而不是只注重一部分人的发展，更不是注重少数人的发展。实施素质教育是为提高整个民族素质，每个学生都应具有成为合格公民所应具备的基本素质。素质教育“全体性”含义主要体现为：第一，接受教育是每一个儿童最重要、最根本的权利，素质教育要保证每一个适龄儿童的受教育权；第二，素质教育为提高全体人民的基本素质服务，要保证受教育者的文化素养在最低可接受水平之上，杜绝新文盲的产生；第三，素质教育贯彻“机会均等”原则，为每个人的学习与发展提供最公平的前提条件。因此，素质教育是面向全体的教育，是提供均等机会的教育，是促进每一个人发展的教育。

（2）**素质教育的“全面性”**。所谓“全面性”，是指素质教育要通过实现全面发展教育，促进学生个体的最优发展。个人的素质结构是由多个因素构成的，各因素间互相渗透、互相依存、互相促进、互相制约，因此，个人素质具有整体性、综合性的特点。素质教育是对构成个人素质的各个因素的全面培养，通过德育、智育、体育、美育、劳动教育等促进学生全面、均衡的发展。素质教育中的“全面发展”是“一般发展”和“特殊发展”的统一，也是“共同发展”和“差别发展”的协调，是在“综合发展”的基础上实现“最优发展”。

（3）**素质教育的“个性化”。**所谓“个性化”，是指素质教育要在保证学习者全面发展的基础上，能够充分尊重学习者个人的兴趣、爱好，发挥个人优势和潜能，使每个人成为具有独特气质的个体。学生是具有主体性的个人，基础教育要培养学生的主体意识，发展学生的主动精神和个性化特征。素质教育重视开发学生的智慧潜能，重视学生个性化发展，把人的个性看作是人性在个体上的反映，实现教育共同性与差别性的统一。从我国实际出发，素质教育的“个性”是“社会主义公民基本品质和素养的总和在每一个学生身上不同体现”，强调“个性”要以社会主义公民基本品质和素养的总和为前提，素质教育帮助学生在此基础上形成合理的、良好的个性化特质。

（4）**素质教育的“基础性”。**所谓“基础性”是相对于专业性、职业性而言的，素质教育向学生提供的是“基本素质”而不是职业素质或专业素质，是让学生拥有“一般学识”而不是成为某一专门领域的“小专家”。基础教育要为学生的人生打好基础，描绘好底色，养成作为合格公民的基本素养，能够习得人文和科学领域的基础知识和技能，掌握人类优秀智慧成果，具有正确的情感态度和价值取向，从而成长为有宽厚文化基础和更高精神追求的人。一个人只有具备了良好的基本素质，才有可能实现向较高层次的素质或专业素质的“迁移”。

（5）**素质教育的“发展性”。**所谓“发展性”，是指素质教育要着眼于培养学生自我学习、自我教育、自我发展的知识与能力，教育的重心是启迪心智、孕育潜力、发展能力，培养学生学会学习、学会生存。素质教育倡导尊重、发挥和完善学生的主体性，注重培养学生创新动机、创新意识和创新能力。创新能力是一个民族进步的灵魂，是一个国家富强的不竭动力，培养具有创新精神和实践能力的新一代人才，是时代赋予素质教育的使命。

（二）素质教育教学体系的构建

自改革开放以来，我国各领域获得全面快速发展，教育改革的步伐也在不断加快，素质教育的观念逐步形成并趋于成熟，对于实施素质教育的必要性和重要意义也在教育界形成共识。各级各类学校在素质教育理念指引下积极进行教育教学改革实践，积极探索和构建能够体现素质教育实质的教学新体系，让全体学生整体素质得以提升。从系统论的角度看，教学对象、教学目标、教学内容、教学评价等各要素共同构成了教学体系，素质教育需要新的教学体系来支撑其目标的实现。

（1）**素质教育应该关注每一个学生。**素质教育是面向全体学生的教育，要使每个学生在原有的基础上得到应有的发展。传统教育受群体目标和教学评价标准所限，提倡要面向大多数学生开展教学，实现课堂教学的集体效益。这样的教学常常使资质优秀、学力较强的学生受到扼制，而使学力不足的学生受到忽视。人本主义心理学认为，每一个学生都有学习的基础和潜能，学校教育应该致力于促进每一个学生在自己已有的基础上进行发展。因此，素质教育既要考虑课堂教学中统一的、基本的要求，也应考虑到学生存在的个体差异，保证每一个学生都可以得到一定程度的、合理的、可持续的发展。面对在认知水平、学习能力、兴趣爱好等方面都有巨大差异的学生，素质教育要做到同等重视、一视同仁、因材施教，只有使每一个学生在可能的范围内获得最大的发展，每一个个体的发展就构成了全体的发展，素质教育“提高全体国民素质”的目标在学校教育中才能真正得以落实。

（2）**素质教育应该突出学生主体地位。**学生的主体地位就是把学生作为信息加工的主体、认识客观规律的主体、不断进行自我完善和自我发展的主体。教学过程是一个转化过程，是人类认识成果向个体认识的转化过程，是社会发展要求向个体发展现实的转化过程。在转化过程中学生个体的品德、智力、体力、审美诸方面的不断发展，实现了个体社会化、个性化、主体性的不断完善与提高。在这个转化过程中，学生是主体，一切教育教学活动都是作为外部条件为主体服务的，起到引导和促进作用，只有当学生处于一种积极的状态，对教学中所提供的各种信息进行有效的筛选、加工、整理、吸纳，成为知识转化的主人，这个内化的过程才能达到良好的效果。因此，素质教育要求教师在教学中要从以下几方面突出学生的主体地位：第一，教师要善于创设合理的教学情境，引导学生积极参与到教学活动中，激发学生内部学习动机；第二，鼓励独立学习和探究活动，让学生在交流、思考中真正成为学习的主人，在尝试、探究、交往中获得生动活泼的发展；第三，提供实践创造的机会和条件，紧密联系生活实际和社会资源，切实开展实践性教学，在实践中培养学生发现问题、分析问题和解决问题的能力，满足学生求新求异的内在认知需求；第四，创设宽松、和谐的教学氛围和平等、民主的师生关系，使学生能够在轻松愉悦的状态下活跃思维、发展个性、发挥潜能。

（3）**素质教育应该建构全面的教学目标。**教学目标是指教学活动的主体在具体教学活动中所要达到的预期结果及其标准。教学目标是一切教学工作的出发点和归宿，直接关系到学生成长和发展的方向。应试教育在教学目标的设置上存在三个误区：第一，重视结果性目标，忽视发展性目标，在教学中更多的关注一个阶段学习过后的知识或技能性结果，而不是在学习过程中学生所表现出来的态度、综合素质、思维方式、社会能力等。第二，重视智育目标，忽视德育目标。智育目标强调对文化科学知识和技能的学习，关注与智力发展相关的活动，一直是人类教育活动的核心内容。德育目标强调对学生在思想、政治、道德等方面的影响和塑造。应试教育更乐于通过标准化考试考查那些可以转换为显性行为目标的智育目标，关注智育的社会功能和个人功能，而忽视了学生精神世界的健康成长。第三，重视认知类目标，忽视艺体类目标。基础教育中许多学科目标都以认知类目标为主，且有着明确的实现标准，是学校教育评价中的重要内容。艺体类目标更多的时候被弱化、边缘化，基础教育中缺少了体育和美育的支撑，成为一个纯粹的学习科学文化知识的过程。

素质教育是追求完整性和高质量的教育，素质教育是“全人教育”，就是要实施促进学生全面发展的教学，设置全维度、多层次的教学目标，包括对个人德、智、体、美全面发展的、全程发展的整体要求和规定，使学生成为既有丰富知识，又有健康身心和高尚人格的新世纪高素质公民。

（4）**素质教育应该优化教学内容。**长期以来，我国基础教育强调教学内容的教育性、科学性、系统性，教学内容的选择会优选各门学科的经典内容，遵照学科知识的内部逻辑关系，较为系统地传授给学生，使其通过这些基本的教学逻辑接受更多的学科教育。这种教学内容最大的问题就在于它很难体现学科知识的实用价值，缺乏对迁移性地提出问题和创造性地解决问题的能力的培养。素质教育教学内容的确定以提高受教育者的整体文化素质为出发点，不由学科的知识体系所限囿，一切以“促进素质全面发展”为原则，强调对核心素养的培养。具体表现为：第一，奠定良好的文化基础，包括具有良好的人文积淀、人文情怀、审美情趣的文化底蕴，培养具有理性思维，能够进行批判质疑，勇于探究的科学精神；第二，培养自主发展能力，包括乐学善学、勤于反思的学习习惯，具有信息意识和信息技术能力，具有健康人格，能够珍爱生命和进行自我管理的能力；第三，培养社会参与能力，包括具有社会责任感，勇于担当，能够进行国家认同和国际理解，具有劳动意识和劳动能力，能够学以致用，运用技术进行独立的问题解决的能力。素质教育的所有教学内容应该面向以上核心素养的形成而进行选择和组织。

（5）**素质教育应该完善评价体系。**教学评价是指依据一定教学目标和标准，对教学活动过程及结果进行价值判断，为教学决策服务的一种活动。作为教学过程的基本要素之一，教学评价对教学活动起着激励、调节、诊断、管理和促进发展的作用。不同的教育思想，对教学评价的认识是不同的，在教学实践中的评价方法也有较大差异。传统的应试教育模式下的教学评价在一定阶段发挥了积极有效的作用，但面对新世纪素质教育的要求，其表现出一些明显的弊端，如片面强调静态的、结果性的知识性内容的掌握，以量化的方式按照统一标准对学业成绩和教学质量进行考量，通过教学评价对学生进行横向的比较，而忽视对其纵向发展的关注等。

素质教育的教学评价需要根据素质教育目标对教学活动及其效果进行状态描述和价值判断，并对增值途径进行探索，从而为教学决策提供科学依据的过程。其实施应有以下几点要求：第一，教学评价的主要目的不是甄别和筛选，而是帮助学生更全面、科学地认识自己。第二，评价的出发点是引导和激励，帮助学生明确发展的方向，通过教学评价找到差距，看到进步，给师生以督促和鼓励，激发其向更高目标迈进的积极性和主动性。第三，建立科学的评价标准，实施多维评价。素质教育的教学评价需要教学结果与教学过程相结合，教的评价与学的评价相结合。在学业评价上建立能全面反映学生文化素质、道德素质、心理素质、社会素质的核心素养项目指标，对学生个人发展进行全面测量和价值判断。第四，采取多样评价方法，实施多元主体评价。教学评价方法不仅仅局限于纸笔考试、课堂测验，还可以通过日常观察、友伴调查、建立档案袋等方式对学生素质进行判断，并且让学生自己、同学、家长、社区人员等作为评价主体参与对学生的考查，广泛的主体参与可以保证评价的民主性和公正性。

三、我国当前的教学改革方向

在我国新课改理念的指引下，在国内现有教学改革的基础之上，借鉴国外教学改革的经验，当前我国基础教育教学改革呈现出以下几种基本方向。

（一）以教育现代化为目标取向

1983 年 10 月 1 日，邓小平为北京景山学校题词：“教育要面向现代化，面向世界，面向未来。”第一次明确指出教育的现代化发展方向。教育现代化是指教育要适应时代的发展，反映并满足现代社会发展和现代科学文化发展需要，是传统教育在现代社会所进行的一种整体转换，是一个国家教育发展的较高水平状态。教育现代化包括教育观念现代化、教育目标现代化、教育内容现代化、教学手段和方法现代化、师资队伍现代化、教育管理现代化等几个方面的内容，其核心是培养出适应参与国际竞争的新型劳动者和高素质人才，最终实现人的现代化。教育现代化要从以下几方面实现：

（1）**开展教学组织形式的改革。**教学组织形式是学校教育的基本形态，目前我国基础教育仍然以班级教学为主、分组教学和个别化教学并存。未来的教学组织在规模上必然会继续小型化、个性化，让教师更加有针对性地进行教学和管理，让每位学生更好地分享到优质的师资和丰富的教学资源。随着科技的进步和教育投资力度的加大，课堂的范围进一步拓宽，社区、公共文化场所、自然景观等都可以作为学习活动的场所，许多教学活动还可以在线教学的方式开展。

（2）**开展教学方法与手段的改革。**教学方法是教师和学生为了实现共同的教学目的，完成共同的教学任务，在教学过程中运用的方式与手段的总称。不同的教学方法体现着不同的教育价值观念，需要不同的技术手段支持。随着媒体传播技术的不断发展，教学方法也日益丰富。近几年，线上线下混合式课程、沉浸式课堂、虚拟实验室等开始在学校教育中出现，更多的信息传播技术和人际交流平台被广大的教师和学生所熟知并掌握，更多有效的教学方法和手段不断出现，教学手段现代化成为教育现代化的先行力量。

（3）**开展教学评价的改革。**教学评价改革是一项系统的综合性工作，包括评价理念、评价制度、评价主体、评价对象、评价内容、评价方法等各方面的变革，其中评价方法是改革的重点。现代教学评价趋于量化评价与质性评价相结合，充分发挥各个评价方法的长处，使各种评价方法形成合力，获得最佳的评价效果。

（二）以教育公平为基本价值取向

《国家中长期教育改革和发展规划纲要》提出“把促进公平作为国家基本教育政策。”对教育来说，公平意味着在追求教育机会的平等的同时，还要追求受教育过程的平等，即教育质量的公平。公平取向的原则作为教学改革的指南，体现在学校教育的两个方面：

（1）**教育资源的分配。**教育公平的首要体现是所有学习者能够享受到相同的教育资源，不分所处地域、所属民族、社会经济地位、个人资质等条件的差异，教育资源的分配不会歧视任何一位受教育者，每个人享受的教学物质条件都可以满足其发展的需求。我国幅员辽阔，各地区经济和教育发展水平差异较大，优质教育资源分配不均是客观存在的现象，但新教育改革在进行该方面的不断完善。如硬件资源的不均衡，国家可以通过政策支持和社会帮扶，不断弥补经济落后地区、偏远地区、乡村地区的不足；软性资源（师资、书籍、课程等）的不均衡，可以通过国家政策引导（公费师范生、国培计划、特岗教师等）、结对子帮扶、志愿服务、共享课程等形式解决。

（2）**课程与教学的开展。**教育公平原则在课堂教学中主要体现在教学要照顾到每一个学生的需求，能够促进每一位学生的发展。要求在进行课程规划和教学设计时要充分考虑学生实际的发展需求，设计符合学生特点的教学计划和教学方案，开发和利用适合学生特点的课程资源，课堂上有效地组织学生参与教学活动，让每一位学生在课堂学习中都能有所收获，有所发展。

（三）以生命关怀为核心价值取向

无论教育如何变革，有一点是永远无法改变的，那就是人是教育的主体，教育必须以人为归依。苏霍姆林斯基在《给教师的建议》中提到，教育工作“最重要的是把我们的学生看成是活生生的人。”教育的核心价值在于引导学生成为身心健康的人，对学生的自然生命和精神生命给予关怀，开展以健康、幸福为标准的生命教育，培养学生丰富的情感和人文精神，使学生的心灵具有美德、良心和仁爱。教育绝非单纯的文化传递，而是对个体心灵的唤醒，生命价值是教育的基础性价值，教育具有提升人的生命价值和创造人的精神生命的意义。在教育中真正践行生命关怀，还要构建人际合作，丰富师生之间、学生之间的人际交往活动，使作为学习共同体的师生群体能够在课堂教学活动中形成多种形式的交互作用和创造能力，感受到生命成长的乐趣。这样的教育才能培养出具有丰富的生命内涵、健康的身心、智慧的头脑和敏捷的行动力的新时代人才。简单来说，以生命关怀为核心价值的教育是以健康、幸福为标准的生命教育，培养学生丰富的情感和人文精神，要关注人格的和谐发展，使教学过程充满生机与乐趣，充满对智慧的挑战和对好奇心的刺激。

（四）以终身教育为终极价值取向

终身教育的概念是联合国教科文组织于20世纪60年代首次提出，之后法国人保罗·郎格朗的《终身教育导论》一书出版，认为教育是贯穿人一生的全面的、持续不断的过程，终身教育的思想在全世界产生了影响，并成为推动各国教育教学改革的愿景。1972年，联合国教科文组织出版了《学会生存——教育世界的今天和明天》报告书，被认为是当代教育思想发展的里程碑。书中第一次提出“终身学习”和“学习型社会”的概念，明确指出每个人都必须终身持续不断地学习，最终创建一个学习型社会。

对于终身教育需要达到什么样的目标，国际教育界已经普遍认可以下四种基本的学习能力是终身教育能力的方向：

（1）学会认知，即学会学习，不仅掌握知识和技能本身，更重要的是掌握认识世界的能力。终身教育要培养学生理解、发现和探索的兴趣和习惯。

（2）学会做事，即学会在一定环境中创造性地工作，积极灵活处理所面临的各种情况。终身教育要培养学生掌握实际操作的技能，具备从事某一职业的技术和能力。

（3）学会共生，即学会参与公众的生活。生活中无论是合作还是竞争，都是群体行为和社会行为。终身教育要培养学生相互理解、相互依存、协调发展和构建良好人际关系的能力。

（4）学会生存，即学会在适应和改造环境中求得进步和发展，充分开发人的潜能，以求得有价值的进步和发展。终身教育要培养学生的自立、自主、创造的意识，具有创新的勇气和能力。

教学案例

丰富优质课程　架起多元发展之桥

创新课程是办学理念的延续与升华。基于学校（山东省潍坊市坊子区第二实验学校）的培养目标，学校从“国家课程、地方课程、校本课程”三个层面进行“六小灵童课程”的架构。

“六小灵童课程”包括“童艺课程、童雅课程、童智课程、童健课程、童梦课程、童创课程”。“六小灵童课程”把国家、地方和校本课程进行了有机统整。校本课程包括年级必修课程和个性选修课程。年级必修课程的开发主体是学校教师和拥有此项特长的家长，个性化选修课程的开发主体是学校拥有一技之长的教师、学生。这样的开发形式，调动了一切可利用的资源，实现了共性相融、个性互补，拓宽了学习空间，体现了课程的适应性和丰富性。“六小灵童课程”的实施，为学生的成长提供了有效的载体，促进了学生主动、快乐、个性发展。

摘自《中国教育报》报道《办一所孩子们喜欢的学校》2022. 7. 22

课后测验

1. 分析我国课程与教学改革的主要特点。
2. 结合实际谈谈你对我国基础教育课程改革核心理念的理解。
3. 谈谈你对我国基础教育教学改革工作方针的解读。
4. 什么是素质教育，如何在教育工作中落实素质教育理念？